Tobias Döpfner

DER BAHNREISE-FÜHRER

Deutschland aus der Fahrgastperspektive

Alle Fernverkehrsstrecken in Wort und Bild

MOEWIG

Hinweise zur Benutzung

Das Streckennetz wurde für den Bahnreiseführer in 50 Kapitel gegliedert. Über die Ziffern in nebenstehender Streckenübersicht können Sie das entsprechende Kapitel schnell auffinden.

Die Streckenbeschreibungen bestehen in der Regel aus zwei Teilen für die Hin- und Rückfahrt. Diese Teile haben einen unterschiedlichen Inhalt, sodass es auch bei der Rückfahrt Neues zu entdecken gibt.

An Umsteigebahnhöfen sowie Streckenkreuzungen und Abzweigen findet sich in eckigen Klammern ein Verweis auf anknüpfende Strecken für die Weiterfahrt.

Um Wiederholungen zu vermeiden, sind Sehenswürdigkeiten jeweils nur in einem Kapitel genannt. Bei der Fahrt durch Städte mit kreuzenden Bahnlinien lohnt deshalb mitunter auch ein Blick in die anderen Kapitel.

Streckenübersicht

Inhaltsverzeichnis

Zeichenerklärung

elektr.

- Strecken mit Zügen des Fern- und Nahverkehrs
- Strecken mit Zügen des Nahverkehrs
- Museums- und Nostalgiebahnen
- Schnellfahrstrecke im Bau/Ausbau
- Eisenbahnfähre
- Schiffahrts-Linie
- Kufstein — Grenzbahnhof
- Bergbahn

- Verkehrsflughafen für den Internationalen Luftverkehr
- DB AutoZug Terminal

Mühlacker	bis	50 000 Einwohner
Worms	über	50 000 Einwohner
MÜNSTER	über	100 000 Einwohner
STUTTGART	über	500 000 Einwohner
HAMBURG	über	1 000 000 Einwohner

Westerland – Elmshorn

über Niebüll, Husum, Itzehoe
Marschbahn

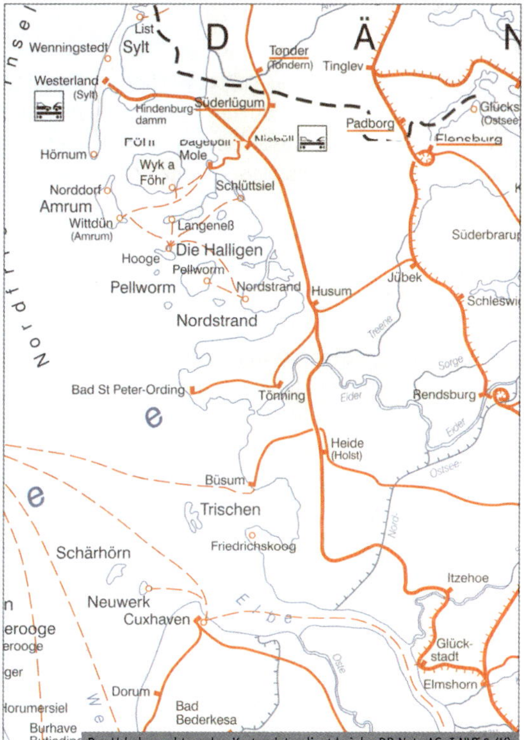

Das Urheberrecht an den Kartendaten liegt bei der DB Netz AG, I.NVT 5 (K)

Die Strecke von Sylt nach Hamburg bietet den Reisenden zwei besondere Attraktionen: die Fahrt über den Hindenburgdamm und die Überquerung des Nord-Ostsee-Kanals. Der Hindenburgdamm verbindet die größte nordfriesische Insel seit 1927 mit dem Festland. Er ist nach dem damaligen Reichspräsidenten Paul Ludwig Hans Anton von Beneckendorff und von Hindenburg benannt und führt mitten durch den Nationalpark Schleswig-Holsteinisches Wattenmeer. Charakteristisch für das Wattenmeer ist der ständige Wechsel der Gezeiten. So kann die Rückfahrt über den Damm einige Stunden nach der Hinfahrt einen völlig anderen Eindruck dieses außergewöhnlichen Lebensraums bieten. Auf Grund der Rotation von Erde und Mond gibt es zweimal täglich Ebbe und Flut, der Wechsel zwischen Hoch- und Niedrigwasser dauert etwa 6 Stunden. Der Artenreichtum des Ökosystems Wattenmeer kann es fast mit den tropischen Regenwäldern aufnehmen, wobei die Biomasse des Watts sogar die Urwälder übertrifft. Von Paul von Hindenburg geht es dann in der Geschichte weiter zurück zu Kaiser Wilhelm II., der 1895 den damaligen „Kaiser-Wilhelm-Kanal" eröffnete. Seit 1948 trägt der Kanal den Namen Nord-Ostsee-Kanal und ist heute die meistbefahrene künstliche Seeschifffahrtsstraße der Welt. Rund 40 000 Schiffe befahren jährlich den Kanal und ersparen sich so die Umrundung Dänemarks. Weite Teile der Strecke verlaufen durch das Marschland, das für nordwestdeutsche Küsten typische Flachland. Deiche schützen dieses Schwemmland, das teilweise sogar unter dem Meeresspiegel liegt. Das Gebiet ist sehr fruchtbar, muss aber künstlich entwässert werden, da es sonst versumpfen würde. Zu diesem Entwässerungssystem gehören auch die vielen Gräben, die die Landschaft durchziehen und die Bahnfahrt durch die Marsch begleiten.

1

Westerland – Elmshorn

Nach dem Start in **Westerland,** der nördlichsten Stadt Deutschlands, führt die Strecke durch den Ostteil von Sylt. Bei **Keitum** erblicken Sie links am Horizont die Kirche St. Severin. Die romanische Kirche wurde 1240 erstmals urkundlich erwähnt und erhielt später ihren spätgotischen Turm, der auch als Seezeichen und Gefängnis diente. Der Name St. Severin geht auf einen Bischof von Köln zurück und soll an Missionare aus dem Rheinland erinnern, die auf Sylt tätig waren. Zwischen Keitum und Morsum ist links in der Ferne schon das **Wattenmeer** zu erahnen und bald darauf beginnt die Fahrt über den elf Kilometer langen **Hindenburgdamm.** Erster Festlandbahnhof ist Klanxbüll, anschließend kommen Sie nach Niebüll, wo die Autozüge von Sylt enden. Neben zahlreichen Entwässerungsgräben führt die Strecke bis Husum zunächst über die nordfriesischen Flüsse Lecker Au und Schomer Au und dann über die Arlau. Sie durchfahren dabei mehrere Harden, das sind historisch gewachsene Verwaltungsbezirke, deren Namen heute noch für Landschaften stehen. Vor Husum passieren Sie **Hattstedt,** wo rechts der Turm der Marienkirche grüßt. Auf der Südseite ist die erhöht gelegene Kirche leuchtend weiß gestrichen und weist so seit dem 13. Jahrhundert den Seefahrern den Weg. Kurz darauf führt die Strecke in **Husum** auf einer Klappbrücke durch den Hafen. Rechts liegt der Außenhafen mit den großen Hafensilos. Der Hafen ist tideabhängig und wird hauptsächlich zum Umschlag landwirtschaftlicher Güter und für die Fischkutterflotte genutzt. Links bietet sich Ihnen eine kurzer Blick auf den Binnenhafen. Bei **Friedrichstadt** begleitet Sie anschließend für einen kurzes Stück auf der linken Seite der Fluss Treene. Die Treene kommt aus einem See südlich von Flensburg nahe der Ostsee und fließt quer durch Schleswig-Holstein, bis sie hier bei Friedrichstadt in die Eider mündet, die Sie kurz darauf überqueren. Prägend für Nordfriesland sind auch die reetgedeckten Häuser, die vor den Fenstern der Marschbahn vorbeiziehen. Die Dächer aus Schilfrohr gehören zu den ältesten bekannten Dacheindeckungen und wirken ausgleichend auf Hitze und Kälte. Das Wahrzeichen der nächsten Stadt **Heide** ist der Wasserturm, den Sie im Ort rechts sehen. Der 45 Meter hohe Turm wurde 1903 fertiggestellt. Nachdem eine Typhusepidemie den Ort heimgesucht hatte, löste der Turm die alte Brunnenversorgung ab. Heute dient

Im Osten der Insel Sylt

Überfahrt auf dem Hindenburgdamm

der Turmkopf als Trauzimmer. Heiraten können Sie übrigens auch in der Aurora-Mühle, die etwas später nach der Überquerung des **Nord-Ostsee-Kanals** links unter der Hochbrücke zu sehen ist. Bis 1960 wurde in der Holländerwindmühle noch Weizenmehl gemahlen. Auf der rechten Seite eröffnet sich Ihnen von der Brücke eine weite Sicht über die **Wilstermarsch**. Das Flachland erstreckt sich bis zur Elbe und liegt teilweise sogar unter dem Meeresspiegel. Hinter **Itzehoe**, wo Sie den Binnenhafen am Fluss Stöhr passieren, schließt sich nun die Fahrt durch die **Krempermarsch** an. Die Strecke macht jetzt einen großen Schlenker nach Glückstadt und erreicht dann **Elmshorn** *[Weiterfahrt Richtung Kiel, Flensburg oder Hamburg Nr. 2]*.

Elmshorn – Westerland

Von Elmshorn führt die Strecke zunächst nach **Glückstadt** an der Unterelbe. Die Stadt wurde von Christian IV., König von Dänemark und Herzog von Schleswig und Holstein, am 22. März 1617 als strategischer Gegenpol zu Hamburg gegründet. Der Name der auf dem Reißbrett entworfenen Stadt geht laut Überlieferung ebenfalls auf den König zurück, dem der Ausspruch „Dat schall glücken und dat mutt glücken, und denn schall se ok Glückstadt heten" zugeschrieben wird. Weiter führt die Strecke nach **Itzehoe**, wo Sie rechts die Laurentii-Kirche erblicken. Der barocke Bau wurde 1718 vollendet und steht an der Stelle einer alten gotischen Kirche, die im schwedisch-polnischen Krieg zerstört wurde. Hinter Wilster beginnt nun schon bald die Rampe zur Auffahrt auf die 56 Meter hohe Brücke über den Nord-Ostsee-Kanal. Die Hochbrücke Hochdonn ist über 2 Kilometer lang und bietet beiderseits der Strecke einen imposanten Blick über die Marsch und den Schiffsverkehr. **Meldorf**, einer der nächsten Orte, ist bekannt für seinen „Dom", bei dem es sich um die St.-Johannis-Kirche handelt, die Sie links sehen können. Die Kirche wurde im 13. Jahrhundert erbaut und gilt als eines der bedeutendsten mittelalterlichen Kirchenbauwerke der Region. Den Titel Dom verdankt die Kirche allein ihrer Größe, sie war nie ein echter Dom im Sinne eines Bischofssitzes. Mittlerweile fahren Sie nun durch **Dithmarschen**. Die Landschaft ist zum einen geprägt durch das flache Marschland, aber auch durch die höhergelegenen Ausläufer der Geest. Während in der fruchtbaren Marsch hauptsächlich Ackerbau betrieben wird, ist auf den Geestflächen eher die Weidehaltung

Außenhafen Husum

Fahrt durch Dithmarschen

1

von Kühen und Schafen zu beobachten. Links sind nun in der Ferne die Raffinerieanlagen von **Hemmingstedt** zu entdecken. Ursprünglich gab es hier ein Ölfeld, das jedoch inzwischen versiegt ist. In den Anlagen wird seither importiertes Öl sowie Öl von der Mitelplate, einem deutschen Ölfeld im Wattenmeer, verarbeitet. Zwischen Heide und Friedrichstadt passieren Sie den Ort **Lunden**, wo Sie links einer Kirche aus dem 12. Jahrhundert gewahr werden, die wiederum dem heiligen Laurentius geweiht ist. **Friedrichstadt** wurde nach dem Vorbild Glückstadts geplant und verdankt seinen Namen dem Stadtgründer Friedrich III., Herzog von Schleswig-Holstein-Gottorf. Es folgt nun die „graue Stadt am Meer", wie Theodor Storm seine Vaterstadt **Husum** nannte. Wie viele andere Städte Nordfrieslands ist auch die Geschichte Husums eng mit dem Königreich Dänemark verbunden. Neben Dänisch ist auch Friesisch eine der Landessprachen. Dies ist auch an den Bahnhofsschildern abzulesen, etwa in **Niebüll**, wo auch der friesische Name Naibel angeschrieben ist. Hier zweigt eine Nebenstrecke zur Mole nach Dagebüll ab, von wo aus die Inseln Föhr und Amrum zu erreichen sind. Sie fahren nun durch die Kooglandschaft zum Hindenburgdamm. Als Koog wird das durch Deichbau und Entwässerung dem Meer abgetrotzte Land bezeichnet. Nach der Fahrt durch das Wattenmeer und die Heideflächen Sylts begrüßt Sie in **Westerland** links vorn die Stadtkirche St. Nikolai. Im Gegensatz zu den anderen Kirchen an der Strecke ist sie sehr jung und wurde erst 1908 eingeweiht, nachdem die alte Kirche dem Bevölkerungswachstum und dem Ansturm der Kurgäste nicht mehr gewachsen war.

Streckendetails:
KBS 130 (Westerland – Elmshorn)
Westerland – Itzehoe nicht elektrifiziert,
Itzehoe – Elmshorn elektrifiziert,
zwischen Westerland und Husum
wechselnd ein- und zweigleisig,
dann zweigleisig.
Gesamt 207 km
Elmshorn 34 km Itzehoe 60 km Heide 34 km Husum 40 km Niebüll 39 km Westerland

Auf der Hochbrücke Hochdonn über den Nord-Ostsee-Kanal

Der Binnenhafen von Itzehoe am Fluss Stöhr

Flensburg / Kiel – Hamburg

2

über Schleswig, Rendsburg, Neumünster, Elmshorn

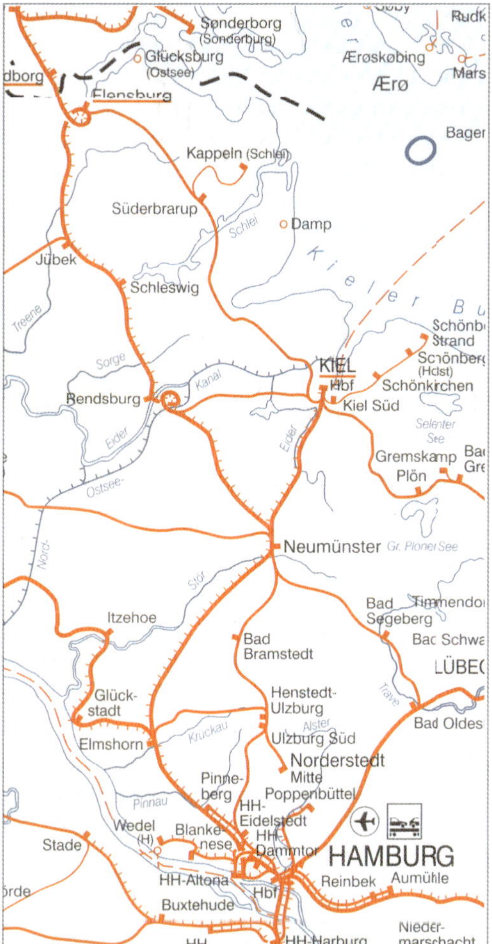

Das Urheberrecht an den Kartendaten liegt bei der DB Netz AG, I.NVT 5 (K)

Aus Dänemark kommend führt die Strecke in Nord-Süd-Richtung durch Schleswig-Holstein, dessen geografische Lage schon in der Landeshymne „Schleswig-Holstein meerumschlungen" besungen wird. Die Route folgt dem historischen Ochsenweg, der seit der Bronzezeit Dänemark und Deutschland verbindet. Bei Neumünster kommt der Streckenast aus der Landeshauptstadt Kiel hinzu. Das nördlichste Bundesland besteht aus den Landesteilen Schleswig in der Nordhälfte und Holstein im Süden. In Schleswig-Holstein leben dänische und friesische Minderheiten. So gibt es neben Hochdeutsch drei weitere Landessprachen, nämlich Dänisch, Friesisch und Niederdeutsch (Plattdeutsch). Politisch werden die Minderheiten vom Südschleswigschen Wählerverband vertreten, der bei Landtagswahlen von der 5-Prozent-Hürde ausgenommen ist. Das Zentrum der dänischen Minderheit ist Flensburg. Zwischen Flensburg und Kiel verläuft die Strecke entlang der Region Angeln, deren Bewohner in der Zeit der Völkerwanderung nach Britannien umsiedelten und gemeinsam mit den Sachsen den Begriff der „Angelsachsen" prägten. Wie auch Flensburg liegt Kiel an einer Förde, wie die von eiszeitlichen Gletschern geformten Meeresbuchten genannt werden. Die Gletscher ließen zudem Gesteinsmassen zurück, die die heutige Geest bilden, das sind jene etwas höher gelegenen Landstriche. Die Geest gilt als weniger fruchtbar als die flachen Ebenen der Marsch. Während Schleswig-Holstein im Norden eher dünn besiedelt ist, ist die Bevölkerungsdichte rund um Hamburg am höchsten.

2

Flensburg – Hamburg

Die Züge aus dem dänischen Padborg fahren in einem Bogen zum **Flensburger** Hauptbahnhof. Von dort führt die Strecke durch die sanft hügelige Geestlandschaft nach Süden. Hinter Schleswig bringt Sie die Reise durch den **Nationalpark Hüttener Berge**. In der Ferne sind links die Hügel der Hüttener Berge auszumachen, die eine Höhe von etwa einhundert Metern haben. Die Landschaft am Rand des Hügellandes ist durch Moore und Seen geprägt wie der Owschlager See zur Linken. Bei der Einfahrt nach **Rendsburg** können Sie vorne bereits die Hochbrücke sehen, die über die Eisenbahngleise führt. Um auf die über vierzig Meter hohe Brücke über den **Nord-Ostsee-Kanal** zu gelangen, fährt der Zug nun in einem weiten 360°-Bogen auf eine Rampe rund um den danach benannten Stadtteil Schleife. Wenig später haben Sie dann nochmals einen Blick von oben über Rendsburg und den Kanal. Was Sie leider nicht sehen können ist, dass unter der Rendsburger Hochbrücke eine Schwebefähre verkehrt. Diese Fähre für Autos und Fußgänger hängt an Seilen und wird von einem Wagen bewegt, der an der Unterseite der Brücke entlangfährt. Der Weg führt nun weiter nach Neumünster *[Weiterfahrt Richtung Kiel siehe unten]*. In **Neumünster** erblicken Sie links zunächst die Kirche St. Maria direkt an der Bahnlinie und dann in der Ferne den Turm von St. Vicelin mit seiner grünen Kuppel. Das Gotteshaus im klassizistischen Stil wurde 1834 vollendet und ist seither ein Wahrzeichen von Neumünster. Hinter **Elmshorn** *[Weiterfahrt Richtung Westerland Nr. 1]* säumen viele Baumschulen die Strecke. Zahlreiche Neuzüchtungen haben ihren Ursprung hier in der Region um **Pinneberg**, die als größtes geschlossenes Baumschulgebiet der Welt gilt. Auf der weiteren Fahrt durch das Stadtgebiet von **Hamburg** kommen Sie rechter Hand an der Holsten-Brauerei vorbei. Die Braustätte in Altona hat eine Kapazität von über drei Millionen Hektolitern. Kurz vor dem Hauptbahnhof haben Sie dann links einen Blick auf die Außenalster, an deren rechtem Ufer das Grandhotel Atlantic liegt. Bekannt ist das Hotel insbesondere für seinen Dauergast Udo Lindenburg, der seit vielen Jahren hier residiert *[ab Hamburg Weiterfahrt Richtung Lübeck Nr. 3, Berlin Nr. 10, Hannover Nr. 8, Bremen Nr. 4]*.

Südlich von Schleswig sind in der Ferne die Hüttener Berge zu erkennen

Fahrt über den Nord-Ostsee-Kanal

Hamburg – Flensburg

Direkt nach der Ausfahrt aus dem Hamburger Hauptbahnhof quert die Strecke die **Alster**. Rechts erstreckt sich die Außenalster, links haben Sie einen guten Ausblick auf die Binnenalster mit dem Jungfernstieg am gegenüberliegenden Ufer. Auf der linken Seite kommt zunächst der Turm der Petri-Kirche, der ältesten noch bestehenden Kirche in Hamburg, in Ihr Blickfeld. Rechts daneben folgt der Turm der Kirchenruine St. Nikolai. Das Kirchenschiff wurde durch die Bomben des Hamburger Feuersturms 1943 zerstört, der Turm ist heute ein Mahnmal für die Opfer von Krieg und Gewalt. Daneben sehen Sie das Rathaus mit seinem Mittelturm. Das Gebäude wurde 1897 fertiggestellt und beherbergt die Bürgerschaft und den Senat der Hansestadt. Und ganz rechts liegt das mondäne Hotel Vier Jahreszeiten. Ein weiteres außergewöhnliches Hotel sehen Sie wenig später rechts im Schanzenturm. Über 220 Zimmer sind heute im ehemals größten Wasserturm Europas zu finden. Links können Sie dann später in der Ferne das Dach des ehemaligen Volksparkstadions entdecken, das mittlerweile den Namen HSH Nordbank Arena trägt.

Hinter Eidelstedt verlassen Sie Hamburg und fahren jetzt durch Schleswig-Holstein. In **Elmshorn** überquert die Strecke vor dem Bahnhof die Krückau. Der Fluss wurde einst von Seeschiffen befahren und hatte für Elmshorn und seinen Hafen große wirtschaftliche Bedeutung. Gleichzeitig ging von dem Fluss auch die Gefahr aus, dass bei Sturmfluten Hochwasser der Elbe in die Stadt strömt, was heute ein Sperrwerk verhindert. In Elmshorn zweigt die Strecke nach Westerland ab *[Weiterfahrt Nr. 1]*. Über Wrist führt die Route jetzt weiter nach **Neumünster** *[Weiterfahrt Richtung Kiel siehe unten]*. Durch die Geestlandschaft gelangen Sie nach **Nortorf**, wo sich der geografische Mittelpunkt Schleswig-Holsteins befindet. Nach der Überquerung des Nord-Ostsee-Kanals liegt in **Rendsburg** links der Strecke die Marienkirche. Baubeginn der Kirche war im Jahr 1287, nachdem die Vorgängerkirche einem Stadtbrand zum Opfer gefallen war. Der Turm der dreischiffigen Backsteinkirche wurde im Jahr 1454 vollendet. Die Kirche lag einst auf einer Insel im Fluss Eider. Heute mündet die Eider in den Nord-Ostsee-Kanal, rechts erinnert noch ein Altarm an den früheren Flusslauf, der heute als Hafen genutzt wird. Der

Baumschulen bei Pinneberg

Blick auf die Außenalster in Hamburg

nächste größere Ort ist **Schleswig**. Bevor Sie den Ort erreichen, können Sie rechts am Horizont den Dom St. Petri entdecken. Das mittelalterliche Bauwerk gehört zu den Wahrzeichen der Stadt, der 112 Meter hohe Turm wurde allerdings erst 1894 fertiggestellt. Über **Flensburg** führt die Strecke nun weiter nach Dänemark.

Kiel – Neumünster

Der Hauptbahnhof von Kiel liegt direkt an der Kieler Innenförde, die Sie bei der Ausfahrt links sehen. Am gegenüberliegenden Ufer, dem Norwegenkai, legen die Fähren in Richtung Oslo ab. Es gibt von Kiel zudem Schiffsverbindungen nach Göteborg, St. Petersburg, Klaipeda und Kaliningrad. Aufgrund der strategischen Bedeutung der Werften und des Marinehafens wurde Kiel im Zweiten Weltkrieg weitgehend zerstört. Beim Blick zurück sehen Sie den Turm des 1911 erbauten Rathauses, das ebenfalls zerstört und nach dem Krieg wieder aufgebaut wurde. Die Route führt nun durch das Bordesholmer Land im Zentrum Holsteins nach Neumünster.

Streckendetails:

KBS 131 (Flensburg/Kiel – Hamburg)
Strecken elektrifiziert und zweigleisig.
Gesamt Flensburg – Hamburg 180 km / Kiel – Hamburg 109 km

- *Flensburg 15 km Tarp 23 km Schleswig 25 km Rendsburg 39 km Neumünster 44 km Elmshorn 33 km Hamburg Dammtor 1 km Hamburg Hbf*
- *Kiel 31 km Neumünster*

Stadtpanorama von Hamburg an der Binnenalster

Fahrt durch das Bordesholmer Land zwischen Kiel und Neumünster

Puttgarden – Hamburg

über Oldenburg(Holst), Lübeck
Vogelfluglinie

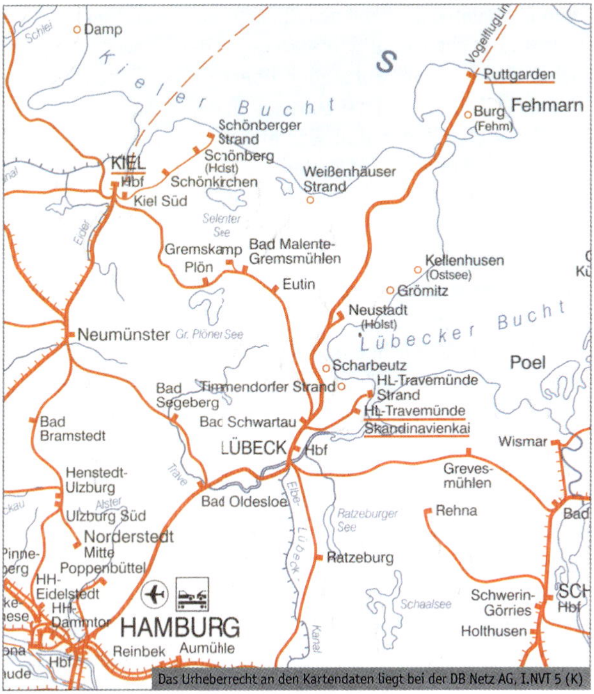

Das Urheberrecht an den Kartendaten liegt bei der DB Netz AG, I.NVT 5 (K)

Die Strecke von Kopenhagen nach Hamburg folgt der Flugroute, über die die Zugvögel aus Skandinavien in den Süden ziehen, und ist deshalb auch als „Vogelfluglinie" bekannt. Sie ist eine der wenigen Strecken, die noch über eine Eisenbahnfähre verläuft. Vom Fähranleger in Puttgarden führt die Route zunächst über Fehmarn, die drittgrößte deutsche Ostseeinsel, und quert dann den Fehmarnsund. In 23 Metern Höhe verläuft die Strecke über den „größten Kleiderbügel der Welt", die Fehmarnsundbrücke, zum Festland auf die Halbinsel Wagrien. Benannt ist Wagrien nach den Wagriern, einem slawischen Volksstamm, der im Mittelalter in dieser Region siedelte. Die Gegend ist auch als Grafenecke bekannt wegen ihrer zahlreichen und prächtigen Gutshäuser. Auffällig sind die landschaftsprägenden Knicks, das sind Baum- und Strauchhecken, die als Feldbegrenzungen, Windschutz und zur Deckung des Brennholzbedarfs dienen. Der erste Halt auf dem Festland ist in Oldenburg. Oldenburg war einst eine Hafenstadt, später versandete jedoch die Bucht und die Stadt verlor diese Funktion. Entlang der Lübecker Bucht passiert die Strecke dann mehrere Seebäder, die jedes Jahr zahlreiche Touristen anlocken. Östlich der Holsteinischen Schweiz folgt später eine Hochburg aller Schleckermäuler. Bad Schwartau und Lübeck sind insbesondere für Marmelade, Müsliriegel und Marzipan bekannt. Die Route folgt dann dem Lauf der Trave flussaufwärts bis Bad Oldesloe und erreicht nach Ahrensburg die Grenze zwischen Schleswig-Holstein und Hamburg. Etwa 60 Kilometer trennen Lübeck und Hamburg. Die ehemaligen Hansestädte sind auch heute noch wirtschaftlich verbunden, wobei der traditionelle Städtebund der Hanse durch die „Metropolregion Hamburg" abgelöst wurde.

3

Puttgarden – Hamburg

Nach der Fahrt über Fehmarn haben Sie von der 963 Meter langen **Fehmarnsundbrücke** einen weiten Blick über die Ostsee und die Kieler Bucht rechtseitig. In **Oldenburg** überqueren Sie dann den Oldenburger Graben. Der ehemalige Meeresarm eiszeitlicher Prägung verläuft quer über die Halbinsel Wagrien von der Lübecker Bucht bis zur Kieler Bucht und war einst ein wichtiger Handelsseeweg. Heute ist die Rinne nicht mehr schiffbar und durch Deiche von der Ostsee getrennt. Vor Neustadt sehen Sie anschließend links die **Basilika von Altenkrempe**. Um den mächtigen Bau, der 1197 erstmals erwähnt wurde, sollte eigentlich eine Hafenstadt gebaut werden. Diese Pläne wurden jedoch nicht verwirklicht, sodass die Kirche noch heute etwas deplatziert in der ländlichen Umgebung steht. Kurz darauf erscheint in **Neustadt** ebenfalls links der Turm der Stadtkirche, die das älteste Gebäude der Stadt ist. Der Baubeginn war im Jahr der Stadtgründung 1244. Während Sie bei **Sierksdorf** rechts die verschiedenen Fahrgeschäfte des Hansa-Parks passieren, fällt der Blick linker Hand auf die **Lübecker Bucht**. Wo heute mehrere Badeorte entlang der Strecke um Touristen werben, ereignete sich am 3. Mai 1945 eine verheerende Schiffskatastrophe. Wenige Tage vor Kriegsende wurden die Häftlinge aus dem KZ Neuengamme nach Lübeck verlegt und auf das Kreuzfahrtschiff Cap Arcona sowie ein weiteres Schiff gebracht, offenbar mit dem Ziel, die Schiffe zu sprengen. Dem kam jedoch ein Luftangriff britischer Bomber zuvor, die die Schiffe für Truppentransporter hielten. Als die Schiffe in Flammen standen, verhinderte die SS, dass sich die Häftlingen retten konnten, Überlebende wurde am Ufer erschossen. Die Katastrophe forderte etwa 7 500 Todesopfer.

Die Strecke führt nun weiter nach **Bad Schwartau**, wo rechts ein Logo auf einem hohen Masten für das bekannteste Unternehmen des Ortes wirbt. Seit mehr als hundert Jahren steht die Marke Schwartauer Werke für Konfitüren, Müsliriegel und Backzutaten. Das Logo symbolisiert übrigens die sieben Türme Lübecks. Vorbei an Yachthäfen rechts, die an einem Altarm der Trave liegen, erreichen Sie den Bahnhof von **Lübeck**. Direkt an der Strecke liegt auf der rechten Seite die Kirche St. Lorenz. Als im 16. Jahrhundert die Pest in Lübeck wütete, wurde beschlossen, außerhalb der

Fruchtbare Böden auf Fehmarn

Blick auf den Fehmarnsund und die Kieler Bucht

Stadtmauern einen Kirchhof als Armenfriedhof zu errichten und St. Lorenz gegründet. Die damalige alte Kapelle musste Ende des 19. Jahrhunderts jedoch dem Kirchenneubau in heutiger Form weichen. Über die Karpfenstadt **Reinfeld**, die den in den Teichen der Region gezüchteten Fisch sogar im Wappen führt, gelangen Sie nach **Ahrensburg.** Dort passieren Sie ein Chemiewerk der Clariant AG auf der linken Seite, in dem verschiedene Kunststoffkonzentrate hergestellt werden *[in Hamburg Weiterfahrt Richtung Elmshorn Nr. 2, Berlin Nr. 10, Hannover Nr. 8, Bremen Nr. 4]*.

Hamburg – Puttgarden

Die Strecke führt zunächst durch das Stadtgebiet von Hamburg und erreicht dann mit **Ahrensburg** die erste Stadt in Schleswig-Holstein. Dort sehen Sie rechts den Hauptsitz von Hela. Aus einer kleinen 1893 in Hamburg gegründeten Gewürzhandlung entstand einer der größten deutschen Hersteller von Gewürzmischungen für Fleisch, Wurst, Fisch und Feinkost. Und mit rund 30 000 Tonnen Ketchup, die jährlich hier in Ahrensburg hergestellt werden, ist das Unternehmen sogar Marktführer. Im Stadtgebiet von **Bad Oldesloe** quert die Route nun das erste Mal die Trave und folgt ihr bis Lübeck, wobei Sie den Fluss noch zwei weitere Male überqueren. **Lübeck** selbst gilt als Stadt der sieben Türme. Einige der Türme der Altstadt, die seit 1987 in die Liste des Weltkulturerbes der UNESCO aufgenommen ist, können Sie bei der Einfahrt in die Stadt beim Blick nach rechts vorn sehen. Zunächst zeichnen sich die Doppeltürme der Marienkirche, der drittgrößten Kirche in Deutschland, ab. Das Mittelschiff des Backsteinbaus ist 80 Meter lang und 40 Meter hoch, die Kirche wurde nach hundertjähriger Bauzeit 1350 vollendet. Links davon erhebt sich der Turm von St. Jakobi. Sie stammt aus der gleichen Zeit wie die Marienkirche und ist den Schiffern und Seefahrern gewidmet. Rechts von der Marienkirche erkennen Sie St. Petri an den Ecktürmchen ihres Turms. Und ganz rechts überragen die Doppeltürme des Doms die Altstadt. Er ist die älteste der Kirchen, der Grundstein wurde 1173 von Heinrich dem Löwen gelegt. Etwa aus der gleichen Zeit stammt auch die Feldsteinkirche, die Sie dann hinter **Bad Schwartau** in Ratekau links sehen. Im Gegensatz zu den Backsteinkirchen Lübecks wurde die Kirche jedoch aus einfachen Feldsteinen

Ostseeküste bei Großenbrode

Fahrt durch Ostholstein

gebaut. Hinter Neustadt führt die Strecke durch das **Neustädter Binnenwasser**. Der flache Strandsee hat eine Verbindung zur Ostsee, sodass sich Salz- und Süßwasser mischen und am Ufer Salzwiesen wachsen. Auf der Fahrt nach Oldenburg können Sie nun links die **Holsteinische Schweiz** erahnen. Bei der Einfahrt nach **Oldenburg** sehen Sie rechts vorne den Turm der Johanniskirche. Sie wurde 1160 als romanische Basilika vollendet und ist die älteste Backsteinkirche Nordeuropas. Die Strecke führt nun noch einige Kilometer über das Festland und quert dann den Fehmarnsund und die Insel **Fehmarn**. Seit der Eröffnung der Fehmarnsundbrücke im Jahr 1963 hat sich der Charakter der zuvor abgelegenen Insel sehr verändert, wobei auch heute noch die Landwirtschaft ihr Bild prägt. Züge nach Dänemark rollen nach dem Halt in **Puttgarden** auf die Eisenbahnfähre, die sie in etwa 45 Minuten Überfahrtzeit nach Rødby auf der Insel Lolland bringt.

Streckendetails:
KBS 141 (Puttgarden – Lübeck), 140 (Lübeck-Hamburg)
Elektrifizierung Lübeck – Hamburg bis Ende 2008, Puttgarden – Lübeck eingleisig, Lübeck-Hamburg zweigleisig.
Gesamt 153 km
Puttgarden 36 km Oldenburg 28 km Sierksdorf 3 km Haffkrug 4 km Scharbeutz 3 km Timmendorfer Strand 16 km Lübeck 63 km Hamburg

Neustädter Binnenwasser

Im Stormerland bei Bad Oldesloe

Hamburg – Köln / Hamm

über Bremen, Osnabrück, Münster, Dortmund, Hagen

Rollbahn

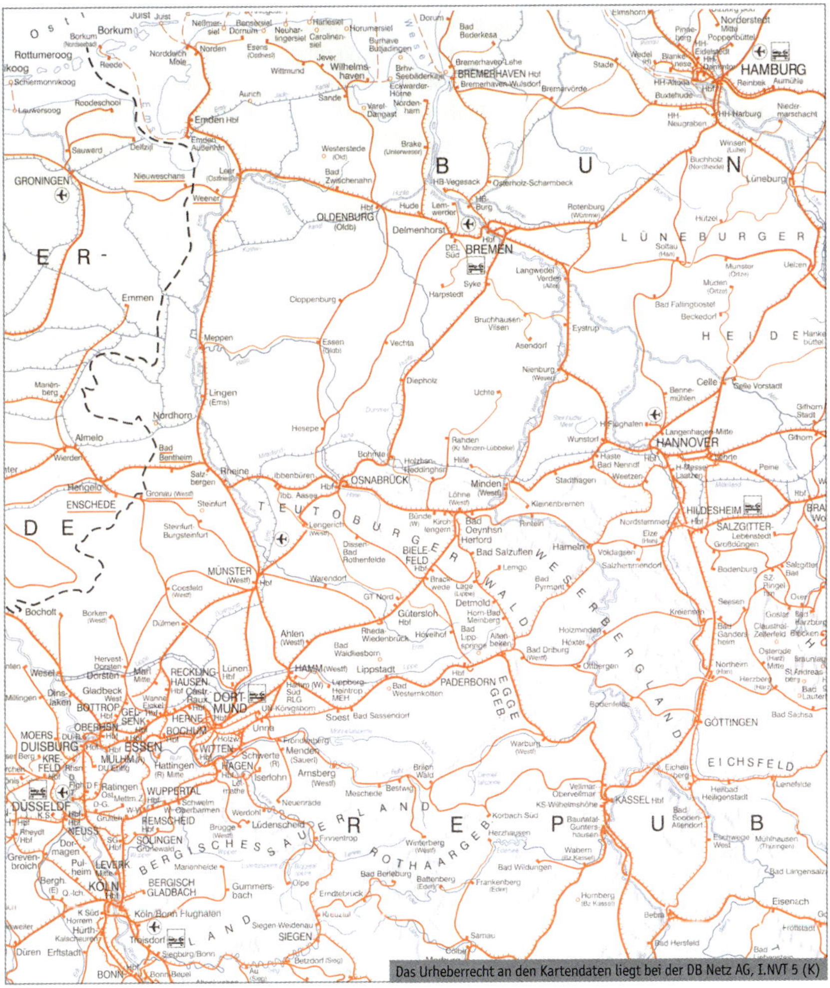

Lüneburger Heide, Teutoburger Wald, Münsterland und Bergisches Land – die Strecke von Hamburg ins Ruhrgebiet und an den Rhein verläuft durch landschaftlich sehr abwechslungsreiche Gegenden. Die Route durch die nördliche Lüneburger Heide verbindet zunächst die beiden Hansestädte Hamburg und Bremen. Im Mittelalter hatten sich Kaufleute zur Handelsorganisation Hanse zusammengeschlossen, um so ihre Interessen gemeinsam zu vertreten. Dieser Verbund umfasste bis zu zweihundert

Mitgliedsstädte. Auch Osnabrück war einst eine solche Hansestadt. Die Fahrt dorthin führt Sie durch das Wiehengebirge und wenig später durch den Teutoburger Wald. Die berühmte Schlacht im Teutoburger Wald zwischen römischen Legionen und einem germanischen Heer im Jahr 9 nach Christus fand nach neuen Erkenntnissen wohl im Wiehengebirge statt und nicht im Teutoburger Wald. Mit Erhebungen von gerade mal gut dreihundert Metern über dem Meeresspiegel zählt das Wiehengebirge zu den flachsten Mittelgebirgen. Nach der Fahrt durch das Münsterland erreicht die Strecke Dortmund und führt durch das östliche Ruhrgebiet nach Hagen und weiter nach Wuppertal. Wie der Name schon sagt, liegt die Stadt im Tal der Wupper, umgeben von den Hügeln und Wäldern des Bergischen Landes. Benannt ist die Gegend übrigens nicht wie zu vermuten nach der Landschaftsform, sondern nach dem Herrschergeschlecht der Grafen von Berg. Umstritten ist dagegen die Herkunft der Redensart „über die Wupper gehen". Jedenfalls soll dies kein böses Ohmen sein, führt die Verbindung Sie doch gleich drei Mal über den Fluss. Mit Köln erreicht die Strecke dann nach Hamburg die zweite von vier deutschen Millionenstädten.

Hamburg – Köln

Vom Hauptbahnhof Hamburg bis nach Harburg teilen sich die Züge die Gleise mit der Verbindung nach Süden *[Nr. 8]*. Durch den Höhenzug der Harburger Berge erreichen Sie dann die **Nordheide**, wie der nördliche Teil der Lüneburger Heide genannt wird. Anschließend führt Sie die Reise durch das norddeutsche Tiefland nach **Bremen** *[Weiterfahrt Richtung Oldenburg oder Hannover Nr. 5]*. Südwestlich der Hansestadt quert die Strecke dann die Weser. Etwa auf halbem Weg zwischen Bremen und Osnabrück liegt der kleine Ort **Drebber**, wo rechts die Marienkirche auftaucht. Der frühgotische Backsteinbau wurde um 1140 vom Grafen von Diepholz erbaut und ist damit eine der ältesten Kirchen in der Region. Nach Bohmte verlässt die Strecke das Tiefland und überwindet das **Wiehengebirge**, das nördlichste der deutschen Mittelgebirge. Südlich des Höhenzugs liegt **Osnabrück** *[Weiterfahrt Richtung Rheine oder Hannover Nr. 7]*. Sie fahren nun durch das Osnabrücker Land

Nordheide der Lüneburger Heide

Wümmeniederung zwischen Hamburg und Bremen

und passieren **Lengerich**, wo links eines der modernsten Zementwerke Europas zu sehen ist. Der für die Zementproduktion benötigte Kalkmergel wird im Teutoburger Wald abgebaut. Die nächste große Stadt an der Strecke ist **Münster** *[Weiterfahrt Richtung Gelsenkirchen oder Rheine Nr. 6, Hamm siehe unten]*. Durch die Davert, ein großes Waldgebiet im Münsterland, kommen Sie nach **Davensberg**. Dort können Sie links das Haus Byink entdecken, einst Sitz der Ritter von Ascheberg. Das Rittergut besteht aus einem Bau- und einem Torhaus, die im 16. Jahrhundert erbaut wurden. Kurz darauf sehen Sie in **Ascheberg** auf der linken Seite die ebenfalls im 16. Jahrhundert errichtete Lambertuskirche. Die Christophoruskirche von **Werne**, bald darauf wieder links, wurde im Jahrhundert zuvor erbaut. Beide Kirchen sind Ausdruck der katholischen Prägung des Münsterlandes. Die Marienkirche in **Lünen**, die Sie wenig später dann rechts erblicken, ist dagegen wesentlich jünger, sie wurde erst 1896 vollendet. In **Dortmund** kommen Sie nun rechts am Fördergerüst der ehemaligen Zeche Gneisenau vorbei. In den 1970er-Jahren waren in dem Steinkohlenbergwerk zeitweise über 6 000 Menschen beschäftigt, die in der Glanzzeit der Anlage jährlich bis zu vier Millionen Tonnen Kohle förderten. Seit August 1985 ist die Zeche stillgelegt. Hinter Dortmund *[Weiterfahrt Richtung Hamm oder Essen Nr. 19]* kommen Sie nach **Witten**, wo nach dem Bahnhof links das Haus Witten liegt. Es handelt sich dabei um ein ehemaliges Rittergut aus dem 15. Jahrhundert, welches heute für kulturelle Zwecke genutzt wird. Am Fuße des Ardeygebirges links fahren Sie nun durch das **Ruhrtal**. Links ragt aus dem bewaldete Höhenzug der Turm des Berger-Denkmals, das an den Parlamentarier und Wittener Industriellen Louis Constans Berger erinnert. Kurz vor **Hagen** *[Weiterfahrt Richtung Hamm Nr. 7]* überqueren Sie nun zwei Flussarme der Ruhr. In **Wuppertal** haben Sie wenig später dann rechts einen Blick über die Stadt in ihrer Tallage und passieren das Bayerwerk in Wuppertal-Elberfeld. Etwa 1 300 Mitarbeiter entwickeln und produzieren hier pharmazeutische Wirkstoffe. Über den Stadtteil Ohligs, der zu der für Messer und Scheren bekannten „Klingenstadt" **Solingen** gehört, erreichen Sie **Köln** *[Weiterfahrt Richtung Siegburg Nr. 28, Koblenz Nr. 26, Aachen Nr. 18, Düsseldorf Nr. 17]*.

Weser südlich von Bremen

Im Osnabrücker Land

Köln – Hamburg

Von Köln führt die Strecke nach **Wuppertal** in das Zentrum des Bergischen Landes. Dort überqueren Sie mehrmals die Wupper, die durch das Stadtgebiet links parallel zur Bahnlinie fließt. Dem Flusslauf folgt auch die berühmte Schwebebahn, deren Tragegerüst Sie immer wieder zwischen den Häusern und über dem Fluss entdecken können. Die um das Jahr 1900 erbaute Bahn gehört heute zu den Wahrzeichen Wuppertals und transportiert auf der etwa 13 Kilometer langen Strecke täglich rund 75 000 Fahrgäste durch die Stadt. Mit Hagen erreichen Sie dann den Übergang vom Ruhrgebiet im Westen zum Sauerland im Osten. Hinter **Hagen** *[Weiterfahrt Richtung Hamm Nr. 7]* passieren Sie rechter Hand den **Harkortsee**, der als Ruhrstausee künstlich angelegt wurde. Am linken Ufer liegt der Ort **Wetter**, über dessen Dächern Sie im Wald den Harkortturm entdecken können. Er ist Friedrich Harkort gewidmet, der sich als Industriepionier den Titel „Vater des Ruhrgebietes“ erworben hat. Im Anschluss an **Witten**, wo Sie rechts den Turm des Rathauses sehen können, das zu den Wahrzeichen der Stadt gehört, erreichen Sie **Dortmund** *[Weiterfahrt Richtung Hamm oder Essen Nr. 19]*. Dort fällt der Blick rechts auf die mittelalterliche Reinoldikirche. Der heilige Reinold ist der Stadtpatron Dortmunds. Der Sage nach arbeitete Reinold als Steinmetz am Kölner Dom, wo er von Kollegen erschlagen und seine Leiche in den Rhein geworfen wurde. Eine Frau, die die Leiche barg, wurde sodann wundersam von allen Leiden geheilt. Als Reinold daraufhin in Köln begraben werden sollte, fuhr der Karren mit dem Toten allein nach Dortmund, wo die Reliquien über Jahrhunderte verehrt wurden. Nach Dortmund quert die Strecke nun den Datteln-Hamm-Kanal und kurz darauf die Lippe. In der Ferne sind bald rechtseitig die Kamine des Steinkohlekraftwerks Bergkamen zu entdecken. Rund 1,2 Millionen Tonnen Steinkohle werden hier jährlich zur Erzeugung von Strom und Fernwärme benötigt. Sie fahren jetzt durch das **Münsterland** und überqueren vor Münster den Dortmund-Ems-Kanal. Kurz hinter **Münster** *[Weiterfahrt Richtung Gelsenkirchen oder Rheine Nr. 6, Hamm siehe unten]* passieren

Ausläufer des Teutoburger Waldes

Haus Byink bei Davensberg

Sie die Wasserstraße, die von Dortmund nach Emden führt, erneut und wenig später führt die Strecke über die Ems. Bei Lengerich erreichen Sie nun die Ausläufer des **Teutoburger Waldes**, der sich rechts erhebt. Sie überqueren jetzt mehrfach die Grenze zwischen Nordrhein-Westfalen und Niedersachsen und erreichen bald **Osnabrück** *[Weiterfahrt Richtung Rheine oder Hannover Nr. 7]*. Hier können Sie links den Turm der Marienkirche und die ungleichen Türme des Doms sehen. Die Marienkirche wurde 1173 erstmals erwähnt und steht für das Bürgertum der Stadt, während der Dom als Bischofssitz dient. Nachdem Sie den Mittellandkanal überquert haben, fahren Sie nochmals einige Kilometer durch Nordrhein-Westfalen. Die Reise führt Sie nun durch den **Naturpark Dümmer**, der nach dem gleichnamigen See östlich der Strecke benannt ist. Durch das niedersächsische Flachland eilt der Zug nun auf Bremen zu. Die Eisenbahnstrecke ist aufgrund ihres starken Verkehrs auch als Rollbahn bekannt. Um den Hauptbahnhof von **Bremen** zu erreichen, macht die Bahnstrecke nun einen Schlenker in die Hansestadt *[Weiterfahrt Richtung Oldenburg oder Hannover Nr. 5]*. Durch die **Wümmeniederung** und das **Königsmoor** führt Sie Ihr Weg anschließend nach Nordosten. Den Fluss Wümme, der diese Landschaft prägt, überqueren Sie dabei mehrmals. Bei Hamburg-Harburg stößt die Linie auf die Verbindung aus Hannover *[Nr. 8]* und erreicht dann den Hamburger Hauptbahnhof *[Weiterfahrt Richtung Elmshorn Nr. 2, Lübeck Nr. 3, Berlin Nr. 10, Hannover Nr. 8]*.

Zeche Gneisenau in Dortmund

Die Kirche St. Reinoldi in Dortmund

4

Münster – Hamm

Die Strecke von Münster nach Hamm verläuft zunächst parallel zum Dortmund-Ems-Kanal und quert diesen wenig später. Etwa auf halber Strecke liegt der Ort **Drensteinfurt**, der im 19. Jahrhundert ein Zentrum des Strontianitbergbaus war. Strontianit wurde damals in der Zuckerindustrie benötigt, heute gibt es jedoch keinen Bedarf mehr für dieses Mineral. Vor der Einfahrt in den Bahnhof von **Hamm** quert die Strecke die Lippe und den Datteln-Hamm-Kanal. Der Kanal verbindet seit 1914 Hamm mit dem Dortmund-Ems-Kanal und schließt die Stadt so an das Wasserstraßennetz an *[Weiterfahrt Richtung Bielefeld oder Hagen Nr. 7, Dortmund oder Paderborn Nr. 19]*.

Streckendetails:

KBS 120 (Hamburg – Bremen), 385 (Bremen – Münster), 411 (Münster – Dortmund), 455 (Dortmund/Münster – Köln);
Strecke elektrifiziert und zweigleisig, Münster – Dortmund eingleisig.
Gesamt Hamburg – Köln 448 km / Hamburg – Hamm 324 km
Hamburg Hbf 12 km Hamburg-Harburg 103 km Bremen 70 km Diepholz 53 km Osnabrück 50 km Münster 56 km Dortmund 31 km Hagen 27 km Wuppertal 18 km Solingen 28 km Köln
Münster 36 km Hamm

Wetter am Hartkortsee

Bergisches Land bei Wuppertal

Leer – Hannover 5

über Oldenburg, Bremen

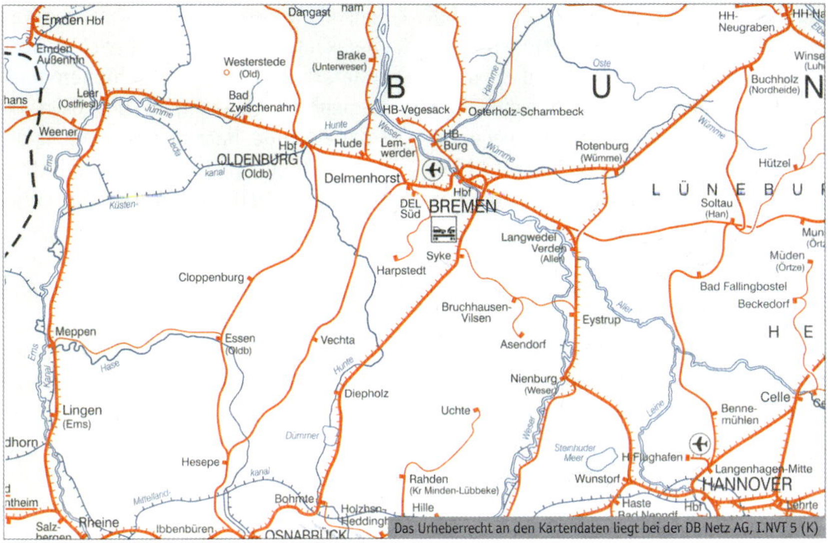

Wer die Alpenrose nur in alpinen Gegenden vermutet, der wird auf der Fahrt von Leer nach Oldenburg eines Besseren belehrt. Das deutsche Zentrum der Rhododendren, so der botanische Name der Heidekrautgewächse, liegt nämlich im Ammerland, der Region zwischen beiden Städten. Zahlreiche Baumschulen haben sich auf die Rhododendrenzucht spezialisiert und finden hier optimale Bodenverhältnisse für die Ziersträucher. An das Ammerland schließt sich das Oldenburger Land an, welches sich an den Grenzen des ehemaligen Großherzogtums Oldenburg orientiert. Dem Großherzogtum verdankt Oldenburg – nicht zu verwechseln mit Oldenburg in Holstein – auch seinen offiziellen Namen „Oldenburg (Oldb)". Von Bremen bis Nienburg folgt die Strecke nun der Mittelweser flussaufwärts. Die Weser entsteht an der Grenze von Niedersachsen zu Hessen aus dem Zusammenfluss von Fulda und Werra und mündet bei Bremerhaven in die Nordsee. Endpunkt der Strecke ist die Landeshauptstadt Hannover. Niedersachsen ist nach Bayern das flächenmäßig zweitgrößte Bundesland. Das Land hat traditionell sowohl einen bedeutenden Landwirtschaftssektor als auch wichtige Wirtschaftsstandorte, insbesondere die Automobilindustrie. Mit Hannover gibt es zudem einen international bekannten Messestandort. Das Land Niedersachsen gibt es übrigens erst seit 1946. Es wurde von der britischen Militärregierung aus den damaligen Ländern Braunschweig, Oldenburg und Schaumburg-Lippe sowie der Provinz Hannover gebildet. Etwas älter ist dagegen die Landeshymne mit dem Refrain „Wir sind die Niedersachsen, sturmfest und erdverwachsen", sie gibt es schon seit 1934.

5

Leer – Hannover

Auf der Fahrt durch Ostfriesland zeugen zahlreiche Kanäle, Brücken und Schleusen davon, dass diese Landschaft durch Menschenhand kultiviert wurde. Im 17. Jahrhundert setzte sich die so genannten **Fehnkultur** durch, bei der Moorflächen durch Kanäle entwässert und so urbar gemacht werden. Dabei dienten die schiffbaren Kanäle auch als Verkehrswege, um den abgebauten Torf als Brennstoff zu verkaufen. Die Endsilbe von Augustfehn an der Strecke verrät, dass der Ort einst eine solche Fehnsiedlung war. Rechts der Strecke verläuft der Wasserlauf Aper Tief, der über Flüsse und Kanäle mit der Ems verbunden ist. In **Oldenburg** erheben sich rechtsseitig die fünf Türme der Lambertikirche. Die Kirche wurde um das Jahr 1200 vom Grafen von Oldenburg gegründet, die heutige Form des Bauwerks ist das Ergebnis zahlreicher Umbauten und Erweiterungen der vergangenen Jahrhunderte. Die Fahrt nach Delmenhorst führt nun am Nordrand der **Wildeshauser Geest** entlang. Seit 1984 ist der trockene und wenig fruchtbare Geestrücken ein Naturpark. In **Delmenhorst** passieren Sie nun links das ehemalige Werk der Norddeutschen Wollkämmerei & Kammgarnspinnerei. In der Blütezeit waren bei der Nordwolle über 4 000 Menschen beschäftigt, die größtenteils aus Osteuropa nach Delmenhorst gekommen waren. Der Rohstoff Wolle wurde auf der ganzen Welt eingekauft, mit dem Schiff nach Bremen geliefert und auf den Schienen nach Delmenhorst gebracht, wo er zu Garn verarbeitet wurde. Nach dem Niedergang der Nordwolle entstand in dem als Industriedenkmal erhaltenen Areal ein neuer Stadtteil. Nach kurzer Fahrt erreichen Sie dann **Bremen**. Vor dem Bahnhof überquert die Strecke die Weser. Von der Weserbrücke aus haben Sie rechts einen Blick auf die Türme der Stadt. Die Doppeltürme gehören zum Dom St. Petri, mit dessen Bau im Jahr 1041 begonnen wurde, nachdem der Vorgängerbau einem Brand zum Opfer gefallen war. Blitzeinschläge, Brände, Einstürze, Verwahrlosung und Kriegsschäden setzten seitdem auch dem neuen Bauwerk zu. Am linken Weserufer liegt im Vordergrund die Kirche St. Stephani. Die Kirche wurde 1139 erstmals erwähnt und steht auf einer Düne, sie war einst von einem Fischerviertel umgeben *[Weiterfahrt*

Nebel über der kultivierten Moorlandschaft

Fahrt durch Ostfriesland

Richtung Hamburg oder Osnabrück Nr. 4]. Der nächste größere Ort ist **Verden**, der als Reiterstadt bekannt ist. Die Pferdezucht hier im Verdener Land gilt als Wiege der hannoverschen Pferdezucht. Die weitere Fahrt durch die Mittelweserregion führt Sie nach **Neustadt am Rübenberge**. Dieser Namenszusatz rührt übrigens von der Festung Castrum Rouenberg her und hat wohl nichts mit der Rübenpflanze zu tun. Bei **Wunstorf** stößt die Strecke nun auf die Verbindung aus Minden *[Nr. 7]* und erreicht anschließend Hannover *[Weiterfahrt Richtung Hamburg und Kassel Nr. 8, Wolfsburg Nr. 15, Braunschweig Nr. 14]*.

Hannover – Leer

Von Hannover bis Wunstorf folgt die Strecke der Bahnlinie in Richtung Minden *[Nr. 7]* und schwenkt dann nach Norden. Dabei durchfahren Sie den **Naturpark Steinhuder Meer**, der sich rund um den größten See Niedersachsens links der Bahnlinie erstreckt. Ab Nienburg folgt die Route dann dem Lauf der Weser flussabwärts bis Bremen. Links sehen Sie den ehemaligen Wasserturm von **Nienburg**, der heute Wohnungen und Büros beheimatet. Vor **Verden** quert die Strecke nun die Aller, die in der Magdeburger Börde entspringt und unweit von hier in die Weser mündet. Bei der Fahrt durch die **Wesermarsch** kommen Sie zwischen Verden und Bremen durch den kleinen Ort **Etelsen**, wo links eine Windmühle zu sehen ist. Die Galerieholländer-Mühle wurde 1874 erbaut und trägt den Namen „Jan Wind". In **Bremen** passieren Sie anschließend rechter Hand das Werk von Daimler. Wo früher in den Borgward-Werken die Modelle Hansa und Isabella gefertigt wurden, ist seit 1971 die damalige Daimler-Benz AG tätig. Heute sind hier über 13 000 Mitarbeiter in der Produktion von Fahrzeigen der C- und S-Klasse beschäftigt *[in Bremen Weiterfahrt Richtung Hamburg und Osnabrück Nr. 4]*. In **Delmenhorst** kommen Sie dann links am „Roten Dom des Nordens" vorbei, wie die 1903 erbaute Marienkirche auch genannt wird. Ebenfalls links der Strecke liegen die Deutschen Linoleum Werke, die heute zur Armstrong DLW AG gehören. Die Fabrik wurde 1892 gegründet und ist der einzige Linoleumhersteller in Deutschland. In **Oldenburg** führt die Strecke jetzt über den Fluss Hunte, in dessen Bett zugleich auch

Weser in Bremen mit Blick auf den Dom und links St. Stephani

Geestlandschaft zwischen Bremen und Verden

der Küstenkanal verläuft. Links dehnt sich der Stadthafen von Oldenburg aus, der über den Wasserlauf an die Weser und den Dortmund-Ems-Kanal angeschlossen ist. Durch das **Ammerland** führt die Strecke weiter nach Westen. In **Bad Zwischenahn** passieren Sie rechts das Werk der Rügenwalder Mühle. Das Familienunternehmen wurde 1834 in Rügenwalde in Pommern gegründet, seit 1956 kommen die „pommerschen" Wurstwaren hier aus dem Werk im Ammerland. Etwa auf halber Strecke zwischen Oldenburg und Leer kommen Sie nun durch den Ort **Augustfehn**. 1856 wurde hier eine Eisenhütte gegründet, die Sie links sehen können. Die Eisenhütte wurde damals mit Torf betrieben, der in der Umgebung reichlich zu finden war. Die Eisenhütte zog auch viele Arbeitskräfte an, die erheblich zum Wachstum des Ortes beitrugen. Sogar die Eisenbahn wurde einstmals mit Torf betrieben. Entlang des Lengener Moores rechts erreicht die Strecke dann **Leer** *[Weiterfahrt in Richtung Emden oder Rheine Nr. 6]*.

Streckendetails:
KBS 390 (Leer – Bremen),
380 (Bremen – Hannover)
Strecke elektrifiziert,
Leer – Oldenburg eingleisig,
sonst zweigleisig.
Gesamt 222 km
Leer 23 km Augustfehn 9 km Westerstede-Ocholt 8 km Bad Zwischenahn 15 km Oldenburg 31 km Delmenhorst 14 km Bremen 35 km Verden 31 km Nienburg 56 km Hannover

Querung der Aller

In der Weserniederung

Norddeich – Oberhausen / Essen

6

über Emden, Leer, Rheine, Münster, Gelsenkirchen

Emslandstrecke (Norddeich – Rheine)

Längst vorüber ist die Zeit, als der Landstrich im äußersten Nordwesten hauptsächlich durch Ostfriesenwitze bekannt war. Neben Wattenmeer und Nordseeküste ist auch das ostfriesische Platt charakteristisch für das Land hinter dem Deich, das mehr als die Hälfte der Bevölkerung spricht. Auf der Fahrt Richtung Süden prägen Windräder und Bauernhöfe die Landschaft, darunter auch einige in der traditionellen Gulfhaus-Bauweise. In der Mitte dieses Haustyps befindet sich der Gulf, der Speicherraum für die Ernte, darum herum sind Ställe, Wirtschafts- und Wohnräume gruppiert. Das Dach wird nicht von den Außenwänden getragen, sondern von einer selbsttragenden Holzkonstruktion im Inneren. Der hohe Teekonsum der Ostfriesen ist übrigens keine Legende, sondern mit einem zehnfach höheren Teeverbrauch zum Rest der Republik belegt. Vom protestantischen Ostfriesland führt die Strecke weiter ins katholische Emsland. Die ursprünglich strukturschwache Region wurde seit 1950 durch den so genannten Emslandplan der Bundesregierung deutlich aufgewertet und besitzt heute mehrere Wirtschaftszentren. Die Strecke folgt dabei lange Zeit dem Lauf der Ems und führt dann durch das Münsterland ins Ruhrgebiet. Bevor die Route das industrielle Zentrum Nordrhein-Westfalens erreicht, streift sie zwischen Haltern am See und Recklinghausen die Haard. Dieses kleine Waldgebirge eiszeitlicher Prägung gehört zum Naturpark Hohe Mark. Bei Oberhausen quert die Strecke anschließend den Rhein-Herne-Kanal, der nach Gelsenkirchen führt. Über diesen Kanal und den Dortmund-Ems-Kanal besteht für die Schifffahrt eine Verbindung bis zur Nordsee.

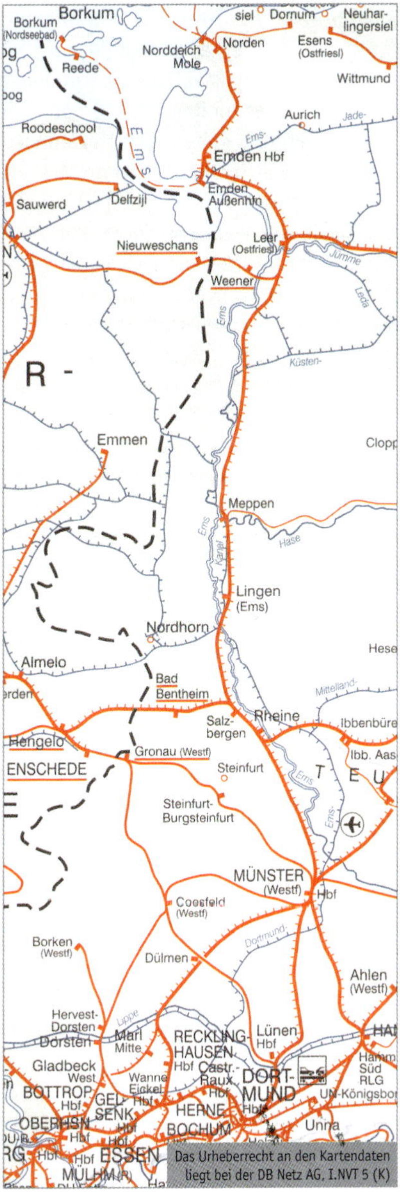

6

Norddeich – Oberhausen

Von Norddeich führt die Strecke durch das Norderland nach Süden. In dem Städtchen **Norden** kommen Sie rechts am Sitz der Doornkaat AG vorbei, wo bis 1991 hochprozentige Spirituosen produziert wurden. Das Unternehmen wurde hier 1806 von Jan ten Doornkaat Koolman gegründet, heute gehört es zur Berentzen-Gruppe. Die Strecke verläuft weiter nach **Marienhafe**, wo sich linker Hand der Turm der Marienkirche aus dem 13. Jahrhundert erhebt. Die Kirche diente einst als Seezeichen, denn der Ort lag im Mittelalter noch an der Küste, erst durch den Deichbau und die Landgewinnung wurde aus Marienhafe ein Binnenort. Um das Jahr 1400 soll der berüchtigte Seeräuber Klaus Störtebeker in Marienhafe gehaust haben. Rechts der Strecke liegt die **Krummhörn**, wie der Landstrich im Westen Ostfrieslands genannt wird. Von Emden bis vor Münster folgt der Streckenverlauf jetzt der Ems. Südlich von **Leer** *[Weiterfahrt Richtung Bremen Nr. 5]* verlassen Sie Ostfriesland in Richtung **Emsland**. Hinter Papenburg queren Sie den Küstenkanal, der eine Verbindung von der Ems bis nach Bremen ermöglicht. Dabei fällt der Blick links auf das Nordland-Papierwerk. Mit einer Kapazität von über einer Million Tonnen im Jahr gehört es zu den größten Feinpapierfabriken in Europa. Bei **Haren** kurz vor Meppen erblicken Sie auf der rechten Seite einen von dem Künstler Christoph Rihs mit einer Weltkarte bemalten Kühlturm. Er gehört zu einem ehemaligen Gaskraftwerk, aus dem mittlerweile ein Freizeitpark entstanden ist. Hinter Meppen queren Sie nun den Fluss Hase und passieren dann bei **Lingen** mehrere Kraftwerke. Rechts sind ein Gaskraftwerk und Reste des stillgelegten Kernkraftwerks Lingen zu sehen, in dem zuletzt nach dem Unfall von Tschernobyl Molkepulver dekontaminiert wurde. Links folgt das neue Kernkraftwerk Emsland. Eine weitere Industrieanlage liegt linker Hand bei **Salzbergen**, es handelt sich um eine Erdölraffinerie, die im Jahr 1860 auf einem Ölschiefervorkommen erbaut wurde und zunächst Öl für Beleuchtungszwecke produzierte. Heute werden hier Rohstoffe für Chemie und Pharmazie hergestellt. Über **Rheine** *[Weiterfahrt Richtung Bad Bentheim oder Osnabrück Nr. 7]* und Emsdetten kommen Sie nach **Greven**. Dort erblicken Sie links den

Fähre nach Norderney in Norddeich

Kolk bei Norddeich, Hinterlassenschaft eines Deichbruchs

Turm der Stadt- und Marktkirche St. Martinus. Im Mittelalter hatte der Turm eine sehr weltliche Funktion, er war nämlich als Wehrturm angelegt und diente zur Verteidigung der Stadt. Die Strecke erreicht nun die „Fahrradhauptstadt" **Münster**, täglich sind dort rund 100 000 Münsteranerinnen und Münsteraner mit dem Fahrrad unterwegs. Bei der Einfahrt passieren Sie links die Erpho-Kirche mit ihrem großen Mittelturm. Sie ist benannt nach Bischof Erpho von Münster, der im 11. Jahrhundert lebte, die Kirche selbst ist jedoch wesentlich jünger, sie wurde erst 1930 vollendet *[Weiterfahrt Richtung Osnabrück, Hamm oder Dortmund Nr. 4]*. Südlich von **Dülmen** führt die Strecke zwischen dem Höhenzug der Borkenberge links und der Hohen Mark rechts nach Haltern. Dort fällt der Blick rechtsseitig auf die neugotische Kirche St. Sixtus, in der sich das Haltener Kreuz befindet. Der Legende nach sollen Bürger das Kreuz gefunden haben, als es stromaufwärts in der Lippe schwamm. Nachdem es in die Kirche gebracht worden war, ereigneten sich dort weitere Wundertaten. Links der Strecke liegt nun das Waldgebirge der Haard. Auf der Fahrt durch das Ruhrgebiet passieren Sie nach **Gelsenkirchen** *[Weiterfahrt Richtung Essen siehe unten]* die Zeche Zollverein auf der linken Seite. Das ehemalige Bergwerk und die Kokerei stehen unter Denkmalschutz und symbolisieren den Strukturwandel im Ruhrgebiet. Seit dem Jahr 2002 gehört der Zechenkomplex zum UNESCO-Welterbe der Industriekultur. Die Route erreicht schließlich **Oberhausen** *[Weiterfahrt Richtung Arnhem und Duisburg Nr. 17]*.

Fahrt durch Ostfriesland

Binnenhafen Emden

Oberhausen – Norddeich

Von Oberhausen führt die Strecke zunächst durch das nördliche Ruhrgebiet nach **Gelsenkirchen**. Das stattliche Gebäude mit Turm, das Sie dort links am Bahnhofsvorplatz sehen, beherbergte einst ein Postamt, heute ist dort das Verwaltungsgericht untergebracht. Ebenfalls links am Rhein-Herne-Kanal liegt das Heizkraftwerk Herne, in dem jährlich über eine Million Tonnen Steinkohle für Strom und Fernwärme verbraucht werden. Mit Recklinghausen ist der Nordrand des Ruhrgebiets erreicht und es schließt sich nun das **Münsterland** an. Sie überqueren jetzt kurz nacheinander zuerst den Wesel-Datteln-Kanal und dann die Lippe. Hinter dem Bahnhof von **Haltern am See** liegt rechts der Stausee, dem die Stadt ihren Namenszusatz verdankt. Die Talsperre wurde 1930 vollendet und dient der Trinkwassergewinnung. Etwa eine Million Menschen in der Region werden heute mit Wasser aus Haltern versorgt. Über Dülmen erreicht die Strecke **Münster**. Links der Bahnlinie liegen die Baumberge, die mit bis zu 186 Höhenmetern das übrige Münsterland überragen. Hinter dem Bahnhof *[Weiterfahrt Richtung Osnabrück, Hamm oder Dortmund Nr. 4]* können Sie links in einer Straßenflucht kurz den Paulusdom mit seinen Doppeltürmen sehen. Die Grundsteinlegung für die Bischofskirche erfolgte im Jahr 1225, heute zählt der Dom zu den größten und bedeutendsten Kirchen Westfalens. Ebenfalls linksseitig erhebt sich der mächtige Turm von St. Lamberti. Mit dem Bau der Kirche wurde 1375 begonnen, sie besteht aus Sandstein, der in den Baumbergen abgebaut wurde. Zwischen **Rheine** und Salzbergen kreuzt die Strecke anschließend die Verbindung von Bad Bentheim nach Osnabrück *[Nr. 7]*, auf diesem Abschnitt queren Sie auch die Grenze von Nordrhein-Westfalen zu Niedersachsen. Vor Lingen führt die Reiseroute über den Dortmund-Ems-Kanal, der hier im Flussbett der Ems verläuft, links der Brücke teilen sich die Wasserwege wieder. In **Lingen** selbst grüßt rechts der 1909 erbaute Wasserturm, der heute als Trauzimmer genutzt wird. Ebenfalls rechts liegt die Justizvollzugsanstalt Lingen, die auch über ein Justizvollzugskrankenhaus verfügt. Linker Hand folgt dann nördlich von Lingen eine große Erdölraffinerie von BP. Lingen war der Ausgangspunkt für die Er-

Zahlreiche Kanäle und Wasserläufe begleiten die Reise

Leda-Sperrwerk bei Leer

schließung von Erdölfeldern im Emsland, heute sind etwa 600 Mitarbeiter in der Raffinerie tätig und erzeugen jährlich über vier Millionen Tonnen Erdölprodukte. Zwischen Meppen und Papenburg führt die Bahnstrecke dann für einige Kilometer parallel zur Versuchsstrecke des **Transrapids**. Rechts in der Ferne können Sie die auf Stelzen führende Trasse ausmachen, die die Magnetschwebebahn mit bis zu Tempo 450 befährt. Links sind dann die Hallen der Mayer-Werft in **Papenburg** zu sehen. Für die Überführung der Kreuzfahrtschiffe, die hier gebaut werden, muss jeweils die Ems aufgestaut werden. Hinter Papenburg geht es nun durch das **Overledingerland**. Benannt ist die Landschaft nach dem Fluss Leda, den Sie vor Leer überqueren. Rechts sehen Sie das Ledasperrwerk. Das Sperrwerk schützt das Niederungsgebiet im Oberlauf des Flusses vor Überschwemmungen und Sturmfluten der Ems. Die Strecke ist geprägt von Flüssen, Wasserläufen und Kanälen, die zum einen der Entwässerung, zum anderen der Schifffahrt dienen. So queren Sie hinter **Leer** *[Weiterfahrt Richtung Bremen Nr. 5]* zunächst den Sauteler-Kanal und wenig später verläuft links parallel zur Bahnlinie der Ems-Seitenkanal. In **Emden** kommt von Osten auch noch der Ems-Jade-Kanal hinzu. Bei der Einfahrt nach Emden sehen Sie rechts vorne zunächst den Turm der mittelalterlichen Großen Kirche, die heute als Bibliothek genutzt wird. Die Strecke führt dann direkt durch den Binnenhafen von Emden, links künden Hafenkräne und die Nordseewerke von der nahen Küste. In der Werft werden Marine- und Sonderschiffe gebaut. Vom Hauptbahnhof gibt es eine Bahnverbindung zum Außenhafen, wo die Fähren nach Borkum ablegen. Weiter geht es durch **Ostfriesland** nach Norden und in die Stadt **Norden**, die am 21. April 1255 erstmals urkundlich erwähnt wurde und damit die älteste Stadt der Region ist. Endpunkt der Strecke ist die Mole in **Norddeich**, von wo die Fähren nach Norderney und Juist ablegen.

Wasserturm Lingen

Fahrt durch das Münsterland

6

Gelsenkirchen – Essen

Hinter dem Hauptbahnhof von Gelsenkirchen zweigt die Strecke in Richtung Essen nach Süden ab und führt durch den Gelsenkirchener Stadtteil Rotthausen. Vor rund 200 Jahren hatte die damalige Bauernsiedlung knapp 400 Einwohner, nachdem 1848 erstmals nach Kohle gebohrt wurde, setzte hier wie im gesamten Ruhrgebiet ein rasantes Wachstum ein und die Einwohnerzahl stieg bis heute auf knapp 15 000. Ähnlich blühte auch der nächstliegende Ort Kray auf, der schon zum Stadtgebiet von Essen gehört *[Weiterfahrt Richtung Duisburg oder Dortmund Nr. 19]*.

Streckendetails:
KBS 395 (Norddeich – Rheine), 410 (Rheine – Münster), 425 (Münster – Oberhausen/Essen)
Strecken elektrifiziert, Norddeich – Emden und Lehe – Dörpen eingleisig, sonst zweigleisig.
Gesamt Norddeich Mole – Oberhausen 302 km / NorddeichMole – Essen 292 km
Norddeich Mole 0,5 km Norddeich 5,5 km Norden 8 km Marienhafe 21 km Emden 26 km Leer 17 km Papenburg 46 km Meppen 21 km Lingen 31 km Rheine 36 km Münster 57 km Recklinghausen 10 km Wanne-Eickel 5 km Gelsenkirchen 18 km Oberhausen / 8 km Essen

Im Naturpark Hohe Mark bei Haltern

Kühltürme des Heizkraftwerkes Herne

Bad Bentheim / Hagen – Hannover

über Rheine, Osnabrück, Löhne / Hamm, Bielefeld

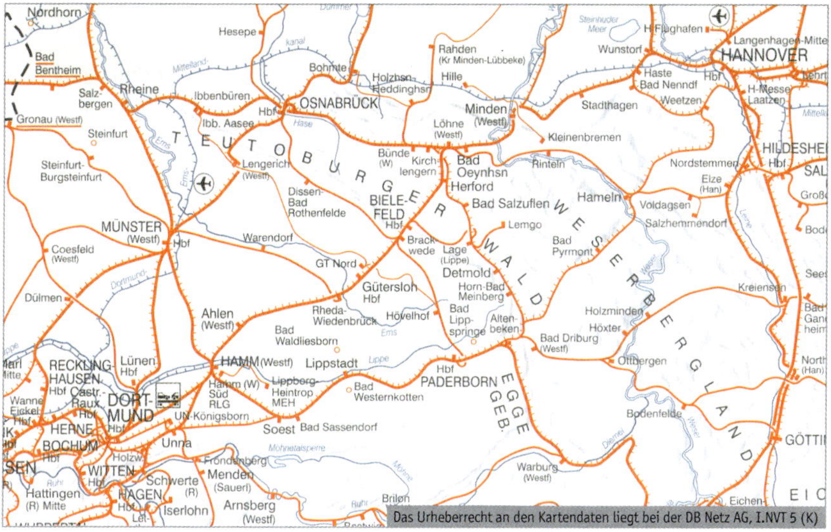

Das Urheberrecht an den Kartendaten liegt bei der DB Netz AG, I.NVT 5 (K)

Die Strecke Bad Bentheim-Hannover ist Teil der internationalen Verbindung von Amsterdam nach Berlin. Aus Hegelo kommend führt die Reiseroute über den Sandstein-Höhenrücken bei Bad Bentheim. Vor mehr als 800 Jahren begann hier der Handel mit dem „Bentheimer Gold“, wie der hochwertigen Sandstein aus der Region genannt wird. Bis nach Dänemark wurde der Sandstein einst geliefert, der hier in Steinbrüchen, den so genannten Kuhlen, abgebaut wurde. Bei Rheine quert die Linie die Ems, den Dortmund-Ems-Kanal und den Mittellandkanal und verläuft dann zwischen Teutoburger Wald im Süden und Wiehengebirge im Norden nach Osnabrück und weiter nach Löhne. Hier kommt aus Süden die Strecke von Hagen-Bielefeld hinzu. Die Region Ostwestfalen-Lippe gilt als Gesundheitsregion, in der sich zahlreiche Kurorte finden. Mit beinahe 90 000 Beschäftigten im Bereich Gesundheit und Lebensqualität ist dies der größte Wirtschaftsbereich der Region. Bei Porta Westfalica erreicht die Strecke dann das Durchbruchstal der Weser. Die Weser kommt aus dem Weserbergland und „durchbricht“ hier das Wiehengebirge und Wesergebirge. Die Porta Westfalica kennzeichnet damit auch die Grenze zwischen den Mittelgebirgen im Süden und der Tiefebene im Norden. Durch das Mindener Land folgt die Strecke noch ein Stückchen der Weser und verlässt bei Minden Nordrhein-Westfalen. Insgesamt wechselt die Route von Bad Bentheim bis Hannover übrigens gleich vier Mal die Landesgrenze zwischen Nordrhein-Westfalen und Niedersachsen. Zwischen den Ausläufern des Weserberglandes im Süden und der Norddeutschen Tiefebene erreicht die Strecke schließlich Hannover.

Bad Bentheim – Löhne

Nach dem Stopp in Bad Bentheim, wo die niederländische Lok aufgrund des Systemwechsels von Gleichstrom auf Wechselstrom gegen eine deutsche Lok getauscht werden muss, führt der Weg durch die Grafschaft Bentheim nach **Salzbergen**. Dort begrüßt Sie rechts der Kirchturm von St. Cyriakus. Im Zweiten Weltkrieg wurde der Kirchturm um 20 Meter eingekürzt, da die Kirche in der Einflugschneise eines nahegelegenen Fliegerhorstes lag. Erst seit dem Jahr 2002 hat der Turm wieder seine ursprüngliche Höhe. Zwischen **Rheine** *[Weiterfahrt Richtung Leer und Münster Nr. 6]* und Osnabrück führt Sie die Reise dann durch das **Tecklenburger Land,** das zu Nordrhein-Westfalen gehört, bis Sie wenig später vor Osnabrück Nordrhein-Westfalen schon wieder verlassen. Bei **Ibbenbüren** liegt links in der Ferne ein Steinkohlekraftwerk. Ein Großteil der dort verfeuerten Anthrazit-Kohle wird in einem Bergwerk direkt am Kraftwerk abgebaut. Mit Tiefen bis zu 1 500 Metern zählt das Bergwerk zu den tiefsten Schächten in Europa. In **Osnabrück** durchfahren Sie anschließend einen Turmbahnhof, an dem die Strecke Münster – Bremen *[Nr. 4]* ein Stockwerk höher die Gleise kreuzt. Zwischen Bruchmühlen und Minden fahren Sie nun wieder durch Nordrhein-Westfalen. In **Löhne** kommt dann die Strecke aus Süden hinzu.

Hagen – Löhne – Hannover

Die Strecke aus **Hagen** führt durch das **Ardeygebirge** und das östliche Ruhrgebiet. In **Schwerte** passieren Sie links das Werk der Walter Hundhausen GmbH, in dem verschiedene Gusseisen produziert werden, die Sie beispielsweise in Form von Weichen auf Ihrer Bahnreise begleiten. Ebenfalls auf der linken Seite liegt die Deutsche Nickel GmbH, die seit 1872 von Schwerte Halbzeuge aus Nickel in alle Welt liefert. Hinter **Hamm** *[Weiterfahrt Richtung Münster Nr. 4, Dortmund oder Paderborn Nr. 19]* kommen Sie durch **Ahlen**, wo Sie links die Marienkirche mit dem auffälligen grün abgesetzten Kirchturm sehen. Es handelt sich um einen Neubau aus dem Jahr 1904, der einen Vorgängerbau aus dem 13. Jahrhundert ersetzte. Auch die neuromanische Kirche St. Clemens, deren zwei Türme Sie bei **Rheda** rechter Hand grüßen, stammt aus der gleichen Zeit. Bei der Einfahrt nach

Fahrt durch die Grafschaft Bentheim

Blick von der Ems zur St.-Antonius-Basilika in Rheine

Bielefeld passieren Sie rechtsseitig das Wahrzeichen der Stadt, die Sparrenburg aus dem 13. Jahrhundert. Die Burg der Grafen von Ravensberg war zunächst hauptsächlich Verwaltungssitz, die Festungsanlagen kamen erst im 16. Jahrhundert hinzu. Vom Zentrum der Region **Ostwestfalen-Lippe** fahren Sie nun weiter nach **Herford**, wo Sie rechts zunächst das Humana-Werk sehen. Im Jahr 1950 brachte der Kinderarzt Heinz Lemke erstmals eine der Muttermilch weitestgehend angeglichene Säuglingsnahrung auf den Markt und legte damit den Grundstein für das Werk, das heute Säuglingsnahrung in alle Welt liefert. Ferner erheben sich rechts die Türme des Münsters und der Jakobikirche. Baubeginn für das Münster war im Jahr 1220. Es ist damit der erste Großbau einer norddeutschen Hallenkirche. Die Jakobikirche wurde im 14. Jahrhundert erbaut und ist leicht an der Zwiebelturmhaube zu erkennen, die für diese Region ungewöhnlich ist. Im Mittelalter war die Kirche eine Station der Jakobspilger auf ihrem Weg zum Grab des Apostels Jakobus im spanischen Santiago de Compostela.

In **Löhne** sehen Sie dann links das Werk des Küchenmöbelherstellers SieMatic – übrigens nicht der einzige Küchenhersteller in der Stadt. Über 2 000 Arbeitsplätze in der Küchenmöbelindustrie machen Löhne zur „Weltstadt der Küchen". Hinter Bad Oeynhausen queren Sie die Weser und folgen dem Fluss bis Minden. Rechts erhebt sich das Weserbergland, das sich von hier bis nach Hessen erstreckt. Vor **Minden** können Sie links bereits die Türme der Stadt erspähen. Darunter ist auch der im 11. bis 13. Jahrhundert errichtete Dom, der zu den bedeutendsten gotischen Hallenkirchen in Westfalen gehört. Während links in der Ferne die Kalihalde von Sigmundshall zu sehen ist, überqueren Sie nach Haste den Mittellandkanal und folgen diesem bis **Hannover** *[Weiterfahrt Richtung Bremen Nr. 5, Hamburg oder Kassel Nr. 8, Wolfsburg Nr. 15, Braunschweig Nr. 14]*.

Fahrt durchs Münsterland bei Oelde

Die Sparrenburg in Bielefeld

7

Hannover – Löhne – Bad Bentheim

Die Strecke verlässt den Hauptbahnhof von Hannover in östlicher Richtung und quert bald darauf die Leine. Auf der Fahrt nach Minden erstreckt sich rechts weitgehend flaches Land, in der Ferne dehnt sich der Schaumburger Wald aus, in dem Wilhelm Busch zu Hause war. Links sind die Bückeberge zu sehen, die zum Weserbergland gehören. Seit 1845 wird Sandstein aus dem Höhenzug der Bückeberge übrigens auch im Kölner Dom verbaut. Nachdem Sie **Minden** mit dem Werk von BASF Pharma-Chemikalien passiert haben, ist in der Ferne erst links, dann rechts das Kaiser-Wilhelm-Denkmal der **Porta Westfalica** zu erkennen. Parallel zur Weser fahren Sie dann direkt unter dem 88 Meter hohen Denkmal entlang. Im Inneren steht eine sieben Meter hohe Kupferfigur von Kaiser Wilhelm I. Der Wittekindsberg, auf dem das Denkmal steht, gehört zum **Wiehengebirge**, das Sie nun bis Osnabrück rechts in der Ferne begleitet. Das Gegenstück auf der linken Seite ist der **Teutoburger Wald**, der Landstrich zwischen beiden Mittelgebirgszügen ist die Ravensberger Mulde. Bei **Löhne** zweigt die Strecke nach Bielefeld ab *[siehe unten]*. Etwa auf halbem Weg zwischen Minden und Osnabrück liegt **Bünde**. Die „Zigarrenstadt" wurde lange Zeit von der Tabakindustrie geprägt. Davon zeugt der in einem Backsteinbau am Bahnhof untergebrachte Tabakspeicher, in dem tatsächlich auch heute noch Tabak gelagert wird. Nachdem Sie in **Osnabrück** *[Weiterfahrt Richtung Münster oder Bremen Nr. 4]* rechts das Flüsschen Hase passiert haben, überqueren Sie vor Rheine zuerst den Mittellandkanal, dann den Dortmund-Ems-Kanal und schließlich im Stadtgebiet von **Rheine** die Ems. Von der Emsbrücke aus haben Sie rechtsseitig einen Blick auf den hoch aufragenden Turm der St.-Antonius-Basilika, die von 1899 bis 1905 erbaut wurde. Wesentlich älter ist die Pfarrkirche St. Dionysius, deren Turm vor dem Bahnhof rechts auftaucht. Die spätgotische Hallenkirche wurde im 15. Jahrhundert erbaut. Für einige Kilometer verläuft die Verbindung nun auf der Strecke Münster – Leer *[Nr. 6]* und zweigt bei Salzbergen in östlicher Richtung nach Bad Bentheim ab.

Im Ravensberger Hügelland zwischen Bielefeld und Herford

Kaiser-Wilhelm-Denkmal an der Porta Westfalica

Löhne – Hamm

Die Route nach Hagen führt von Löhne nach Süden. In **Bielefeld** passieren Sie zur Linken den Stammsitz der Oetker-Gruppe. Die Geschichte des Familienunternehmens begann mit der Erfindung von gebrauchsfähigem Backpulver durch Dr. August Oetker (1862–1918), heute umfasst die Gruppe neben dem Nahrungsmittelbereich auch Brauereien, Banken, Versicherungen und Reedereien. Anschließend quert die Strecke den Teutoburger Wald und erreicht die Westfälische Bucht. Bei **Gütersloh** sehen Sie links den Stammsitz eines weiteren bekannten deutschen Unternehmens, den Hausgeräte-Hersteller Miele. Die damalige Zentrifugenfabrik Miele & Cie wurde 1899 gegründet. Neben Buttermaschinen und Automobilen wurde 1911 hier die erste Waschmaschine produziert. Im übernächsten Ort **Oelde** zeichnet sich dann links der markante Turm der Johanniskirche ab. Beim Neubau der Kirche in den Jahren 1863 bis 1869 ging zuletzt wohl das Geld aus, sodass auf einen Turmhelm verzichtet werden musste und der unvollendete Turm zum Wahrzeichen der Stadt wurde. Über die Lippe und den Datteln-Hamm-Kanal erreichen Sie **Hamm** *[Weiterfahrt Richtung Münster Nr. 4, Dortmund oder Paderborn Nr. 19]*. Vor Unna passieren Sie anschließend rechts einen Förderturm der ehemaligen **Zeche Königsborn**. Das Steinkohlenbergwerk wurde 1981 geschlossen. Hinter Schwerte quert die Strecke den Zusammenfluss von Ruhr und Lenne. Rechts sehen Sie dort den **Hengsteysee**, in dem beide Flüsse aufgestaut werden. Über dem See erhebt sich die mittelalterliche **Burgruine Hohensyburg**, daneben ein Kaiser-Wilhelm-Denkmal. Ebenfalls können Sie am gegenüberliegenden Seeufer auch das Koepchenwerk mit den Rohrleitungen am Hang erkennen. Es handelt sich um ein Pumpspeicherkraftwerk, das Wasser in ein Speicherbecken auf der Bergkuppe pumpt. In Zeiten hohen Energiebedarfs wird das Wasser wieder abgelassen und so die Energie zurückgewonnen. Die alte Anlage aus dem Jahr 1930 wurde 1989 durch eine neue Anlage direkt daneben ersetzt *[in Hagen Weiterfahrt Richtung Dortmund oder Wuppertal Nr. 4]*.

Fahrt durch die ehemalige Grafschaft Schaumburg-Lippe bei Bückeburg

Energieerzeugung am Fuße der Bückeberge

7

Streckendetails:

KBS 375 (Bad Bentheim – Löhne),
455 (Hagen – Hamm),
400 (Hamm – Bielefeld),
370 (Bielefeld – Löhne – Hannover)
Strecken elektrifiziert und zweigleisig.
Gesamt Bad-Bentheim – Hannover 202 km / Hagen – Hannover 225 km

- *Bad Bentheim 21 km Rheine 22 km Ibbenbüren 26 km Osnabrück 37 km Bünde 16 km Bad Oeynhausen 15 km Minden 65 km Hannover*
- *Hagen 48 km Hamm 50 km Gütersloh 17 km Bielefeld 14 km Herford 16 km Bad Oeynhausen*

Fahrt durch die Norddeutsche Tiefebene bei Wunstorf

Abraumhalde des Kaliwerks Sigmundshall bei Wunstorf

Hamburg – Kassel-Wilhelmshöhe 8

über Hannover, Göttingen

Hannöversche Südbahn (Altbaustrecke Hannover – Göttingen)

Der Streckenabschnitt Hamburg-Kassel ist Teil der klassischen Nord-Süd-Verbindung und führt ab Hannover über die damals erste Schnellfahrstrecke in Deutschland. Neben der ICE-Trasse widmet sich dieses Kapitel auch der Altbaustrecke zwischen Hannover und Göttingen durch das Leinetal. Eiszeitliche Gletscher aus Skandinavien formten die Norddeutsche Tiefebene, die die erste prägende Landschaftsform an der Strecke ist. Die Route führt dabei auch durch die Lüneburger Heide. Durch Menschenhand in Form von Abholzungen, Beweidung und Feuer entstanden auf den trockenen und sandigen Böden einstiger Waldflächen die heutigen Heidelandlandschaften. Während Teile dieser Heidelandschaften später Äckern oder neuen Waldpflanzungen weichen mussten, wird im Naturpark Lüneburger Heide die Heidelandschaft bewusst erhalten, etwa durch die Beweidung mit Heidschnucken, einer besonders genügsamen Schafrasse. Zwischen Göttingen und Kassel passiert die Strecke die Benrather Linie, eine gedachte Linie zwischen dem Düsseldorfer Stadtteil Benrath und Frankfurt an der Oder. Die Linie stellt die Grenze zwischen dem niederdeutschen und dem hochdeutschen Sprachraum dar. Auf der Fahrt von Göttingen nach Kassel quert die Strecke zunächst die Werra, dann die Fulda. Beide Flüsse fließen wenig später bei Hannoversch Münden zur Weser zusammen. Die Fulda ist hier Grenzfluss zwischen Niedersachsen und Hessen. Das nordhessische Bergland machte beim Bau der Strecke zahlreiche Tunnel notwendig, sodass etwa die Hälfte der Strecke zwischen Göttingen und Kassel unterirdisch verläuft.

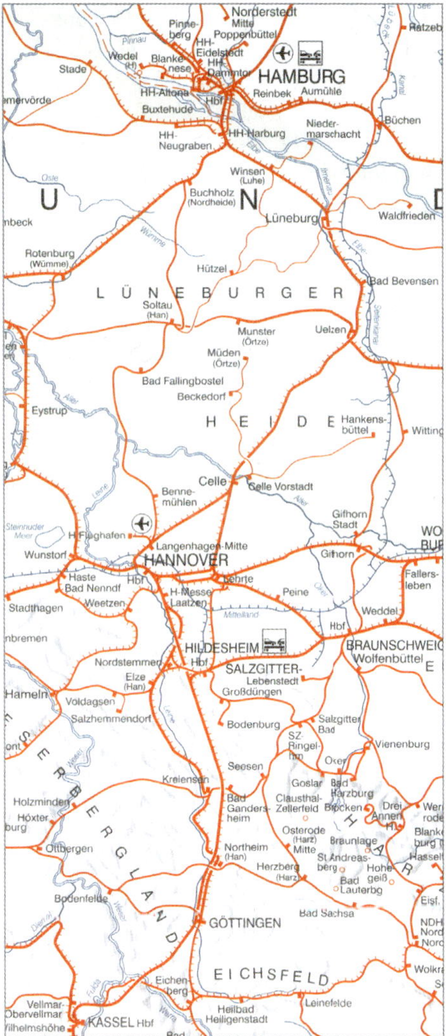

Das Urheberrecht an den Kartendaten liegt bei der DB Netz AG, I.NVT 5 (K)

8

Hamburg – Kassel

Nachdem der Zug Hamburg verlassen hat, passieren Sie den **Rangierbahnhof Maschen**. Er ist mit über 800 Weichen und 300 Kilometern Gleis der größte Rangierbahnhof Europas. Über Winsen erreichen Sie **Lüneburg**, wo Sie hinter dem Bahnhof rechter Hand den nach Südwesten geneigten Turm der fünfschiffigen Hallenkirche St. Johannis sehen, die im 14. Jahrhundert im Stil der norddeutschen Backsteingotik erbaut wurde. Daneben erhebt sich der Lüneburger Wasserturm aus dem Jahr 1905, der für damalige Zeiten hochmoderne Technik hinter einer antiken Fassade verbirgt. Von der Aussichtsterrasse des denkmalgeschützten Baus reicht die Sicht bei gutem Wetter bis nach **Uelzen**, der nächsten Station an der Strecke. Uelzen ist bekannt für seinen **Hundertwasser-Bahnhof**. Der Wiener Künstler gestaltete den Bahnhof zur Weltausstellung Expo 2000 in eine fantastische bunte Märchenwelt mit vielen Säulen und Türmen um. Die Vollendung des Bahnhofs erlebte der Künstler nicht mehr, er verstarb Anfang des Jahres 2000 *[Weiterfahrt Richtung Stendal Nr. 11]*. Zwischen Uelzen und Celle passieren Sie den Ort **Eschede**. Eine Gedenkstätte rechts der Gleise erinnert mit 101 Kirschbäumen an die Opfer des verheerenden Zugunglücks von 1998. In **Celle** quert die Strecke anschließend die Aller. Links sehen Sie vor dem Bahnhof die Justizvollzugsanstalt Gefangene mit langen Haftstrafen von zehn und mehr Jahren. Die Anstalt verfügt über Schlosserei, Schneiderei, Polsterei oder Bastelwerkstatt und vermarktet ihre Produkte auch via Internet. Durch das Moorgebiet des Wiezenbruchs führt die Strecke weiter nach **Hannover**. Vor dem Bahnhof der Landeshauptstadt queren Sie den Mittellandkanal, der Teil einer Wasserstraße vom Rhein bis zur Elbe ist. Links liegt die Fabrik des Reifenherstellers Continental, der 1871 in Hannover gegründet wurde *[Weiterfahrt Richtung Wolfsburg Nr. 15, Braunschweig Nr. 14, Minden Nr. 7, Bremen Nr. 5]*. Südlich von Hannover passiert die Strecke den Messebahnhof Laatzen, der zur

Blick von der Norderelbe auf Hamburg

St. Johannis in Lüneburg

Expo 2000 gebaut wurde. Eine Glasröhre, der so genannte Skywalk, führt von hier zum Messegelände von Cebit oder Hannover Messe auf der linken Seite. Mit dem Hildesheimer Wald verlässt die Route nun die norddeutsche Tiefebene. Mit den ersten Ausläufern der Mittelgebirge beginnt jetzt ein tunnelreicher Abschnitt, bevor die Strecke bei **Northeim** das Leinetal erreicht. In Northeim sehen Sie links weitere Anlagen von ContiTech, die ebenfalls zur Continental AG gehören. Links in der Ferne können Sie wenig später die **Burg Plesse** entdecken. Die mittelalterliche Burg, die über dem Leinetal thront, gehörte lange Zeit zu Hessen und fiel erst im 19. Jahrhundert an Hannover. Hinter **Göttingen** *[Weiterfahrt Richtung Hildesheim Nr. 15]* sehen Sie links den Neubau einer weiteren Justizvollzugsanstalt, die für 318 Gefangene ausgelegt ist. Etwa auf halber Strecke zwischen Göttingen und Kassel überqueren Sie die Werra. Parallel zu den Gleisen verläuft links auf einer weiteren Brücke die Autobahn A7, die an dieser Stelle die legendären „Kasseler Berge“ passiert. Während der Straßenverkehr hier kräftige Steigungen überwinden muss, nimmt die Bahn den direkten Weg und verschwindet im über 10 Kilometer langen Mündener Tunnel. Schließlich erreicht die Strecke **Kassel** *[Weiterfahrt Richtung Hamm und Erfurt Nr. 19, Fulda Nr. 20, Gießen Nr. 29]*.

Hundertwasserbahnhof Uelzen

Wasserturm Uelzen

Kassel – Hamburg

Schon kurz nach Kassel quert die Strecke die Fulda und verlässt damit Hessen in Richtung Niedersachsen. Zahlreiche Tunnel kennzeichnen die Route nach **Göttingen**. Beim Göttinger Bahnhof *[Weiterfahrt Richtung Hildesheim Nr. 15]* sehen Sie rechts den Turm der Jacobi-Kirche. Der Bau der gotischen Kirche begann 1361, der Turm fiel jedoch 1555 Flammen zum Opfer und wurde später neu aufgebaut. Die Strecke passiert nun die Ausläufer des **Sollings**. Das Mittelgebirge auf der linken Seite gehört zum Weserbergland und wird mit seinen sanften Tälern und Bergrücken auch Spessart des Nordens genannt – mit bis zu 528 Höhenmetern übrigens das zweithöchste Gebirge Niedersachsens. Hinter **Northeim** zeugen links zahlreiche Seen vom Kiesabbau in der Region. Nach dem letzten großen Tunnel, dem über 3,6 Kilometer langen Escherbergtunnel, erreichen Sie das Urstromtal der Leine. Bald tauchen linksseitig weitere Baggerseen auf, die sich bis nach **Hannover** erstrecken *[Weiterfahrt Richtung Wolfsburg Nr. 15, Braunschweig Nr. 14, Minden Nr. 7, Bremen Nr. 5]*. Auf der Fahrt durch Niedersachsen passieren Sie ferner einige Flecken. Sie müssen jedoch nicht nach Verschmutzungen Ausschau halten, denn Flecken sind eine hauptsächlich hier vorkommende Ortsbezeichnung zwischen Dorf und Stadt. Vor **Celle** sehen Sie anschließend links den Militärflughafen der Immelmann-Kaserne. Der Flughafen wurde vor dem Zweiten Weltkrieg gebaut und liegt in einem Moorgebiet, das ihm den Spitznamen „Gummiwiese" einbrachte, da der Untergrund bei Starts und Landungen nachgab. Später starteten von hier die so genannten Rosinenbomber zur Versorgung Berlins. Die Reiseroute führt nun durch die Südheide der **Lüneburger Heide**, beiderseits der Strecke erstreckt sich der Lüßwald. Zuckerrübenfelder künden dann von **Uelzen** als traditionellem Zentrum der Zuckerindustrie *[Weiterfahrt Richtung Stendal Nr. 11]*. Hinter dem Bahnhof sehen Sie rechts die Zuckerfabrik der Nordzucker AG. Mit täglich rund 19 000 Tonnen verarbeiteter

Im Suderburger Land südlich von Uelzen

Die Leine-Aue

Rüben ist sie eine der größten Zuckerfabriken in Europa. Gegenstück zur „Zuckerstadt" Uelzen ist wenig später die „Salzstadt" **Lüneburg**, deren mittelalterlicher Reichtum einem Salzvorkommen unter der Stadt zu verdanken war. In **Hamburg** queren Sie anschließend zunächst nach Harburg die Süderelbe und vor dem Hauptbahnhof die Norderelbe. Von dieser zweiten Elbbrücke aus haben Sie links einen Blick auf den Hafen und von links nach rechts auf die Türme von St. Michaelis („Michel"), St. Nikolai, St. Katharinen, das Rathaus und auf St. Petri. Rechts liegt die Großmarkthalle, von der aus 15 Millionen Verbraucher mit Obst, Gemüse und Blumen versorgt werden. Linker Hand folgen die Ausläufer der Speicherstadt und des Freihafens *[Weiterfahrt Richtung Elmshorn Nr. 2, Lübeck Nr. 3, Berlin Nr. 10, Bremen Nr. 4]*.

Hannover – Göttingen: Altbaustrecke durch das Leinetal

Hinter Rethen zweigt die Altbaustrecke ab und verläuft einige Kilometer in Sichtweite der Neubautrasse. Bei Nordstemmen erblicken Sie dann rechts die **Marienburg**. Der neugotische Bau aus den Jahren 1857 bis 1867 ist der offizielle Sitz der Prinzen von Hannover, die zum Adelsgeschlecht der Welfen gehören. Der Weg folgt nun der Leine und quert den Fluss auf der weiteren Stecke mehrmals. Beiderseits der Gleise erhebt sich das Leinebergland. Dazu gehören auch die **Sieben Berge** linksseitig vor **Alfeld**. Ob der Höhenzug auch die Heimat von Schneewittchen und den sieben Zwergen war, ist jedoch ungewiss. Alfeld selbst bezeichnet sich als Papierstadt, hat doch die Papierindustrie eine große Tradition in der Stadt. Links können Sie die ehemaligen Hannoverschen Papierfabriken sehen, die heute unter der Marke Sappi firmiert. Sie passieren dann wenig später rechts das Pumpspeicherwerk Erzhausen. Wenn im Energienetz mehr Strom

Fahrt durch das Innerstebergland

Nördlich von Göttingen

8

zur Verfügung steht, als nachgefragt wird, wird Wasser in ein höhergelegenes Becken gepumpt. Das Wasser wird später durch Turbinen wieder abgelassen, wodurch die gespeicherte Energie zurückgewonnen wird. Ebenfalls rechtsseitig können Sie in der Ferne dann vor Kreiensen den Turm der **Burg Greene** entdecken, die um das Jahr 1308 erbaut wurde. Eine weitere Burg sehen Sie kurz darauf bei Salzderhelden. Auf der **Heldenburg**, die wohl im 13. Jahrhundert entstand, wurde im Jahr 1361 erstmals das „Sachsenross" im Siegel verwendet, welches bis heute das Wappen von Niedersachsen ziert. Rechts säumt nun ein Deich die Gleise, der zum Leinepolder gehört und bei Hochwasser die Landschaft in einen großen See verwandelt. Bald darauf ist die ICE-Trasse wieder zu sehen, der Sie nun bis Göttingen folgen.

Streckendetails:

KBS 110 (Hamburg – Hannover),
351 (Hannover – Kassel-Willhemshöhe),
350 (Hannover – Göttingen)
Strecken elektrifiziert und zweigleisig.
Gesamt Schnellfahrstrecke 321 km / Altbaustrecke 330 km
Hamburg Hbf 12 km Hamburg-Harburg 37 km Lüneburg 23 km Bad Bevensen 13 km Uelzen 52 km Celle 41 km Hannover
- Schnellfahrstrecke: 99 km Göttingen
- Altbaustrecke: 50 km Alfeld 19 km Kreiensen 19 km Northeim 20 km Göttingen 44 km Kassel-Wilhelmshöhe

Marienburg bei Nordstemmen

Die Sieben Berge bei Alfeld

Hagenow Land / Ludwigslust – Binz

9

über Schwerin, Rostock, Stralsund

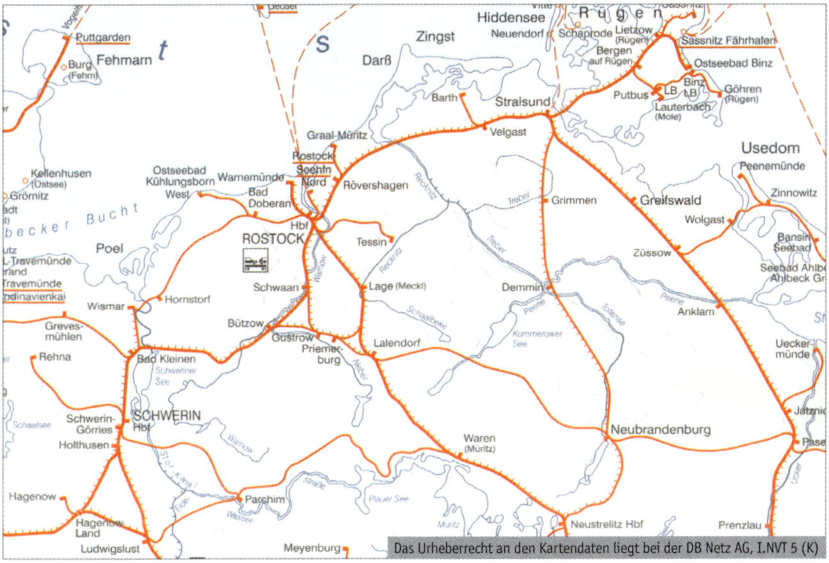

„Not macht erfinderisch" – aus Mangel an Natursteinen wurde in Norddeutschland die Kunst der Ziegelbrennerei perfektioniert. Im 12. Jahrhundert wurde damit begonnen, aus Tonerde Formziegel zu brennen, die den Bauwerken der Ostseeregion ihr charakteristisches Erscheinungsbild geben. Die Bezeichnung Backstein für die Steine mit der typisch roten Farbe kommt vom Brennen der Steine unter hohen Temperaturen. Bis heute prägt die Backsteingotik viele Städte an der Strecke. Das Baltische Meer, wie die Ostsee auch genannt wird, hat übrigens einen geringeren Salzgehalt als die umliegenden Meere. Da nur ein begrenzter Wasseraustausch stattfindet und über die Flüsse mehr Süßwasser zufließt als verdunstet, gilt die Ostsee als Brackwassermeer. Ein kompletter Wasseraustausch dauert etwa 30 Jahre und damit vielfach länger als bei anderen Meeren. Gerade deshalb ist auch der Schutz der Ostsee ein internationales Anliegen geworden. Neben der Ostseeküste mit ihren Seebädern und Inseln machen auch über zweitausend Seen Mecklenburg-Vorpommern zu einem der beliebtesten Urlaubsziele in Deutschland. Im 19. Jahrhundert erlebte der Tourismus in Mecklenburg-Vorpommern einen ersten Aufschwung, als mondäne Ostseebäder betuchte Gäste zur Sommerfrische erwarteten. Die Ostsee ist jedoch nicht nur Tourismusregion, sondern auch wichtige Seeschifffahrtsstraße mit internationalen Fährverbindungen. Zu den historischen Hafenstädten an der Strecke zählen auch die beiden Hansestädte Rostock und Stralsund. Endpunkt der Strecke ist die größte deutsche Insel Rügen.

Hagenow Land / Ludwigslust – Binz

Bei Hagenow bzw. Ludwigslust zweigen die Strecken nach Schwerin von der Verbindung Hamburg – Berlin ab und führen nun nach Norden. Die weitere Fahrt durch den Nordwesten Mecklenburgs ist geprägt von landwirtschaftlich genutzten Flächen. Landwirtschaft und Nahrungsmittelindustrie zählen neben dem Tourismus zu den wichtigsten Wirtschaftszweigen des Landes. Davon zeugt auch vor **Schwerin** zur Rechten ein großer Lagerkomplex der Getreide AG, einem Händler von Getreide, Dünger, Pflanzenschutzmitteln und Saatgut. Hinter Schwerin gerät rechts der **Schweriner See** in Ihr Blickfeld. Der zweitgrößte See der Mecklenburgischen Seenplatte hat den Status eines europäischen Vogelschutzgebiets inne, ihm folgen im Anschluss noch weitere kleinere Seen. Nach einem Fahrtrichtungswechsel in **Rostock** *[Weiterfahrt Richtung Warnemünde oder Berlin Nr. 12]* führt die Route links am Wasserturm vorbei und quert dann die Warnow. Beim Blick leicht zurück nach links bietet sich Ihnen ein Blick auf die Türme der Stadt. Zunächst dominiert die Petrikirche mit ihrem spitzen hohen Turm das Bild. Die gotische Basilika wurde in der Mitte des 14. Jahrhunderts im damaligen christlichen Gründungszentrum der Stadt erbaut. Weiterhin fällt die Nikolai-Kirche mit dem kurzen, flachen Turm auf. Sie steht im ehemaligen slawischen Siedlungsgebiet. Sie ist älter als die Petrikirche und wird heute nicht mehr kirchlich genutzt. Der bedeutendste Sakralbau der Stadt ist jedoch die Marienkirche. Sie ist zwischen den beiden anderen Kirchen zu sehen. Von hier aus der Ferne wirkt sie mit ihrem gedungenen Turm unscheinbar, ursprünglich sollte die Kirche auch mächtige Doppeltürme erhalten. Dank des engagierten Eingreifens von Turmdiener und Bürgern überstand die kunstvolle Ausstattung die Bombennächte im Zweiten Weltkrieg. Die Strecke führt nun am Rande der **Rostocker Heide** nach Ribnitz-Dammgarten. Das Wald- und Heidegebiet erstreckt sich linksseitig und zählt zu den größten Waldgebieten an der deutschen Küste. Nach dem Halt in **Stralsund** *[Weiterfahrt Richtung Berlin Nr. 13]* passieren Sie

Durch Mecklenburg bei Hagenow Land

Allee bei Schwerin

die Volkswerft auf der rechten Seite. In der 300 Meter langen Halle werden Containerschiffe mit einer Kapazität von bis zu 4 000 Containern gebaut. Die Strecke quert nun den Strelasund und später noch den Damm durch den Jasmunder Bodden, wo Sie links **Schloss Lietzow** und das Steilufer am Bodden erkennen können. Die Strecke schwenkt jetzt nach Süden und erreicht den Endbahnhof Binz.

Binz – Hagenow Land / Ludwigslust

Von Binz führt die Strecke zunächst auf die **Halbinsel Jasmund** und von dort auf dem Damm zwischen dem Kleinen Jasmunder Bodden links und dem Großen Jasmunder Bodden rechts nach **Bergen** ins Zentrum der Insel. Dabei durchfahren Sie das Waldgebiet Rugard, links können Sie schon bald den Turm der Marienkirche sehen. Die Kirche wurde im Jahr 1193 geweiht und ist damit das älteste erhaltene Bauwerk der Insel. Die Route führt Sie nun durch den landwirtschaftlich geprägten Südosten Rügens und erreicht den Meeresarm **Strelasund**, der die Insel vom Festland trennt. Der Zug fährt zunächst über die Rügendammbrücke bis zur Insel Dänholm und dann über die Ziegelgrabenbrücke. Diese Zugbrücke kann übrigens für den Schiffsverkehr geöffnet werden. Rechts erhebt sich der 128 Meter hohe Pylon der neuen **Rügenbrücke**. Mit 4,1 Kilometern ist die Hochbrücke die längste Brücke in Deutschland. Über 200 000 Tonnen Beton und Stahl wurden für die Brücke verbaut, sie wurde 2007 eingeweiht. Bei der Fahrt über den Strelasund bietet sich Ihnen rechts vorne ein schöner Blick auf **Stralsund** mit Hafen und den dortigen Speicherhäusern, zuforderst der Türmchenspeicher, ein herausragender mit zahlreichen Türmchen verzierter Backsteinbau. Bei der Einfahrt in den Bahnhof der UNESCO-Weltkulturerbestadt können Sie rechts die Marienkirche sehen. Sie ist die jüngste gotische Backsteinbasilika im nordischen Raum und die größte Kirche der Stadt. Nach einem Turmeinsturz wurde sie von 1382 bis 1384 wieder aufgebaut und später um die Westanlage erweitert *[Weiterfahrt Richtung Berlin Nr. 13]*. Auf halber Strecke zwischen

Die Türme von Rostock aus der Ferne

Eine Seltenheit in dieser Region: Windmühle bei Rövershagen

9

Ribnitz-Dammgarten und Rostock folgt bei **Rövershagen** anschließend rechts eine Holländer-Mühle aus dem Jahr 1870. Hinter **Rostock** *[Weiterfahrt Richtung Warnemünde oder Berlin Nr. 12]*, der größten Stadt Mecklenburg-Vorpommerns, verlässt der Zug die Küstenregion und fährt jetzt durch das Landesinnere. Der nächste Bahnhof **Bad Kleinen** wurde 1993 bundesweit bekannt, als es bei Gleis 4 zu einem tödlichen Schusswechsel zwischen dem RAF-Terroristen Wolfgang Grams und der Antiterroreinheit GSG 9 kam. Weiter geht die Fahrt in die Landeshauptstadt **Schwerin**, wo Sie links die neugotische Paulskirche passieren, die in den Jahren 1862 bis 1869 erbaut wurde. Wenig später teilt sich die Strecke in zwei Äste nach Hagenow Land und Ludwigslust *[Weiterfahrt Richtung Berlin oder Hamburg Nr. 10]*.

Streckendetails:
KBS 100 (Hagenow Land – Rostock),
204 (Ludwigslust – Schwerin),
190 (Rostock – Binz)
Strecken elektrifiziert, Hagenow Land/ Ludwigslust – Rostock zweigleisig, Rostock-Stralsund eingleisig, Rügendamm und Lietzow – Binz eingleisig, sonst auf Rügen zweigleisig.
Gesamt Hagenow – Land – Binz 240 km / Ludwigslust – Binz 251 km
Hagenow Land 29 km / Ludwigslust 40 km Schwerin 16 km Bad Kleinen 41 km Bützow 30 km Rostock 29 km Ribnitz-Damgarten West 25 km Velgast 18 km Stralsund 30 km Bergen 22 km Binz

Über den Strelasund nach Rügen

Kleiner Jasmunder Bodden

Hamburg – Berlin 10

über Büchen, Ludwigslust, Wittenberge

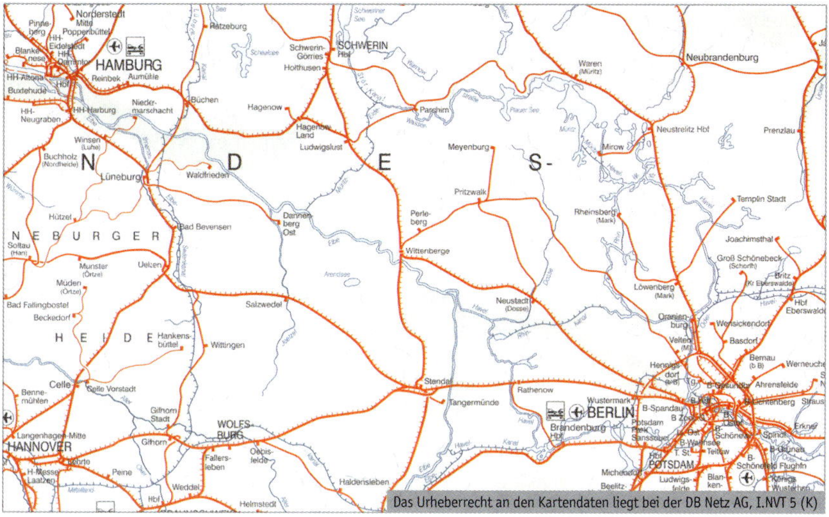

Die Route von der Elbe an die Spree verbindet die beiden größten deutschen Städte, wobei Berlin mit knapp 3,4 Millionen Einwohnern fast doppelt so groß ist wie Hamburg. 1933 benötigte der Expresszug „Fliegender Hamburger" nur 2 Stunden und 18 Minuten für die Strecke, bevor Krieg und deutsche Teilung die Fahrzeit auf 4 Stunden anwachsen ließen. Auch ein Schienenzeppelin, angetrieben von einem Flugzeugpropeller, war einst auf der Strecke unterwegs und stellte 1931 den damaligen Geschwindigkeitsrekord von 230 Kilometern in der Stunde auf. Bis zum Jahr 2005 sollte eigentlich die Magnetschwebebahn Transrapid beide Städte mit Tempo 400 verbinden, das Projekt wurde jedoch im Jahr 2000 wegen ständig steigender Baukostenschätzungen von zuletzt über 8 Milliarden Mark eingestellt. Quer durch das Norddeutsche Tiefland und damit landschaftlich eher eintönig führt die Strecke kurz durch Schleswig-Holstein, anschließend durch Mecklenburg-Vorpommern und Brandenburg. Zunächst passiert die Strecke den Sachsenwald, das größte geschlossene Waldgebiet Schleswig-Holsteins. Als Anerkennung seiner Verdienste um die Reichsgründung erhielt Otto von Bismarck das Waldgebiet von Kaiser Wilhelm I. als Geschenk. Noch heute sind Teile des Walds in Bismarckschem Familienbesitz. Etwa auf halbem Wege zwischen beiden Metropolen liegt der Landstrich Prignitz. Dünn besiedelt und landwirtschaftlich geprägt hat die Region mit Abwanderung zu kämpfen. Während der Fahrt lohnt ein Blick zum Himmel, denn die Prignitz gilt als wahres Storchenparadies. Die Vögel lieben die offene, naturbelassene Landschaft und fühlen sich offensichtlich wohl in Brandenburg, soll es in dem Land doch an die 1400 Brutpaare geben.

10

Hamburg – Berlin

Vom Hauptbahnhof führt Sie die Reise zunächst durch das Stadtgebiet der Hansestadt, wobei rechts der Berliner Bogen die Strecke säumt. Das bogenförmige Bürohaus mit seiner imposanten Glashülle ruht wie eine Brücke über einem Hochwasserbassin der Hamburger Stadtentwässerung. Die Route erreicht dann kurz hinter Hamburg-Bergedorf Schleswig-Holstein und den **Sachsenwald**. Nach Norden erstreckt sich linksseitig das ehemalige Herzogtum Lauenburg. Das Gebiet gehörte einst zu Sachsen, dann zu Preußen und schließlich zu Schleswig-Holstein, behielt aber stets weitgehend die Gebietsgrenzen und bildet heute einen Landkreis in den Grenzen des 14. Jahrhunderts. Wenig später passieren Sie den Ort **Friedrichsruh**, in dem einst Otto von Bismarck residierte und 1898 starb. Begraben ist er in einem Mausoleum im Ort. Der Bahnhof, an dem Bismarck gerne die Schnellzüge für sich oder seine Gäste halten ließ, beherbergt heute ein Museum der Otto-von-Bismarck-Stiftung. Hinter Büchen verlassen Sie Schleswig-Holstein bereits wieder und sind nun in Mecklenburg-Vorpommern. Schon vor etwa 1200 Jahren verlief hier ebenfalls eine Grenze, nämlich der **Sachsenwall** oder Limes Saxoniae, der die Sachsen vor dem slawischen Stamm der Abodriten schützen sollte. Der Grenzstreifen führte von Kiel über Lübeck bis zur Elbe. Die Strecke erreicht dann **Hagenow Land**, wo die Verbindung nach Schwerin abzweigt *[Weiterfahrt Nr. 9]*. Durch die **Prignitz** verläuft die Route jetzt nach Süden bis **Wittenberge**. Hinter dem Bahnhof *[Weiterfahrt Richtung Stendal Nr. 11]* sehen Sie dort rechts einen Uhrenturm mit der größten Turmuhr des europäischen Festlandes. Der Turm selbst diente einst als Wasserturm, heute zählt er zu den Wahrzeichen Wittenberges. Der große Zeiger der Uhr ist über 3 Meter lang, die Uhr hat einen Durchmesser von über 7 Metern. Der übernächste Ort ist dann **Bad Wilsnack**, wo Sie rechts einen mächtigen Kirchenbau mit einem schmächtigen Türmchen sehen. Zu dieser „Wunderblutkirche" St. Nikolai pilgerten lange Zeit viele Gläubige, nachdem nach einem Kirchenbrand im Jahr 1383 drei unversehrte Hostien gefunden wurden, auf denen sich je ein Tropfen heiligen Blutes befunden haben soll. Der Zug fährt nun durch die

Berliner Bogen in Hamburg

Im ehemaligen Herzogtum Lauenburg bei Büchen

brandenburgische Luchlandschaft, wo zahlreiche Kanäle und Wasserläufe von der Urbarmachung des ursprünglichen Sumpflandes zeugen. Hinter Nauen quert die Strecke den **Havelkanal**. Der DDR diente der Kanal als wichtige Wasserstraße, um Schiffsfahrten durch West-Berlin zu vermeiden. In **Spandau** trifft die Strecke nun auf die Verbindung aus Hannover *[Nr. 15]*, verlässt diese dann wieder und führt weiter entlang der Spree. Vorbei am Heizkraftwerk Reuter West auf der linken Seite und dem Westhafen führt die Strecke nun in den Tunnel zum Berliner Hauptbahnhof *[Weiterfahrt Richtung Rostock Nr. 12, Angermünde Nr. 13, Frankfurt (Oder) Nr. 16, Cottbus Nr. 24, Elsterwerda Nr. 23, Wittenberg Nr. 22, Potsdam Nr. 21]*.

Berlin – Hamburg

Nachdem die Strecke den Nord-Süd-Tunnel unter der Innenstadt Berlins verlassen hat, überqueren Sie auf der Fahrt nach Spandau zunächst den Charlottenburger Verbindungskanal und dann die Spree. Rechts in der Ferne erblicken Sie den Sitz der Bayer Schering Pharma AG. Schering wurde 1871 von dem Apotheker Ernst Christian Friedrich Schering gegründet und gehört seit 2006 zu Bayer. Vor dem Bahnhof **Spandau** *[Weiterfahrt Richtung Hannover Nr. 15]* überqueren Sie ein zweites Mal die Spree. In **Nauen** sehen Sie dann wenig später links neben dem Wasserturm den Turm der Jacobi-Kirche. Die Turmspitze stammt aus dem Jahr 1707, der Unterbau ist jedoch wesentlich älter und diente einst als Wehrturm. Auf der Fahrt durch die Prignitz säumen zahlreiche Dörfer mit ihren Dorfkirchen die Strecke. Den höchsten Dorfkirchturm der Region hat **Stüdenitz**, nach Neustadt an der Dosse auf der linken Seite. Der Turm der im Jahr 1856 im neugotischen Stil erbauten Kirche ist 55 Meter hoch. Von einem Vorgängerbau an gleicher Stelle ist nur eine Glocke aus dem Jahr 1474 erhalten geblieben, die heute im neuen Kirchenbau hängt. Zwischen **Wittenberge** *[Weiterfahrt Richtung Stendal Nr. 11]* und Ludwigslust quert die Strecke nun die Grenze zwischen Brandenburg und Mecklenburg-Vorpommern. Kurz darauf kommen Sie durch **Grabow**, wo Sie links die Stadtkirche St. Georg sehen. Die Geschichte der Kirche begann im 13. Jahrhundert und verlief seither sehr wechsel-

Im Naturpark Mecklenburgisches Elbetal bei Pritzier

Der höchste Dorfkirchturm der Prignitz

haft. Zweimal brannte das Gotteshaus nieder, ein Blitzschlag zerstörte den Turm und während der napoleonischen Kriege diente sie als Magazin für Hafer, Heu und Stroh. Bekannt ist die Kirche für den Grabower Altar, der heute in der Kunsthalle in Hamburg steht. Nachdem Sie das Gleisdreieck zwischen **Ludwigslust** und **Hagenow Land** passiert haben, wo auch die Strecke Richtung Schwerin abzweigt *[Weiterfahrt Nr. 9]*, fahren Sie durch **Boizenburg** an der Elbe. Dort sehen Sie rechts die Gummi Bear Factory. Rund 25 000 Tonnen Fruchtgummi werden hier jährlich produziert. Das Werk gehört zur Mederer-Gruppe, die Gummibärchen werden unter dem Namen „Trolli" und für Handelsketten hergestellt. Bei **Büchen** führt die Strecke anschließend über den Elbe-Lübeck-Kanal. Die Bedeutung dieser Verbindung von der Elbe zur Ostsee nimmt jedoch immer mehr ab, da der Kanal nur von kleinen Schiffen befahren werden kann. Nachdem Sie **Schwarzenbek** mit der Kirche St. Franziskus linksseitig passiert haben, folgt die Route dem Fluss Bille bis Hamburg und quert diesen mehrmals. Bevor der Fluss in die Elbe mündet, fließt er durch ein verzweigtes Kanalsystem, das die Bahn auf dem Weg zum Hauptbahnhof durchquert *[Weiterfahrt Richtung Hannover Nr. 8, Bremen Nr. 4, Elmshorn Nr. 2, Lübeck Nr. 3]*.

Streckendetails:
KBS 100 (Hamburg – Hagenow Land), 172 (Hagenow Land – Ludwigslust), 204 (Ludwigslust – Berlin)
Strecke elektrifiziert und zweigleisig.
Gesamt 281 km
Hamburg Hbf 16 km Hamburg-Bergedorf 31 km Büchen 47 km Hagenow Land 18 km Ludwigslust 44 km Wittenberge 113 km Berlin-Spandau 12 km Berlin Hbf (tief)

Fahrt durch das Havelländische Luch

Spree in Berlin-Spandau

Uelzen / Wittenberge – Leipzig

11

über Stendal, Magdeburg, Halle

Amerikalinie (Uelzen – Stendal)

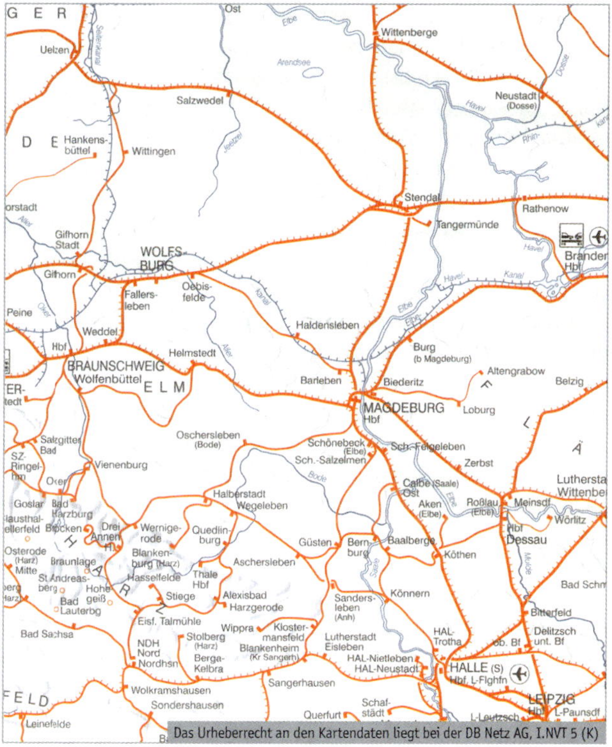

Das Urheberrecht an den Kartendaten liegt bei der DB Netz AG, I.NVT 5 (K)

Aus Uelzen und Wittenberge kommend führen die Strecken durch die Altmark in Sachsen-Anhalt. Wohl berühmtester Sohn der landwirtschaftlich geprägten Region ist Otto von Bismarck, der einer Landadelsfamilie aus Schönhausen entstammt. Die Altmark ist eine der ältesten Kulturlandschaften in Deutschland und gilt als Wiege Preußens. Zu den kulinarischen Spezialitäten der Altmark gehören Altmärkische Hochzeitsuppe, Tiegelbraten oder der in Salzwedel erfundene Baumkuchen. Die Strecke verläuft ein weites Stück parallel zur Mittelelbe. Bedingt durch die deutsche Teilung wurde die Elbe im Gegensatz zu den meisten westdeutschen Flüssen nicht ausgebaut und hat einen weitgehend naturbelassenen Flusslauf. Auwälder, Altarme und Überschwemmungsflächen tragen zu einem funktionierenden Ökosystemen bei, das als Biosphärenreservat „Flusslandschaft Elbe" besonderen Schutz genießt. Im weiteren Verlauf führt die Strecke durch den Landesteil Anhalt. Das Bundesland Sachsen-Anhalt in der heutigen Form bestand schon einmal von 1947 bis 1952, wurde im Rahmen von Verwaltungsreformen in der DDR jedoch durch Bezirke abgelöst und erst mit der deutschen Einheit 1990 wiedergegründet. Von Halle bis Leipzig passiert die Strecke anschließend die Leipziger Tieflandsbucht. Zwischen beiden Städten liegt auch der internationale Flughafen Leipzig/Halle. Umgeben von den Ausläufern des Erzgebirges und dem Mittelsächsischen Hügelland ist der Landstrich der südlichste Teil der Norddeutschen Tiefebene. Endpunkt der Strecke ist Leipzig, das mit seinem Ballungsraum ein wichtiges wirtschaftliches Zentrum in Mitteldeutschland darstellt.

Wittenberge – Leipzig

Schon kurz hinter dem Bahnhof von Wittenberge passiert die Strecke den Hafen an der Elbe, die hier auch die Grenze zwischen Brandenburg und Sachsen-Anhalt bildet. Die Reise führt Sie nun durch die **Altmark**. Die beiden größten Städte der Altmark sind Salzwedel und **Stendal**, das der nächste Halt an der Strecke ist *[Weiterfahrt Richtung Berlin oder Wolfsburg Nr. 15, Uelzen siehe unten]*. Vor Magdeburg säumen beiderseits der Strecke die Abraumhalden des Kalibergwerks den Weg. Seit dem Jahr 1905 wird hier der Rohstoff für Düngemittel gefördert. Sie fahren nun über den Mittellandkanal und erreichen **Magdeburg**. Hinter dem Bahnhof *[Weiterfahrt Richtung Potsdam oder Braunschweig Nr. 14]* erhebt sich links der Dom der Landeshauptstadt. Der monumentale Bau gilt als erster gotischer Dom auf deutschem Boden und größter Sakralbau im Osten Deutschlands. Er geht auf ein von Kaiser Otto I. gegründetes Kloster zurück. Der damalige Bau sollte auch den Machtanspruch Ottos unterstreichen. Nach seinem Tod wurde Otto im Dom begraben, die Grablege kann heute noch besichtigt werden. Der nächste Ort ist **Schönebeck**, wo Sie links die St. Jakobi-Kirche begrüßt. Sie wurde im 13. Jahrhundert erbaut und ist damit die älteste Kirche der Stadt, die hohen barocken Turmhauben wurden jedoch erst später aufgesetzt. **Köthen** ist dann der nächste größere Ort an der Strecke. Schon von Weitem zeichnen sich rechts einige Türme der Stadt ab. Die hohen Doppeltürme gehören zur Kirche St. Jacob. Der Beschluss, diese große und prächtige Kirche in Köthen zu bauen, fiel am 12. Mai 1400, bis zur Vollendung dauert es dann bis zum Jahr 1518. Links davon ist der Turm des Rathauses zu sehen. Kurz darauf ist ein weiterer Turm mit hellem Unterbau und dunkler Turmhaube auszumachen. Er gehört zum Ludwigsbau und ist Teil der Schlossanlagen von Köthen. Hinter dem Bahnhof folgt noch ein weiterer Kirchturm. Er gehört zur Martinskirche, die auf dem ehemaligen Galgenberg steht und heute als Jugendclub genutzt wird. Nach dem Bahnhof von **Halle** *[Weiterfahrt Richtung Weißenfels oder Bitterfeld Nr. 22]* passieren Sie anschließend rechts die Messehalle der Messe Halle. Es handelt sich

Hafen von Wittenberge

Blick von der Elbe auf Wittenberge

um ein privates Messegelände, dessen große Arenahalle bis zu 10 000 Menschen fasst. Bevor Sie nun den Hauptbahnhof von **Leipzig** erreichen, passieren Sie links ein Versandzentrum von Quelle. Täglich über 180 000 Pakete und Päckchen werden von hier nach ganz Deutschland verschickt. Das vollautomatische Hochregallager enthält über zwei Millionen Kartons mit Ware, etwa 1 500 Mitarbeiter machen das Zentrum zu einem der größten Arbeitgeber der Region *[Weiterfahrt Richtung Bitterfeld Nr. 21 oder Dresden und Naumburg Nr. 25]*.

In der Altmarkt südlich von Stendal

Am Rande der Elbauen bei Magdeburg

11

Leipzig – Wittenberge

Leipzig kann auf eine über 800-jährige Tradition als bedeutender Messestandort zurückblicken. Die Leipziger Messe gehört damit zu den ältesten Messen der Welt. Das neue Messegelände sehen Sie auf der rechten Seite. Etwa auf halber Strecke zwischen Leipzig und Halle passieren Sie dann den nach den beiden Städten benannten **Flughafen**, rechts können Sie den Tower erblicken. Der Flughafen wurde 1927 in Betrieb genommen und hatte damals zunächst nur eine runde Landefläche für Luftschiffe, eine Rollbahn für Flugzeuge wurde erst später gebaut. Hinter dem Flughafen passieren Sie die Grenze zwischen Sachsen und Sachsen-Anhalt und erreichen dann **Halle** *[Weiterfahrt Richtung Weißenfels oder Bitterfeld Nr. 22]*. Bald darauf können Sie rechts in der Ferne einen Turm entdecken. Der Bergfried ist ein Überbleibsel der **Burg Hohenthurm** und wurde im 10. Jahrhundert erbaut. Zwischen Köthen und Magdeburg queren Sie anschließend die Saale, die rechter Hand in einer Schleife Richtung Elbe fließt. Bei der Einfahrt nach **Magdeburg** fällt der Blick nach rechts zunächst auf die Sankt-Norbert-Kirche mit ihrem zierlichen Mittelturm. Die Kirche wurde 1896 geweiht – allerdings ohne den ursprünglich geplanten Glockenturm, da der Gemeinde unterdessen das Geld ausgegangen war. Ebenfalls auf dieser Seite folgt dann die Kathedrale St. Sebastian, die an den beiden Turmhauben in unterschiedlichen Farbtönen zu erkennen ist. Der Grundstein für die Kirche wurde im Jahr 1015 gelegt, später wurde sie im gotischen Stil umgebaut *[in Magdeburg Weiterfahrt Richtung Potsdam oder Braunschweig Nr. 14]*. Die Fahrt weiter nach Stendal führt nun durch die **Colbitz-Letzlinger Heide**. Die Heidelandschaft erstreckt sich links der Bahnlinie und gilt als das größte unbewohnte Gebiet Deutschlands. Während die militärische Bedeutung der Heide als Truppenübungsplatz abnimmt, entdecken vermehrt Touristen die urwüchsige Region. Hinter **Stendal** *[Weiterfahrt Richtung Berlin oder Wolfsburg Nr. 15]* führt die Strecke durch die Niederung des Flusses Uchte weiter nach Norden. Auf halbem Weg nach Wittenberge liegt **Osterburg**, wo Sie links die Nicolai-Kirche sehen. Sie wurde um

Kalibergbau bei Zielitz

Bei Calbe im Herzen Sachsen-Anhalts

1188 als romanische Feldsteinbasilika erbaut, später wurde sie umgebaut zu einer gotischen Hallenkirche. Nach einem Stadtbrand 1761 erhielt sie die heutige barocke Turmhaube. Kurz vor Wittenberge überqueren Sie die Elbe, von wo aus Sie links schon den 55 Meter hohen Turm der evangelischen Stadtkirche ausmachen können *[Weiterfahrt Richtung Hamburg oder Berlin Nr. 10]*.

Überquerung der Saale zwischen Schönebeck und Köthen

Mittelalterliche Kirche St. Jacob in Köthen

11

Uelzen – Stendal

Die Strecke von Uelzen nach Stendal ist ein Teil der so genannten **Amerikalinie**, die von Berlin bis zur Nordsee führt. Züge mit Auswanderern aus dem Osten zu den Seehäfen gaben der Strecke ihren Namen. Kurz hinter Uelzen queren Sie den Elbe-Seitenkanal, der eine Verbindung zwischen Mittellandkanal und Elbe darstellt. Der erste Ort nach dem Kanal ist **Wieren**, wo rechts der Turm der 1911 erbauten Jakobus-Kirche grüßt. Die Strecke führt nun durch die südlichen Ausläufer des **Drawehns**, eine Hügellandschaft, die sich bis zum Wendland erstreckt. Etwa auf halber Strecke zwischen Wieren und Salzwedel überfahren Sie die Grenze von Niedersachsen zu Sachsen-Anhalt. In **Salzwedel** queren Sie nun den Fluss Jeetze. Rechts sehen Sie dann drei Türme. Salzwedel bestand einst aus einer Altstadt und einer Neustadt, die im Jahr 1713 vereinigt wurden. Mit dem Bau der Katharinenkirche in der Neustadt wurde kurz nach der Stadtgründung im Jahr 1247 begonnen. Etwas älter und damit das älteste Bauwerk der Stadt ist die Marienkirche in der damaligen Altstadt, die Sie an dem achteckigen, spitz zulaufenden Turm erkennen. Der dritte Turm gehört zum Neustädter Rathaus, er ist ebenfalls achteckig und stammt aus dem 16. Jahrhundert. Nach einiger Fahrt taucht dann rechts in der Ferne die Stadt **Bismark** mit ihrer Stadtkirche aus dem 12. Jahrhundert auf. Wie schon die Schreibweise andeutet, hat die Stadt nichts mit dem früheren Reichskanzler zu tun, sondern wurde einst als „Bischofsmark" gegründet. Viele Dörfer in der Altmark sind geprägt von alten Feldsteinkirchen, wie Sie wenig später in **Kläden** links ein Exemplar aus dem 13. Jahrhundert sehen. Die Strecke erreicht im Anschluss **Stendal** *[Weiterfahrt Richtung Wittenberge oder Magdeburg s. oben, Berlin oder Wolfsburg Nr. 15]*.

Streckendetails:
KBS 305
(Uelzen/Wittenberge – Magdeburg),
340 (Magdeburg – Leipzig)
Strecken elektrifiziert, Uelzen – Stendal wechselnd ein- und zweigleisig,
sonst zweigleisig.
Gesamt Uelzen – Leipzig 291 km /
Wittenberge – Leipzig 236 km
Uelzen 51 km Salzwedel 58 km Stendal /
Wittenberge 54 km Stendal 58 km Magdeburg 50 km Köthen 36 km Halle 18 km Leipzig/Halle Flughafen 20 km Leipzig Hbf

Der Bergfried der Burg Hohenthurm wacht über die Leipziger Tieflandsbucht

Fahrt durch die Ausläufer des Drawehns östlich von Uelzen

Warnemünde – Berlin 12

über Rostock, Neustrelitz, Oranienburg

Lloydbahn (Rostock – Neustrelitz), Preußische Nordbahn (Neustrelitz – Berlin)

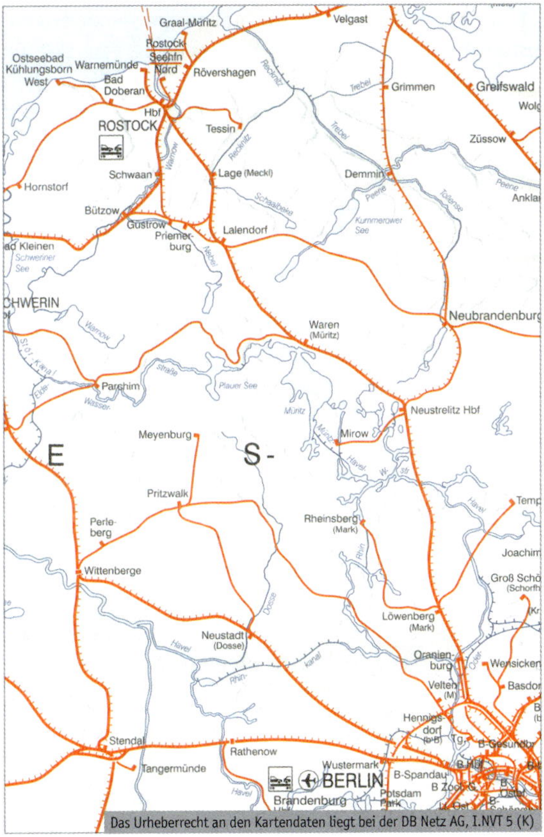

Das Urheberrecht an den Kartendaten liegt bei der DB Netz AG, I.NVT 5 (K)

Die Strecke von der Ostsee in die Hauptstadt führt zunächst durch die Mecklenburgische Schweiz und durch das Herz der Mecklenburgischen Seenplatte. Die letzte Eiszeit hat hier rund tausend Seen hinterlassen, die meist über Kanäle miteinander verbunden sind. Mecklenburg ist damit eine der gewässerreichsten Regionen. Größter See ist mit einer Fläche von 117 Quadratkilometern die Müritz. Je nach Auslegung werden entweder Bodensee oder Müritz als größte Seen Deutschlands genannt. Da der Bodensee ein internationales Gewässer ist, gebührt der Müritz der Titel des größten rein deutschen Binnensees. Wenig rühmlich soll sich übrigens Bismarck über den Landstrich geäußert haben: „Wenn ich wüsste, dass morgen die Welt untergeht, würde ich nach Mecklenburg gehen, dort passiert alles 100 Jahre später." Bezogen war dies jedoch nur auf das damals rückständige politische System und weniger auf Land und Leute, auch wenn es Mecklenburg-Vorpommern, die am dünnsten besiedelte Gegend Deutschlands, heute wirtschaftlich nicht leicht hat. Ungefähr auf halber Stecke liegt die Grenze zu Brandenburg. Die Bahnlinie führt dann durch das Ruppiner Land weiter gen Süden.

Als es noch eine Eisenbahnfähre zwischen Rostock und Gedser gab, hatte die Strecke große Bedeutung im Fernverkehr zwischen Kopenhagen und Berlin. Das letzte Stück der Fahrt passiert den Berliner Außenring, eine ringförmige Eisenbahnstrecke um Berlin, deren Ausbau von der DDR betrieben wurde, um Westberlin umfahren zu können. Der Ring liegt größtenteils in Brandenburg und führt durch den „Speckgürtel" rund um die Hauptstadt.

12

Warnemünde – Berlin

Um sich den Zugang zur See zu sichern, kaufte die Stadt Rostock im Jahr 1323 das Dorf Warnemünde. Seit dieser Zeit ist der Ort an der Mündung der Warnow in die Ostsee ein Stadtteil von Rostock. Links passieren Sie die Werft von Aker Ostsee. Die Warnowwerft war zu DDR-Zeiten Teil des „VEB Kombinat Schiffbau", heute gehört sie zu einem norwegischen Konzern. Von **Rostock** *[Weiterfahrt Richtung Stralsund Nr. 9]* bis südlich von Schwaan teilen sich die Züge die Gleise mit der Verbindung Richtung Schwerin *[Nr. 9]*, dann zweigt die Strecke nach **Güstrow** ab. Die Stadt trägt den Beinamen Barlachstadt nach dem Bildhauer, Schriftsteller und Zeichner Ernst Barlach, der ab 1910 hier lebte und arbeitete. Seine Werke galten während der Naziherrschaft als „entartete Kunst" und durften nicht ausgestellt werden. Mit Güstrow haben Sie auch den Nordrand der Mecklenburgischen Seenplatte erreicht, genauer die Mecklenburgisch-Brandenburgische Seenplatte, denn das Gebiet reicht bis in das benachbarte Bundesland. Bevor die Strecke den Bahnhof von **Waren** erreicht, passieren Sie rechts das Werk der Mecklenburger Metallguss GmbH. 1875 hier gegründet, gehört die Firma mittlerweile zu den weltweit größten Schiffspropellerherstellern und fertigt Schiffsschrauben mit gewaltigen Ausmaßen, die bis zu bis zu 130 Tonnen schwer sind. Auch der Riesen-Luxusliner Queen Mary II wird von einer Schiffsschraube aus Waren angetrieben. Zwischen Waren und Neustrelitz führt die Strecke nun durch den **Müritz-Nationalpark**, der 1990 noch von der DDR-Regierung ausgewiesen wurde, um die typische mecklenburgischen Wald- und Seenlandschaft zu bewahren. Zuvor gab es in dieser Gegend Staatsjagdgebiete, etwa das Revier des DDR-Ministerpräsidenten Willi Stoph. Vor **Fürstenberg** queren Sie dann die Landesgrenze zu Brandenburg. Hinter dem Bahnhof Fürstenberg fahren Sie über die Havel, die im Müritz-Nationalpark entspringt und sich hier in vier Flussläufe teilt. Sie verbindet den Röblinsee rechts mit dem Baalen- und Schwedtsee links. Ihrer Lage eingebettet zwischen den drei Seen verdankt die Stadt ihren Titel Wasserstadt. Der Schwedtsee hat traurige Bekanntheit, denn an seinem nordöstlichen Ufer befand sich

Die Unterwarnow bei Warnemünde

Im Natrupark „Uckermärkische Seen" bei Dannenwalde

das Konzentrationslager Ravensbrück. Auf der Fahrt nach Süden passiert die Strecke den Ort **Gransee**, der im 14. Jahrhundert Schauplatz der Schlacht von Gransee war. Neben weiteren Nationen standen sich damals Brandenburger und Mecklenburger kriegerisch gegenüber. Sie erreichen anschließend **Oranienburg**. Der Ort teilt mit Fürstenberg das Schicksal, mit den Lagern Oranienburg und Sachsenhausen Standort von Konzentrationslagern gewesen zu sein. Benannt ist die Stadt übrigens nach der niederländischen Prinzessin Louise Henriette von Nassau-Oranien, die die Domäne als Schenkung erhielt. Kurz darauf queren Sie die Grenze zu **Berlin** *[Weiterfahrt Richtung Angermünde Nr. 13, Frankfurt (Oder) Nr. 16, Cottbus Nr. 24, Elsterwerda Nr. 23, Wittenberg Nr. 22, Potsdam 21, Stendal Nr. 15, Hamburg Nr. 10]*.

Berlin – Warnemünde

Die Strecke verlässt Berlin in nördlicher Richtung. Vorbei an der Märkischen Kaserne rechts in Lehnitz, einst von der NVA, dann von der Bundeswehr genutzt, verläuft der Reiseweg über den Oder-Havel-Kanal nach **Oranienburg**. Der Kanal führt rechts zum Lehnitzsee. Der See hat wie die anderen Seen der Region eiszeitliche Wurzeln und ist Teil der Havel-Oder-Wasserstraße. Spätestens mit den beiden Wentowseen bei **Dannenwalde** sind Sie nun geografisch im Mecklenburgischen Seengebiet angekommen, auch wenn der Ort politisch in Brandenburg liegt. In **Fürstenberg** taucht auf der rechten Seite der Turm der evangelischen Stadtkirche auf, die von 1845 bis 1848 im neubyzantinischen Stil erbaut wurde. Die Strecke führt nun weiter nach **Strelitz**. Von der alten Landstadt ging in der Mitte des 18. Jahrhunderts die Gründung der Residenzstadt **Neustrelitz** aus, die Sie wenig später erreichen. Mit dem Luftkurort **Waren** sind Sie in der größte Stadt an der Müritz angekommen. Der See rechter Hand ist jedoch nicht die Müritz, sondern der Tiefwarensee. Die Müritz liegt links auf der anderen Seite der Stadt. Dafür sehen Sie aber links den Turm der Kirche St. Marien. Der Bau aus dem 13. und 14. Jahrhundert brannte 1637 nieder und stand viele Jahre als Ruine im Ort. Von 1790 bis 1792 wurde die Kirche im klassizistischen Stil wieder aufgebaut und erhielt im Jahr 1800 die charakteristische Turmspitze. Die Spitze

Fahrt durch den dünn besiedelten Norden Brandenburgs

Es wird Nacht in Brandenburg

ziert übrigens kein Kreuz, sondern ein Schwan, das Sinnbild für Martin Luther. Die Landschaft ist geprägt durch weite Wälder sowie Trockenrasen und Heiden, die durch die letzte Eiszeit, aber auch durch menschliche Eingriffe wie Rodungen entstanden. Rechts begleiten Sie nun die Ausläufer der **Mecklenburgischen Schweiz.** Die Hügelkette mit bis 100 Metern Höhe ist als Stauchmoräne ebenfalls eiszeitlichen Ursprungs. Vor dem Bahnhof **Güstrow** sehen Sie rechts die Abfüllanlage der Güstrower Schlossquelle. 23 000 PET-Flaschen werden hier in der Stunde abgefüllt. Bei Schwaan trifft die Strecke nun auf die Verbindung von Stralsund nach Rostock *[Nr. 9]*. Die Bahnstrecke nach Warnemünde führt zunächst durch das Stadtgebiet von **Rostock** und erreicht auf den letzten Metern die Unterwarnow. Diese weitet sich hier zum Breitling, einem etwa zwei Kilometer breiten Bodden, der nur über einen schmalen Kanal mit der Ostsee verbunden ist. Am gegenüberliegenden Ufer liegt der Seehafen Rostock. Dort befindet sich auch ein Passagierterminal für Kreuzfahrtschiffe. Der Endbahnhof Warnemünde liegt auf einer Art Halbinsel zwischen dem Alten Strom links und dem Neuen Strom rechts.

Streckendetails:
KBS 181 (Rostock – Warnemünde),
205 (Rostock – Berlin)
Strecke elektrifiziert,
Schwaan – Lalendorf eingleisig,
sonst zweigleisig.
Gesamt 236 km
Warnemünde 13 km Rostock 34 km Güstrow 51 km Waren 36 km Neustrelitz 20 km Fürstenberg 12 km Dannenwalde 9 km Gransee 12 km Löwenberg 17 km Oranienburg 27 km Berlin Gesundbrunnen 5 km Berlin Hbf (tief)

Zwischen Ruppiner Land und Barnim bei Nassenheide

Im Löwenberger Land

Stralsund / Heringsdorf – Berlin 13

über Greifswald, Züssow, Pasewalk, Angermünde
Vorpommernbahn (Stralsund – Heringsdorf)

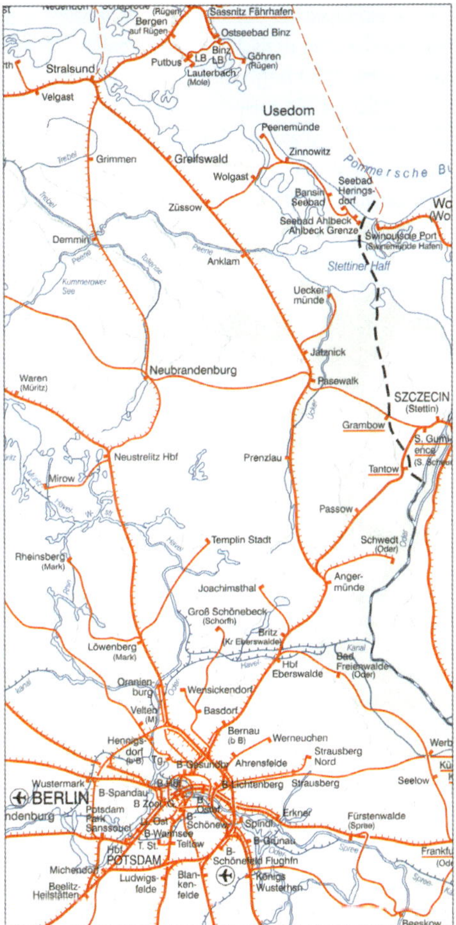

Das Urheberrecht an den Kartendaten liegt bei der DB Netz AG, I.NVT 5 (K)

Die erste Hälfte der Strecke nach Berlin führt durch Mecklenburg-Vorpommern, genauer den Landesteil Vorpommern. Die Lage am Meer, slawisch „po morje", steckt schon im Namen Pommerns. Die Region Pommern erstreckt sich beiderseits der deutsch-polnischen Grenze. Auch die Insel Usedom hat einen deutschen und einen polnischen Teil. Wirtschaftlich geprägt ist der äußerste Nordosten Deutschlands von Tourismus, Landwirtschaft, den Werften an der Ostseeküste und dem Wissenschaftsstandort Greifswald. Heute als strukturschwach gebrandmarkt, war Vorpommern lange Zeit begehrt, stritten doch Schweden, Dänen, Franzosen und Preußen um die Vorherrschaft im Land. Südlich von Pasewalk erreicht die Strecke den Fluss U(e)cker. Bahnlinie und Fluss queren etwa an dieser Stelle die Landesgrenze zu Brandenburg. Außergewöhnlich ist, dass der Fluss in beiden Bundesländern unterschiedliche Namen trägt. Mit dem Grenzübertritt wird aus der Uecker die Ucker. Die Strecke führt Sie nun durch die Uckermark. Der gleichnamige Landkreis ist übrigens der flächengrößte Landkreis Deutschlands. Er ist größer als das Saarland, allerdings leben hier nur etwa 160 000 Menschen, im Saarland sind es über eine Million. Auf der weiteren Fahrt passieren Sie Unter- und Oberuckersee. Hier siedelten ab dem 6. und 7. Jahrhundert nach Christus die Ukranen. Ortsnamen mit der Endung -ow zeugen noch heute von den slawischen Siedlern. Die Region liegt an der Grenze zwischen atlantischem und kontinentalem Klima im so genannten Mecklenburgisch-Brandenburgischen Übergangsklima. Die Sommer sind daher recht warm, die Winter kalt und trocken. Südlich von Bernau verlässt die Strecke Brandenburg und erreicht Berlin.

13

Stralsund – Berlin

Durch den Norden Vorpommerns führt die Strecke zunächst nach **Greifswald.** Links sehen Sie in der Universitäts- und Hansestadt den fast 100 Meter hohen Turm des Doms, ein typischer Bau der Backsteingotik. Mit dem Bau der dreischiffigen Hallenkirche wurde um 1250 begonnen, die Kirche ist Sankt Nikolai, dem Heiligen der Seeleute und Fischer, geweiht. Bei **Züssow** zweigt die Strecke auf die Insel Usedom ab *[Weiterfahrt siehe unten]*. Kurz vor dem Bahnhof **Anklam** quert die Strecke auf einer Klappbrücke den Fluss Peene, rechts sehen Sie den Binnenhafen der Stadt. Auf freier Strecke können Sie nun zur Rechten in der Ferne zwischen Bäumen einen Turm ausmachen. Er gehört zum Schloss Auerose, ein Herrschaftssitz aus dem 19. Jahrhundert. Zwischen Pasewalk und Prenzlau quert die Strecke die Grenze zu Brandenburg. Hinter Prenzlau passiert der Zug zunächst den Unter-, dann den Oberuckersee auf der rechten Seite, die beide durch einen Kanal verbunden sind. Sie gehören zu den etwa 170 **Uckermärkischen Seen**, die als eiszeitliche Überbleibsel die Region prägen. Beim Abtauen der Eismassen sammelte sich das Wasser an tiefergelegenen Stellen und bildete so eine natürliche Seenlandschaft. In **Angermünde** zweigt die Strecke nach Stettin ab *[Weiterfahrt siehe unten]*. Kurz vor **Eberswalde** treffen Sie auf den Oder-Havel-Kanal. Die Bahnstrecke führt jedoch nicht über den Kanal, sondern unter einer wasserführenden Kanalbrücke hindurch, die eine Wassertiefe von 2,85 Meter hat. Eberswalde selbst ist von ausgedehnten Waldgebieten umgeben und trägt daher den Beinamen „Waldstadt". Über Bernau erreicht der Zug Berlin und passiert dort zunächst den von Udo Lindenberg besungenen Ortsteil **Pankow**, wo sich der Regierungssitz der DDR befand. Es folgt dann der Wedding, von wo aus Sie links in der Ferne den Fernsehturm am Alexanderplatz erblicken, bevor die Strecke im Tunnel zum Hauptbahnhof verschwindet *[Weiterfahrt Richtung Frankfurt (Oder) Nr. 16, Forst Nr. 24, Elsterwerda Nr. 23, Wittenberg Nr. 22, Potsdam Nr. 21, Stendal Nr. 15, Hamburg Nr. 10, Rostock Nr. 12]*.

Peene-Hafen in Anklam

Marienkirche in Anklam

Berlin – Stralsund

Nach der Fahrt durch das Stadtgebiet von Berlin erreicht die Strecke **Bernau**. Links sehen Sie die katholische Herz-Jesu-Kirche im sonst eher evangelischen Ort. Die Kirche im Stil norddeutscher Backsteingotik wurde 1908 nach nur einjähriger Bauzeit eingeweiht. Der Weg führt nun über den eiszeitlichen Landrücken Barnim nach Eberswalde und anschließend durch die Schorfheide. Beide Gebiete sind heute als Naturpark und Biosphärenreservat geschützt. In **Angermünde** zweigt die Route nach Stettin ab *[Weiterfahrt siehe unten]*. Von Prenzlau bis Pasewalk folgt die Strecke dem Fluss Uecker und quert ihn etwa auf halbem Weg zwischen beiden Orten. Von der Mündung ins Stettiner Haff bis Pasewalk wurde die Uecker kanalisiert, heute wird sie jedoch nicht mehr als Wasserstraße genutzt, ist dafür aber bei Wassersportlern beliebt. In **Pasewalk** erblicken Sie rechts die Marienkirche. Der ursprüngliche Bau aus dem 14. Jahrhundert wurde immer wieder zerstört, stürzte zuletzt 1984 teilweise ein und musste gesprengt werden. 1994 wurde der Wiederaufbau vollendet. Auf der Fahrt nach Anklam passieren Sie rechtsseitig das Wald- und Heidegebiet der **Ueckermünder Heide**, das bis zur polnischen Grenze reicht. In den geschützten Wäldern und Sümpfen brüten Kraniche und Seeadler. Auch in **Anklam** gibt es eine Marienkirche, sie ist links zu sehen. Vom 13. Jahrhundert wurde an der Kirche gearbeitet bis sie im 15. Jahrhundert die heutige Form erhielt. Wie viele andere Kirchen wurde sie im Laufe der Zeit durch Kriege und Brände in Mitleidenschaft gezogen, gehört heute jedoch wieder in die Reihe sehenswerter gotischer Backsteinkirchen. Mit über viertausend Kilometer Alleen gehört Mecklenburg-Vorpommern zusammen mit Brandenburg zu den alleenreichsten Bundesländern. Auf der Fahrt sehen Sie immer wieder die von Bäumen gesäumten Straßen, die den Reisenden teilweise schon seit über 200 Jahren Schutz vor Sonne, Regen und Schnee bieten. Über **Züssow** *[Weiterfahrt nach Usedom siehe unten]* und Greifswald erreicht die Strecke die Hansestadt **Stralsund**, wo Sie bei der Einfahrt rechts in der Ferne die Volkswerft erspähen können *[Weiterfahrt Richtung Rostock oder Binz Nr. 9]*.

Schloss Auerose

Unteruckersee

13

Züssow – Heringsdorf

In Züssow zweigt die Nebenstrecke auf die Insel Usedom ab. Bis Wolgast fahren Sie über das Festland und erreichen dann den Peenestrom. Schon vor Wolgast sehen Sie rechts den Meeresarm, der von Peenemünde (links) bis zum Stettiner Haff (rechts) reicht. In **Wolgast** liegt rechter Hand die Peene-Werft, die zu DDR-Zeiten Marineschiffe für die Volksmarine und die Sowjetunion baute. Heute laufen hier Containerschiffe vom Stapel. Linker Hand können Sie dann den Turm der Kirche St. Petri ausmachen. An der Stelle der heutigen Backsteinbasilika aus dem 14. Jahrhundert stand zuvor bereits eine frühere Kirche, der im Rahmen der Christianisierung 1128 ein slawischer Götzentempel weichen musste. Auf einer Klappbrücke überwindet die Bahn nun den **Peenestrom** und erreicht Usedom. In **Trassenheide** liegt rechts direkt beim Bahnhof eine Schmetterlingsfarm, die mit 5 000 Quadratmeter Europas größte Einrichtung dieser Art ist. Die Strecke windet sich nun nach Osten und erreicht bei **Zempin** die schmalste Stelle der Insel zwischen Ostsee (links, jedoch nicht zu sehen) und Achterwasser rechts. Das Achterwasser ist eine große Bucht des Peenestroms ohne direkte Verbindung zur Ostsee. Ebenfalls rechts folgt dann der Schmollensee, ein echter Binnensee. Vorbei am Aussichtsturm der Ostseetherme rechts erreicht die Strecke den Endbahnhof Seebad Heringsdorf.

Fahrt durch die Uckermark

Aussichtsturm am Endbahnhof Heringsdorf

Szczecin – Angermünde

Bei der Ausfahrt aus dem Hauptbahnhof von Stettin (Szczecin Glowny) sind links die Hafenanlagen an der Westoder zu sehen. Die Oder ist hier in zwei Flussarme geteilt, die flussabwärts wieder zusammenfließen und in das Stettiner Haff münden. Etwa auf halber Strecke zwischen Szczecin Gumience und Tantow überqueren Sie die polnisch-deutsche Grenze, wovon zwei Grenzpfosten auf der rechten Seite zeugen. Die Fahrt durch die Uckermark führt Sie weiter nach **Casekow**, wo links die im 13. Jahrhundert vom Stettiner Marienstift erbaute Kirche zu sehen ist. Der Turm wurde in der Mitte des 19. Jahrhunderts erbaut und war ursprünglich 10 Meter höher, er stürzte nach Kriegsschäden in der Neujahrsnacht 1945/46 ein und wurde später in der heutigen Höhe wieder aufgebaut. Sie durchfahren anschließend den **Welsebruch** und sehen kurz vor Angermünde links die Feldsteinkirche von **Kerkow** mit ihrem verputzen Turm. Die Kirche stammt ebenfalls aus dem 13. Jahrhundert und gilt als architektonische Besonderheit in der Region. Ihnen begegnen hier auffällig viele Güterzüge mit Tankwagen. Diese sind unterwegs von und zur nahegelegenen Erdölraffinerie in Schwedt, wo die Druschba-Pipeline aus Russland endet.

Der Schmollensee auf Usedom

Auf der Klappbrücke über den Peenestrom bei Wolgast

Streckendetails:

KBS 193 (Stralsund/Heringsdorf – Züssow),
203 (Stralsund – Berlin),
209.66 (Szczecin – Angermünde)
Strecke Stralsund – Berlin elektrifiziert und zweigleisig, Heringsdorf – Züssow nicht elektrifiziert und eingleisig, Szczecin – Angermünde bis Passow nicht elektrifiziert und eingleisig.
Gesamt Stralsund – Berlin 244 km / Heringsdorf – Züssow 55 km / Szczecin – Angermünde 64 km

- *Stralsund 31 km Greifswald 18 km Züssow 16 km Anklam 43 km Pasewalk 25 km Prenzlau 37 km Angermünde 26 km Eberswalde 22 km Bernau 21 km Berlin Gesundbrunnen 5 km Berlin Hbf (tief)*
- *Züssow 18 km Wolgast 10 km Zinnowitz 27 km Heringsdorf*
- *Szczecin Glowny 5 km Szczecin Gumience 19 km Tantow 40 km Angermünde*

Im Welsebruch zwischen Angermünde und Tantow

Kirche von Kerkow

Hannover – Potsdam 14

über Braunschweig, Magdeburg

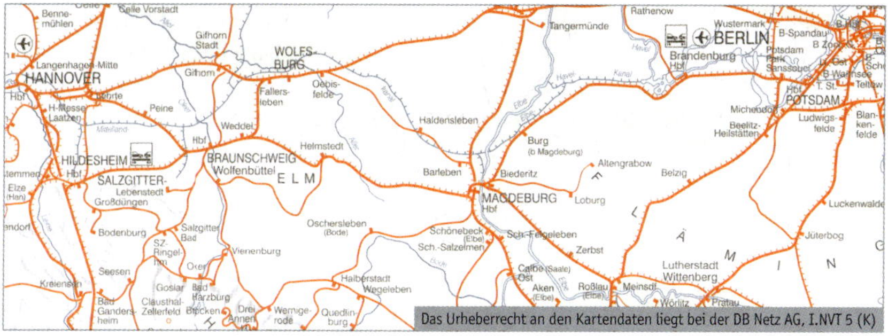

Die Strecke führt zunächst durch den Ostteil Niedersachsens und verbindet mit Hannover und Braunschweig die beiden größten Städte des Landes. Nördlich des Höhenzuges Elm verläuft die Route weiter in Richtung Helmstedt und quert anschließend die ehemalige innerdeutsche Grenze. Helmstedt-Marienborn war auch im Straßenverkehr ein wichtiger Grenzübergang zwischen der BRD und der DDR sowie Ausgangspunkt der Transitstrecke nach West-Berlin. Im Schutze des Sperrgebiets fanden Tiere und Pflanzen Rückzugsräume, die heute als „Grünes Band" von der Ostsee bis nach Bayern erhalten bleiben sollen. Die Fahrt in Richtung Elbe führt Sie nun durch die Magdeburger Börde. Die fruchtbare Region gilt als Kornkammer Deutschlands. Zwischen Magdeburg und Berlin reisen Sie anschließend durch das Jerichower Land, benannt nach der Stadt Jerichow. Der Name ist slawischen Ursprungs und hat keinen Zusammenhang mit der biblischen Stadt Jericho im heutigen Palästina. Im Osten schließt sich nun die märkische Wald- und Seenlandschaft an. Insbesondere die Gegend um die Stadt Brandenburg ist durch zahlreiche Seen geprägt. Von Magdeburg bis Brandenburg folgt die Bahnstrecke dem Elbe-Havel-Kanal. Diese Wasserstraße ist ein Teil der West-Ost-Verbindung vom Rhein bis nach Polen. Sowohl die Seen um Potsdam als auch der Wannsee sind mit der Havel verbunden oder werden von ihr durchflossen. Zwei Besonderheiten prägen die Havel. Für deutsche Flüsse ungewöhnlich fließt sie nämlich von Nord nach Süd. Zum anderen ist sie so kurvenreich, dass die Luftlinie von der Quelle bis zur Mündung nur eine Viertel des gewundenen Flusslaufs ausmacht.

14

Hannover – Potsdam

Von Hannover bis Lehrte folgt die Strecke der Verbindung nach Berlin *[Nr. 15]* und führt anschließend über Peine nach Braunschweig. **Peine** ist ein Zentrum der Stahlindustrie und überregional für den Peiner Stahl bekannt. Im Zuge der Stahlkrise setzte auch in Peine eine Strukturwandel ein und andere Branchen wurden angesiedelt. Dazu gehört auch das Werk von Corovin auf der rechten Seite, wo Vliesstoffe hergestellt werden. In **Braunschweig** kreuzt die Strecke von Wolfsburg nach Hildesheim *[Nr. 15]*. Hinter Helmstedt führt Sie die Reise nun durch den **Naturpark Elm-Lappwald**. Rechts der Strecke liegt der Höhenzug Elm, der auch vielen Kreuzworträtselfreunden bekannt sein dürfte. Der Elm ist kaum besiedelt und gilt als größter zusammenhängender Buchenwald in Deutschland. Der Lappwald folgt dann nach Helmstedt auf der anderen Seite. Die Landschaft ändert sich jetzt mit dem Verlassen der beiden Höhenzüge und geht in die flache **Bördelandschaft** über. In der niederschlagsarmen Region gedeihen insbesondere Zuckerrüben und Weizen. Hinter **Magdeburg** *[Weiterfahrt Richtung Stendal und Halle Nr. 11]* überquert die Strecke die Elbe. Hier fließen zwei Arme der Elbe, die Alte Elbe und der Strom Elbe wieder zusammen, die im Stadtgebiet von Magdeburg eine Insel bilden. Von der Elbbrücke aus sehen Sie beim Blick nach rechts neben dem Dom die zierlicheren Doppeltürme des Klosters Unserer Lieben Frauen. Mit dem Bau der Klosterkirche wurde im 11. Jahrhundert begonnen, sie ist damit das älteste erhaltene Bauwerk der Stadt. Heute dienen die Klostergebäude als Kunstmuseum und Konzerthalle. Das grüne Kirchendach davor gehört zur Wallonerkirche. Diese Kirche geht auf ein 1285 gegründetes Augustinerkloster zurück, im Jahr 1694 ging sie dann an die reformierte Wallonergemeinde über. Die weitere Fahrt über die Orte Burg und Güsen führt Sie nach **Genthin**, wo Sie links der Turm der Stadtkirche St. Trinitatis grüßt. Die Kirche wurde 1722 fertiggestellt, die barocke Turmhaube folgte aus Geldmangel jedoch erst fünfzig Jahre später. Hinter Genthin überqueren Sie die Grenze von Sachsen-Anhalt nach Brandenburg. Mit dem Breitlingsee auf der

Am Rand des Hämeler-Waldes zwischen Lehrte und Peine

Kaiserdom von Königslutter

linken Seite beginnen nun die **Havelseen.** Hinter Werder folgt linksseitig der Zernsee, rechtsseitig die Havel. Der Name **Werder** bedeutet „vom Wasser umflossenes Land" und beruht darauf, dass die Stadt auf einer Insel in der Havel gegründet wurde. Von rechts kommt nun die Verbindung von Dessau nach Berlin hinzu *[Weiterfahrt Nr. 21]*.

Potsdam – Hannover

Vom Hauptbahnhof Potsdam folgt die Strecke zunächst der Verbindung Richtung Dessau *[Nr. 21]* durch das Stadtgebiet. Auf Höhe des Haltepunkts **Park Sanssouci** können Sie zur Rechten die gleichnamige Parklandschaft erahnen. Sie gehört seit 1990 zusammen mit weiteren Schlössern, Gärten und Parks der Potsdamer Kulturlandschaft zum UNESCO-Weltkulturerbe. Der nächste größere Ort ist dann **Brandenburg**, wo bei der Einfahrt rechts die Katharinenkirche zu sehen ist. Baubeginn für die Kirche war im Jahr 1395. Sie ist die größte Kirche der Stadt und gilt als Meisterwerk norddeutscher Backsteingotik. Eine weitere interessante Kirche sehen Sie nach einiger Fahrt in **Burg** links. Die Kirche Unser Lieben Frauen ist unschwer an ihren ungleichen Türmen zu erkennen. Sie liegt an der Straße der Romantik und wurde 1186 erstmals urkundlich erwähnt. Die gotischen Türme wurden 1495 vollendet. Hinter **Magdeburg** *[Weiterfahrt Richtung Stendal und Halle Nr. 11]* fahren Sie durch mehrere Orte, deren Namen auf -leben enden. Diese Endung steht für eine alte Ansiedlung oder einen Erbsitz und ist hier in der Magdeburger Börde weit verbreitet. Sie fahren jetzt durch den Allerbruch und überqueren zwischen Marienborn und Helmstedt die Grenze von Sachsen-Anhalt zu Niedersachsen. Hinter Helmstedt ist anschließend linker Hand bald schon der **Kaiserdom** von Königslutter zu sehen. Der eindrucksvolle romanische Bau wurde als Klosterkirche der Benediktiner ab dem Jahr 1135 erbaut. Gestiftet wurde die Kirche vom Kaiser Lothar III. Die Vollendung des Bauwerks erlebte Kaiser Lothar jedoch nicht mehr, der Bau wurde erst im Jahr 1170 von seinem Enkel Heinrich dem Löwen fertiggestellt. Kaiser Lothar wurde in der Silvesternacht 1137 im noch unfertigen Bau beige-

In der Magdeburger Börde

Fahrt über die Elbe mit Blick auf Magdeburg

14

setzt. Hinter dem Bahnhof von **Braunschweig** *[Weiterfahrt Richtung Wolfsburg und Hildesheim Nr. 15]* liegen rechts die Brauereien von Feldschlösschen und des Hofbrauhauses Wolters. Braunschweig hat eine große Tradition als Brauereistadt, die auf die Braunschweiger Mumme, eine mittelalterliche Biersorte zurückgeht. Die Feldschlösschen-Brauerei ist heute die größte Brauerei in Niedersachsen und gehört zur Carlsberg-Brauereigruppe. Die Strecke überquert nun eine Zweigkanal des Mittellandkanals und vor Peine den Mittellandkanal selbst, bevor sie bei **Lehrte** auf die Strecke aus Berlin *[Nr. 15]* trifft.

Streckendetails:
KBS 310 (Hannover – Magdeburg),
201 (Magdeburg – Potsdam)
Strecke elektrifiziert und zweigleisig.
Gesamt 261 km
Hannover 35 km Peine 26 km Braunschweig 36 km Helmstedt 48 km Magdeburg 81 km Brandenburg 35 km Potsdam

Niederungslandschaft Fiener Bruch bei Genthin

Zernsee bei Werder

Hildesheim / Hannover – Berlin 15

über Lehrte / Braunschweig, Wolfsburg, Stendal

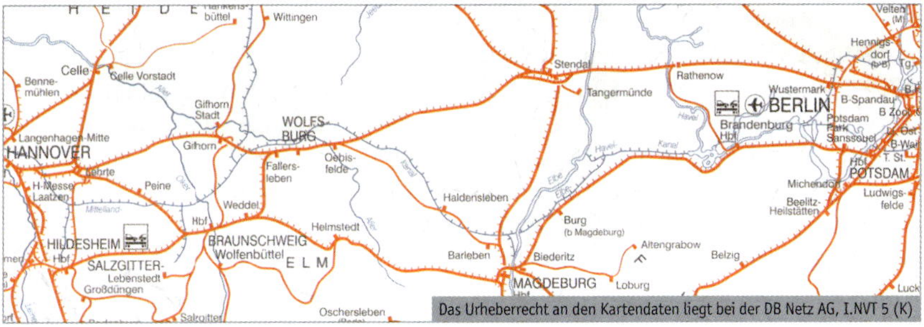

Das Urheberrecht an den Kartendaten liegt bei der DB Netz AG, I.NVT 5 (K)

Die Schnellfahrstrecke Hannover-Berlin wurde als Verkehrsprojekt Deutsche Einheit Nr. 4 für den steigenden West-Ost-Verkehr realisiert. Die Züge aus Süden zweigen bei Hildesheim von der Nord-Süd-Strecke ab und fahren über Braunschweig nach Wolfsburg, wo die Strecke aus Hannover hinzukommt. Dieses Städte-Dreieck gilt als wirtschaftlich-industrielles Zentrum Niedersachsens. Die Strecke führt weiter durch die Altmark und überquert östlich von Stendal die Elbe. Von Rathenow bis vor die Tore Berlins führt die Fahrt anschließend durch das Havelland. Die Flusslandschaft ist nicht zuletzt bekannt durch Theodor Fontanes „Herr von Ribbeck auf Ribbeck“. Im Naturschutzgebiet Havelländisches Luch, das an der Strecke liegt, gibt es eines der letzten Vorkommen von Großtrappen in Deutschland. Die Vögel bringen bis zu 18 Kilogramm auf die Waage und gelten damit als die schwersten flugfähigen Vögel. Zu ihrem Schutz wurden entlang der Bahnlinie millionenteure Erdwälle aufgeschüttet. Die etwa sieben Meter hohen Wälle sollen verhindern, dass Großtrappen in die Oberleitungen geraten. Mit dem Bezirk Spandau erreichen Sie den Westen Berlins, der zuzeiten der Teilung zum britischen Sektor gehörte. Die einstmals selbstständige Stadt ist älter als Berlin selbst, sie wurde 1920 eingemeindet. Auch Charlottenburg wenig später war bis zu jenem Jahr eine eigenständige Stadt. Durch den Bahnhof Berlin Zoologischer Garten, viele Jahre der zentrale Bahnhof West-Berlins, erreichen Sie den Hauptbahnhof, der auch als Lehrter Bahnhof bekannt ist – benannt nach dem Ausgangspunkt der Fahrt, Lehrte bei Hannover.

15

Hildesheim – Wolfsburg

Kurz nachdem die Züge die Schnellfahrstrecke aus Göttingen verlassen haben, erreichen sie **Hildesheim**. Dort sehen Sie beim Bahnhof zur Rechten den höchsten Kirchturm Niedersachsens. Er ist 114,5 Meter hoch und gehört zur Andreaskirche, mit deren Bau im Jahre 1389 begonnen wurde. Seine endgültige Höhe erreichte der Turm jedoch erst im Jahr 1883. Etwa auf halber Strecke von Hildesheim nach Braunschweig sehen Sie links das **Schloss Hoheneggelsen**, das auf eine frühere Burg zurückgeht. Die Kirche daneben diente als Wehrkirche, woran noch heute die Schießscharten erinnern. Hinter **Braunschweig** *[Weiterfahrt in Richtung Hannover und Magdeburg Nr. 14]* führt die Route nach Norden und erreicht vor **Wolfsburg** die Schnellfahrstrecke.

Hannover – Wolfsburg – Berlin

Die Strecke aus Hannover quert kurz vor Wolfsburg den Mittellandkanal, der nun parallel zur Bahnstrecke auf der linken Seite zum VW-Werk Wolfsburg führt. Bis 1939 war Wolfsburg ein kleines Gut, die Stadt wurde erst am 1. Juli 1938 durch die Nationalsozialisten als „Stadt des KdF-Wagens“ gegründet und ist damit eng mit dem Automobilwerk verbunden. Nach dem Krieg wurde die Arbeiterstadt in Wolfsburg umbenannt. Links sehen Sie nun das VW-Werk, dessen Grundstein 1938 durch Adolf Hitler gelegt wurde. Während des Krieges wurden hier Rüstungsgüter hergestellt, danach begann mit dem VW Käfer der Aufstieg der Volkswagen AG zu Europas größtem Automobilhersteller. Anschließend sehen Sie die Autostadt von Volkswagen, die Elemente eines Museums mit denen eines Erlebnisparks verbindet. Ebenfalls links liegt das Fußballstadion des VfL Wolfsburg, die Volkswagen-Arena. Später quert die Strecke noch einmal den Mittellandkanal. Am Nordrand der **Colbitz-Letzlinger-Heide** führt die Strecke weiter nach Stendal. Zwischen den für eine

Der höchste Kirchturm Niedersachsens in Hildesheim

In der Hildesheimer Börde

Schnellfahrstrecke üblichen Lärmschutzwänden erblicken Sie vor Stendal bei Nahrstedt linker Hand eine Kirche. Sie wurde im 13. Jahrhundert aus Findlingen erbaut und verbirgt unter dem Westquerturm eine Gruft. Hinter **Stendal** *[Weiterfahrt Richtung Wittenberge, Uelzen oder Magdeburg Nr. 11]* führt die Strecke über die Elbe. Von der Brücke aus sehen Sie rechts in die Ferne die ehemalige Hansestadt Tangermünde. Wenig später nach **Schönhausen**, dem Geburtsort von Otto von Bismarck, queren Sie die Grenze von Sachsen-Anhalt zu Brandenburg. Der nächste Fluss ist dann die Havel vor **Rathenow.** Links erblicken Sie den erhöht gelegen Bismarckturm von Rathenow. Er wurde 1914 eingeweiht und hat seit einer Renovierung im Jahr 2003 die auffällig angehobene Seitentürmchen, die von Denkmalschützern als „Chinesenhüte" abgelehnt werden. Die Strecke führt nun durch das **Havelländische Luch** und erreicht anschließend **Spandau** *[Weiterfahrt Richtung Hamburg und Berlin Hauptbahnhof (tief) Nr. 10]*. Sie fahren nun auf der **Stadtbahn** zum Hauptbahnhof. Diese Strecke verläuft recht kurvenreich als Hochbahn auf Viadukten durch das Stadtgebiet. Dabei sehen sie rechts drei Fassadenbilder des Graffitikünstlers Gino Fuchs, bevor Sie nun den **Bahnhof Zoo** passieren, der zuzeiten der deutschen Teilung für viele Bahnreisende das Tor zum Westen war. Links folgt dann auf der Schleuseninsel im Landwehrkanal ein auffälliger Bau mit rosafarbenen Rohren. Es handelt sich dabei um den weltgrößten Umlauf- und Kavitationstank. Diese Versuchsanstalt für Wasserbau und Schiffbau gehört zur Technischen Universität Berlin und wird für Tests im Schiffbau genutzt. Rechts können Sie mehrmals die Siegessäule sehen. Die vergoldete Victoria-Figur auf der Spitze würdigt die militärischen Erfolge Preußens, von den Berlinern wird sie jedoch meist nur „Goldelse" genannt. Wenn die Strecke nun die Spree überquert, erblicken Sie links am rechten Flussufer das U-förmige Gebäude des Bundesinnenministeriums. Rechts säumt nun die „Bundesschlange" die Strecke, die im Rahmen des Umzugs der Bundesregierung als Wohnraum für die Bonner Beamten gebaut wurde. Parallel

In der Ferne ist das Fördergerüst von Schacht Konrad zu entdecken

Fahrt durch Niedersachsen bei Braunschweig

zur Spree rechts erreichen Sie den Hauptbahnhof *[Weiterfahrt Richtung Hamburg Nr. 10, Rostock Nr. 12, Angermünde Nr. 13, Frankfurt (Oder) Nr. 16, Cottbus Nr. 24, Elsterwerda Nr. 23, Wittenberg Nr. 22, Potsdam Nr. 21]*.

Berlin – Wolfsburg – Hannover

Bei der Ausfahrt aus dem Hauptbahnhof treffen Sie links auf das **Regierungsviertel** mit dem Kanzleramt im Spreebogen. Das monumentale Gebäude wurde zum Umzug der Regierung von Bonn nach Berlin im Jahr 2001 fertiggestellt, das Kanzlerbüro befindet sich übrigens im 7. Stockwerk. Linker Hand folgt der Kanzlergarten und am gegenüberliegenden Spreeufer die „Schwangere Auster". Das Gebäude wurde als Kongresshalle erbaut und den Berlinern 1957 von den USA geschenkt, heute beherbergt es das Haus der Kulturen der Welt. Anschließend folgt ebenfalls am Spreeufer das Schloss Bellevue, der Sitz des Bundespräsidenten. Wenn dort keine Fahne gehisst ist, befindet sich der Präsident in einer anderen Residenz. Hinter dem Bahnhof Zoo sehen Sie links die **Kaiser-Wilhelm-Gedächtniskirche**, die den Beginn des Kurfürstendamms markiert. Bis zur Zerstörung im Krieg war der Kirchturm der höchste der Stadt, heute steht die Ruine als Mahnmal gegen den Krieg. Daneben erhebt sich der Kirchenneubau des Architekten Egon Eiermann. Rechts folgt das Theater des Westens. Die Strecke führt nun durch Charlottenburg. Nach einer weiteren Überquerung der Spree sehen Sie anschließend zur Rechten den Turm des Spandauer Rathauses. Das Rathaus wurde nach dem Krieg wieder aufgebaut, büßte dabei jedoch die ursprüngliche Turmhaube und andere Anbauten ein. Bei Wustermark führt die Verbindung über den Havelkanal. Die **Nauener Platte**, über die Sie nun fahren, ist eine Hochfläche, die sich – wie unschwer zu erkennen ist – besonders für Windkraftanlagen eignet. Zwischen Rathenow und Stendal führt die Strecke anschließend über einen leichten Höhenzug, das **Land Schollene**. Mit Stendal erreichen Sie nun die **Altmark**. Züge, die nicht in Stendal halten, umfahren die Stadt weitläufig. Auf der Strecke durch **Stendal** sehen Sie rechts die Doppeltürme der Marienkirche sowie die

VW-Werk Wolfsburg

Dom St. Nikolaus in Stendal

Doppeltürme des Doms St. Nikolaus. Der Dom hat Wurzeln aus dem Jahr 1188, der heutige Bau stammt wie die Marienkirche aus dem 15. Jahrhundert und stand einst in Konkurrenz zu ihr. Denn die Marienkirche wurde von der Bürgerschaft gebaut, der Dom von den Landesherren, die sich gegenseitig zu übertrumpfen suchten. Die Bezeichnung Dom ist übrigens irreführend, denn die Kirche war nie Bischofssitz *[Weiterfahrt Richtung Wittenberge, Uelzen und Magdeburg Nr. 11]*. Rechts der Strecke erhebt sich in der Ferne der Höhenzug der Hellberge. Die Reise führt Sie nun durch den **Naturpark Drömling**. Das Niederungsgebiet war einst eine Moorlandschaft, die im 18. Jahrhundert auf Anordnung des preußischen Königs Friedrich der Große entwässert und urbar gemacht wurde. Vor Wolfsburg quert die Strecke dann die Grenze zwischen Sachsen-Anhalt und Niedersachen. Rechts in der Ferne können Sie das **Schloss Wolfsburg** erspähen. Das heutige Schloss im Stil der Weserrenaissance war ursprünglich eine mittelalterliche Burganlage des Adelsgeschlechts derer von Bartensleben. Links der Strecke liegt der gewaltige Bau des phæno, ein Wissenschaftsmuseums, das die Besucher mit einer Experimentierlandschaft empfängt. Auf der Fahrt nach Hannover sind in der Ferne links die Kühltürme des Kraftwerks Mehrum zu sehen. Das Kraftwerk liegt am Mittellandkanal und wird auf dem Wasser mit Steinkohle versorgt. Über Lehrte erreichen Sie **Hannover** *[Weiterfahrt Richtung Hamburg und Göttingen Nr. 8, Minden Nr. 7, Bremen Nr. 5, Braunschweig Nr. 14]*.

Fahrt über die Elbe bei Stendal

Rathausturm von Spandau

15 Wolfsburg – Hildesheim

Der Streckenast nach Hildesheim zweigt westlich von Wolfsburg nach Süden ab. Hinter **Braunschweig** *[Weiterfahrt Richtung Hannover und Magdeburg Nr. 14]* quert die Strecke einen Stichkanal des Mittellandkanals, zur Rechten liegt eine ehemalige Zuckerfabrik der Nordzucker AG. Links in der Ferne ist anschließend der Förderturm des **Schachts Konrad** zu entdecken. Das stillgelegte Eisenerz-Bergwerk ist überregional bekannt, da dort ein Endlager für radioaktive Abfälle entstehen soll. Der Ort rechts der Strecke hat ebenfalls einen hohen Bekanntheitsgrad. Es ist **Lengede**, wo sich im Jahr 1963 ein Grubenunglück ereignete, bei dem nach 14 Tagen noch 11 Bergleute durch das „Wunder von Lengede" gerettet werden konnten. Hinter Hildesheim trifft die Strecke auf die Schnellfahrstrecke von Hannover nach Göttingen *[Nr. 8]*.

Streckendetails:
KBS 313 (Hildesheim – Braunschweig), 300 (Hannover – Wolfsburg), 301 (Braunschweig/Wolfsburg – Stendal), 202 (Stendal – Berlin)
Strecken elektrifiziert, Hildesheim – Wolfsburg eingleisig, sonst zweigleisig.
Gesamt Hildesheim – Berlin 260 km / Hannover – Berlin 260 km
Hildesheim 43 km Braunschweig 32 km Wolfsburg / Hannover 75 km Wolfsburg 75 km Stendal 35 km Rathenow 58 km Berlin Spandau 17 km Berlin

Kaiser-Wilhelm-Gedächtniskirche in Berlin

Siegessäule auf dem Großen Stern in Berlin

Berlin – Frankfurt (Oder) 16

über Fürstenwalde

Das Urheberrecht an den Kartendaten liegt bei der DB Netz AG, I.NVT 5 (K)

Rund 40 Stunden dauert die Bahnfahrt von Paris nach Moskau. Die klassische Route führt über Berlin, Frankfurt an der Oder und Warschau und damit über die in diesem Kapitel vorgestellte Strecke. Ausgangspunkt für den Fernverkehr nach Osteuropa war lange Zeit der Ostbahnhof, der bei seiner Eröffnung noch nach dem Zielbahnhof benannt war und „Frankfurter Bahnhof" hieß. Von der deutschen Hauptstadt führt die Reise durch den Ostteil Brandenburgs. Das größte der fünf neuen Bundesländer umschließt Berlin komplett und ist mit der Metropole eng verzahnt. Die Brandenburger entschieden sich 1996 in einer Volksabstimmung jedoch gegen eine Länderfusion mit Berlin. Die West-Ost-Strecke verläuft durch das Oder-Spree-Seengebiet, eine seenreiche Naturlandschaft zwischen Oderbruch und Spreewald. Die Spree selbst entspringt in Sachsen nahe der tschechischen Grenze, fließt quer durch Berlin und mündet schließlich in die Havel. Über den Oder-Spree-Kanal ist sie mit der Oder verbunden. Die Oder ist für viele Kilometer Grenzfluss zwischen Deutschland und Polen. Während der Potsdamer Konferenz 1945 wurde die so genannte Oder-Neiße-Grenze als vorläufige Grenze zwischen beiden Ländern festgelegt. Völkerrechtlich anerkannt wurde die Grenze aber erst im Zuge der Verhandlungen um die Wiedervereinigung Deutschlands 1990. Bereits im Mittelalter, als Frankfurt Mitglied der Hanse war, verliefen hier traditionelle Handelsstraßen von West nach Ost. Mit dem Eintritt Polens in die Europäische Union im Jahr 2004 hat Frankfurt die Funktion als internationale Brückenstadt wieder inne und rückte vom äußersten Osten Deutschlands in die Mitte Europas.

16

Berlin – Frankfurt (Oder)

Mit der Ausfahrt aus dem Hauptbahnhof führt die Strecke über den Humboldthafen und über die ehemalige Sektorengrenze in den damaligen Ostteil der Stadt. Das Gebäude links mit den beiden Türmchen ist der Hamburger Bahnhof, in dem einst die Züge aus der Hansestadt endeten. Heute ist dort das Museum für Gegenwart untergebracht. Hinter dem Bahnhof Friedrichstraße quert die Strecke zwei Mal die Spree und führt dabei über die **Museumsinsel.** Links liegt das Bodemuseum mit Skulpturensammlung, Spätantike und Byzantinischer Kunst, rechts das Pergamonmuseum mit der Sammlung griechischer und römischer Kunstwerke und dem Besuchermagneten Pergamonaltar. Vom Bahnhof Alexanderplatz aus erblicken Sie dann rechts das Rote Rathaus, der Sitz des Regierenden Bürgermeisters von Berlin. Der Bau entstand von 1861 bis 1869 und verdankt seinen Namen der roten Klinkerfassade. Kurz darauf sehen rechts die Doppeltürme der Nikolaikirche inmitten des **Nikolaiviertels.** Die Kirche, erbaut um 1230, ist ein Relikt des mittelalterlichen Berlins. Ursprünglich als Basilika aus Feldsteinen erbaut, wurde sie später zu einer gotischen Hallenkirche erweitert. Das Nikolaiviertel selbst gilt als Wiege Berlins, die ursprünglichen Bauten wurden im Zweiten Weltkrieg jedoch fast vollständig zerstört und erst in den Achtzigerjahren nach historischem Vorbild wieder nachgebildet. Nachdem Sie den Ostbahnhof passiert haben, sehen Sie rechts die Zwingli-Kirche. Der Backsteinbau ist dem Schweizer Reformator Ulrich Zwingli gewidmet. Die Strecke folgt nun dem Verlauf des **Berliner Urstromtals** nach Osten. Dieses entstand nach der letzten Eiszeit vor etwa 18 000 Jahren, als die Schmelzwässer nach Westen abflossen. Das Urstromtal besteht zu einem großen Teil aus Sandböden, auf denen die Kiefernwälder und Heidelandschaften entlang der Strecke entstanden. „Märkische Heide, märkischer Sand" lautet übrigens dazu passend der Titel der Hymne von Brandenburg. Nachdem die Strecke den Bahnhof **Fürstenwalde** passiert hat, der 1842 erbaut wurde und damit einer der ältesten Bahnhöfe in Deutschland ist, führt die Strecke weiter durch Waldgebiete, die in der **Spreeniederung** zur Rechten nicht ganz so trocken sind. Einige dieser Waldgebiete waren früher militärisches Sperrgebiet, so auch das Gebiet vor Briesen rechts. Verborgen im Wald beherbergte das Ministerium für Staatssicherheit in einem ehemaligen Forsthaus

Der Spreebogen, am gegenüberliegenden Ufer das Kanzleramt

Blick auf den Berliner Dom

westdeutsche Terroristen der RAF. Bei der Einfahrt nach **Frankfurt** erblicken Sie dann links den Turm der Pfarrkirche Heilig Kreuz mit seinen vier Ziertürmen. Die neogotische Backsteinkirche wurde 1899 eingeweiht. Ein Stück flussaufwärts quert die Strecke die Oder und damit die Grenze zu Polen und führt weiter über Rzepin bis Warschau.

Frankfurt (Oder) – Berlin

Erster Bahnhof auf deutscher Seite ist Frankfurt an der Oder, die östlichste Universitätsstadt in Deutschland. Die Stadt nennt sich Kleiststadt, wurde doch 1777 der Dichter und Dramatiker Heinrich von Kleist hier geboren. Die Strecke führt nun durch die Mark Brandenburg und passiert den Ort **Briesen.** Wäre es nicht zu Wende und Wiedervereinigung gekommen, würde dieser Ort heute nicht mehr existieren, denn zu DDR-Zeiten wurden unter dem Ort Braunkohlevorkommen entdeckt. Die damaligen Pläne sahen vor, dass der Ort bis 1995 Braunkohlebaggern weichen sollte. In **Fürstenwalde** sehen Sie wenig später links den Turm der katholische Kirche St. Johannes Baptist. Der Turm des neugotischen Baus war ursprünglich höher, büßte jedoch wegen Holzwurmbefalls einige Meter ein. In **Erkner** passieren Sie dann das Gebäude des ehemaligen VEB Plasta links. Der belgische Chemiker Leo Hendrik Baekeland ließ hier ab 1910 den von ihm erfundenen Kunststoff Bakelit herstellen, verlagerte die Produktion nach dem Zweiten Weltkrieg jedoch in den Westen. Die Plasta übernahm teilweise die Anlagen und produzierte hier den Grundstoff für die Karosserien des Trabants. Kurz hinter Erkner quert die Strecke die Grenze zwischen Brandenburg und Berlin. Ab Erkner begleitet Sie die S-Bahn bis ins Zentrum Berlins. In Karlshorst sehen Sie dann links die Trabrennbahn, die 1894 noch als Hindernisbahn eröffnet wurde. Die Strecke führt weiter durch den Stadtteil Lichtenberg zum Ostbahnhof, kurz zuvor erblicken Sie rechts in der Ferne die beiden Türme des Frankfurter Tors, welche den Beginn der Karl-Marx-Allee kennzeichnen, ein von der DDR-Regierung angelegter Prachtboulevard. Hinter dem Ostbahnhof begegnet die Strecke das erste Mal der Spree auf der linken Seite, während Sie rechts den Fernsehturm aufragen sehen. Der Bahnhof Alexanderplatz wenig später liegt direkt am Fuße des mit 368 Metern höchsten Gebäudes der Stadt. Auf dem **Alexanderplatz** ist rechts ist die Weltzeituhr zu sehen, die die Uhrzeit in allen 24

Kiefernforste prägen den Osten Brandenburgs

Im Berliner Urstromtal bei Briesen

16

Zeitzonen der Erde anzeigt. Wenn die Bahn nun die Spree überquert, können Sie links den Berliner Dom sehen, der als größte protestantische Kirche Deutschlands einen weiteren Superlativ an der Strecke darstellt. In der Hohenzollerngruft unter dem Bau ruhen Kurfürsten und Könige. Es folgt der Bahnhof Friedrichstraße, in dem während der deutschen Teilung Gleise und Verbindungen zum Westteil hermetisch von denen in den Ostteil abgeriegelt waren. Rechts erblicken Sie den **„Tränenpalast"**, wie das damalige Grenz- und Abfertigungsgebäude umgangssprachlich genannt wird. Links folgt nun das Regierungsviertel und der Spreebogen, zur Rechten liegt die Charité, Berlins berühmtestes Krankenhaus und größte Universitätsklinik Europas, bevor die Strecke den **Hauptbahnhof** erreicht. Der 2006 eröffnete Bahnhof gilt als größter und modernster Kreuzungsbahnhof in Europa *[Weiterfahrt Richtung Cottbus Nr. 24, Elsterwerda Nr. 23, Wittenberg Nr. 22, Potsdam Nr. 21, Stendal Nr. 15, Hamburg Nr. 10, Rostock Nr. 12, Angermünde Nr. 13]*.

Streckendetails:
KBS 201 (Berlin – Frankfurt/Oder)
Strecke elektrifiziert und zweigleisig.
Gesamt 86 km
Berlin 5 km Berlin Ostbahnhof 81 km Frankfurt

Fahrt durch die Mark

Sandige Heidelandschaft westlich von Frankfurt (Oder)

Emmerich – Köln 17

über Oberhausen, Duisburg, Düsseldorf
Hollandstrecke (Emmerich – Duisburg)

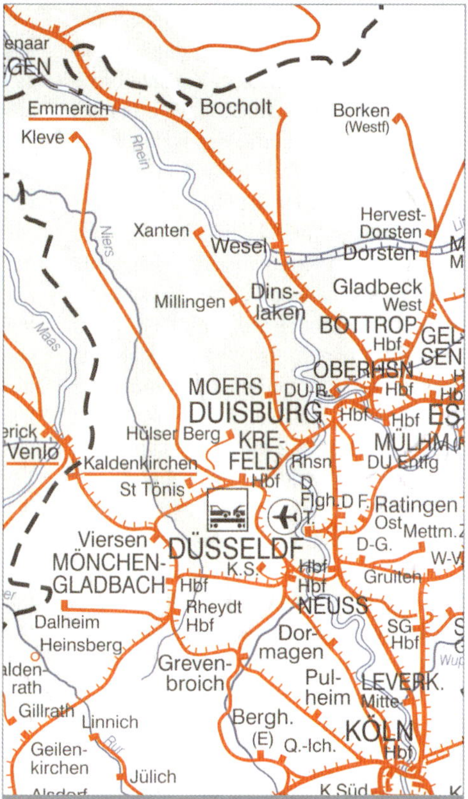

Das Urheberrecht an den Kartendaten liegt bei der DB Netz AG, I.NVT 5 (K)

Die Strecke von der niederländischen Grenze nach Köln ist Teil der internationalen Verbindung Amsterdam – Frankfurt. Die Route durch die Region Niederrhein folgt in etwa dem Lauf des gleichnamigen Rheinabschnitts. Der Rhein fließt hier noch als breiter Strom, bevor er sich wenige Kilometer flussabwärts in mehrere Arme verzweigt und ein breites Flussdelta bildet. Der Hauptstrom heißt dann auch nicht mehr Rhein, sondern wird Waal genannt. Nach der Fahrt durch die Niederrheinische Tiefebene erreicht die Strecke mit Oberhausen und Duisburg das westliche Ruhrgebiet. Kohle und Stahl machten die Region zu einem industriellen Zentrum Europas mit heute über fünf Millionen Einwohnern. In Folge der industriellen Revolution gewannen die Kohlevorkommen im Revier im 19. Jahrhundert große Bedeutung und führten zu einer Blüte der Region. Aus Dörfern wie Oberhausen und Duisburg mit damals etwa 5 000 Einwohnern wurden bald Großstädte. Mit Beginn der Kohlekrise gegen Ende der 1950er-Jahre setzte ein Strukturwandel ein, der noch heute anhält. Im weiteren Verlauf führt Sie die Reise zwischen Düsseldorf und Köln durch die Kölner Bucht. Diese Niederung entstand, als vor etwa 30 Millionen Jahren Teile des Rheinischen Schiefergebirges absanken. Beide Städte verbindet eine traditionelle Rivalität, die insbesondere an den Karnevalstagen und beim Bier auflebt. Und so warnen selbst Reiseführer davor, in Düsseldorf statt der heimischen Biersorte Alt ein Kölsch zu bestellen. Beides sind obergärige Biere, das Alt jedoch von etwas dunklerer Farbe. Während Köln beinahe die doppelte Einwohnerzahl hat und wesentlich älter ist, kann sich Düsseldorf mit dem Titel Landeshauptstadt schmücken.

17

Emmerich – Köln

Der letzte Fernverkehrshalt auf niederländischer Seite ist Arnhem, die Hauptstadt der niederländischen Provinz Gelderland. Zwischen Zevenaar und Emmerich passiert die Strecke anschließend die Grenze. Der erste Ort in Deutschland ist dann **Elten**, wo Sie links die gotische St. Martinuskirche aus dem Jahr 1450 grüßt. Ebenfalls links sehen Sie die Ausläufer des Waldgebiets **Montferland**, das Größtenteils in den Niederlanden liegt. Der Ort Elten ist von drei Seiten von den Niederlanden umgeben und war nach dem Krieg von 1949 bis 1963 unter niederländischer Auftragsverwaltung. Rechtsseitig können sie dann bald in der Ferne die Rheinbrücke von **Emmerich** entdecken, die mit einer Länge von 1228 Metern die längste Hängebrücke in Deutschland ist. Sie wird täglich von etwa 500 Schiffen passiert. In **Wesel** erscheint anschließend auf der rechten Seite ein Werk von Byk Chemie, in dem Zusatzstoffe für Lacke und Kunststoffe hergestellt werden. Die Strecke quert an dieser Stelle zunächst die Lippe und wenig später den Weser-Datteln-Kanal, eine wichtige Wasserstraße zwischen den niederländischen Nordseehäfen, dem Ruhrgebiet und der West-Ost-Verbindung zur Oder. Über Dinslaken führt die Route weiter nach **Oberhausen**, wo links die 75 Meter hohen Doppeltürme der Kirche St. Marien ins Blickfeld geraten *[Weiterfahrt Richtung Gelsenkirchen Nr. 6]*. Nur 7 Kilometer sind es nun bis zum nächsten Halt in **Duisburg** *[Weiterfahrt Richtung Essen Nr. 19]*. Weiter flussaufwärts erreichen Sie anschließend **Düsseldorf**. Bei der Einfahrt erblicken Sie bei der Station Düsseldorf Zoo rechts einen Kirchturm. Er gehörte zur neuromanischen Kirche St. Rochus, die 1943 zerstört wurde. Nur der Turm überstand den Krieg, später wurde eine neue Kirche angebaut. In Düsseldorf-Holthausen kommen Sie nun an einem Werk von Cognis vorbei, das einst zum Henkel-Konzern gehörte. Hier werden Grundstoffe für die Waschmittel- und Kosmetikindustrie hergestellt. Der nächste größere Ort ist **Leverkusen**. Bekannt ist der Ort vor allem durch die Bayer AG und deren vielverkauftes Schmerzmittel Aspirin. Rechts fällt der Blick auf das Wahrzeichen des Konzerns, das Bayer-Kreuz mit einem Durchmesser von 51 Metern. Zwei Stahlrohrmasten halten ein Netz, an dem 1 710 Glühbirnen das Logo des Konzerns in den Nachthimmel zeichnen. Um Zugvögel nicht zu beeinflussen, bleibt

Fahrt durch die Hetter

St. Martinus in Niederelten

das Bayer-Kreuz im Frühling und Herbst übrigens dunkel. Vorbei am „Henkelmann" links, wie der Volksmund die Kölnarena mit dem überspannenden Bogen nennt, erreicht die Strecke in **Köln** den Rhein. Von der Hohenzollernbrücke aus sehen Sie zur Rechten vorne die Kirche St. Kunibert. Sie zählt zu den zwölf romanischen Kirchen Kölns. Der Grundstein für die Kirche wurde 1215 gelegt, geweiht wurde die Kirche 1247. Der Turm stürzte seither mehrfach ein, 1830 aus statischen Gründen, 1944 nach einem Bombenangriff *[Weiterfahrt Richtung Wuppertal Nr. 4, Siegburg Nr. 28, Koblenz Nr. 26, Aachen Nr. 18]*.

Köln – Emmerich

Nach der Ausfahrt aus dem Hauptbahnhof Köln quert die Strecke den Rhein, flussaufwärts sehen Sie rechts die Schiffsanleger, dahinter die Altstadt mit der Kirche Groß St. Martin. Die Kirche mit dem mächtigen Vierungsturm wurde zwischen 1151 und 1240 erbaut, sie ruht auf römischen und romanischen Fundamenten. Die Gleise führen weiter durch das Stadtgebiet, darunter der Stadtteil Mülheim auf der linken Seite. Wo einst namhafte Industriebetriebe wie das Kabelwerk von Felten & Guillaume zahlreiche Arbeiter beschäftigten, sind heute Medien eingezogen. So senden etwa Harald Schmidt und Stefan Raab aus Köln-Mülheim. Über Leverkusen erreichen Sie **Düsseldorf**. Im Stadtteil Benrath liegt rechts ein Werk von ThyssenKrupp Nirosta. Im Haushalt, beim Autobau und im Baugewerbe finden die nichtrostenden Stahlprodukte, die hier hergestellt werden, zahlreiche Einsatzgebiete. Hinter dem Hauptbahnhof passieren Sie links die neuromanischen Kirche St. Elisabeth mit ihren Doppeltürmen. Ebenfalls linker Hand folgt nun das Werk Düsseldorf von Daimler, in dem Sprinter gefertigt werden. Kurz darauf kommen Sie am Flughafen Düsseldorf vorbei. Bevor der Zug im Tunnel unter der Rollbahn verschwindet, haben Sie linksseitig einen Blick auf die Start- und Landebahn. Durch das Angerland führt die Strecke weiter nach **Duisburg** *[Weiterfahrt Richtung Essen Nr. 19]* und quert zwischen Duisburg und Oberhausen zwei Arme der Ruhr, die nach wenigen Kilometern links in den Rhein mündet. Anschließend können Sie vor dem Bahnhof **Oberhausen** rechts den Turm der Kirche Herz-Jesu erspähen, die wie viele andere Kirchen im Krieg zerstört und später wieder aufgebaut wurde

Am Niederrhein

Fahrt durchs Ruhrgebiet

17 *[Weiterfahrt Richtung Gelsenkirchen Nr. 6]*. Über den Rhein-Herne-Kanal und die Emscher verlässt die Strecke das Ruhrgebiet und erreicht die Region um den **Niederrhein**. Nachdem Sie Wesel passiert haben, führt der Weg durch die **Hetter**. Dieses Feuchtwiesengebiet entstand vor etwa 2 000 Jahren, als Flussschlingen des Rheins verlandeten. Emmerich ist der letzte Bahnhof auf der deutschen Seite. Auf einer Anhöhe erblicken Sie nun zur Rechten zunächst ein Waldhotel und wenig später einen etwas versteckten Kirchturm. Er gehört zur romanischen Stiftskirche St. Vitus bei **Elten**. Sie war einst Teil eines adeligen Damenstifts und kann auf eine über tausendjährige Geschichte zurückblicken. Hinter Elten quert die Strecke die deutsch-niederländische Grenze. Kurz vor **Arnhem** führt die Strecke über die IJssel, die vom Rheinarm Nederrijn abzweigt und ins IJsselmeer mündet. Linker Hand gerät dann eines der Wahrzeichen von Arnhem ins Blickfeld, der Turm der Groote Kerk St. Eusebius.

Streckendetails:
KBS 420 (Emmerich – Duisburg), 415 (Duisburg – Köln)
Strecke elektrifiziert und zweigleisig.
Gesamt 133 km
(Arnhem 37 km) Emmerich $^{61\,km}$ Oberhausen $^{8\,km}$ Duisburg $^{17\,km}$ Düsseldorf Flughafen $^{7\,km}$ Düsseldorf $^{40\,km}$ Köln

Bayer-Kreuz in Leverkusen

Rheinufer und Altstadt Köln

Aachen – Köln 18

über Düren

Die Stadt Aachen im Dreiländereck zu Belgien und den Niederlanden liegt an der europäischen Hochgeschwindigkeitsstrecke von Paris über Brüssel nach Köln. Die Strecke war 1843 die erste Bahnverbindung, die von Deutschland ins Ausland führte. Die Fahrt vom äußersten Westen Deutschlands führt entlang der Ausläufer der Eifel. Dieser nördliche Teil wird auch Rureifel genannt, nach dem Flüsschen Rur – nicht zu verwechseln mit der bekannteren Ruhr. Das waldreiche Gebiet, hier der Hürtgenwald, ist zusammen mit dem Rurtal charakteristisch für die Rureifel. In der Kölner Bucht herrschte vor 30 Millionen Jahren ein subtropisches Klima, welches starken Pflanzenwuchs förderte. Absterbende Pflanzenmassen lagerten sich in Schichten ab und begünstigt durch den Anstieg des Grundwassers entstanden Moore. Durch den Druck darüber liegender Schichten zusammengepresst, entwickelte sich im Laufe von Millionen von Jahren aus dem Torf der Moore Braunkohle. Auf diese Weise entstand in der Kölner Bucht eines der größten Braunkohlevorkommen in Deutschland. Im Gegensatz zur höherwertigen Steinkohle wird Braunkohle nur im Tagebau abgebaut und als Brennstoff für die Stromerzeugung genutzt. Am Rand des Rheinischen Schiefergebirges erreicht die Bahnstrecke den Höhenzug des Vorgebirges und führt anschließend vor den Toren Kölns durch den Naturpark Kottenforst-Ville, der teilweise ebenfalls durch den Braunkohleabbau geprägt wurde. Tektonisch ist die Kölner Bucht übrigens noch immer aktiv und gehört zu den erdbebengefährdeten Gebieten in Deutschland. Neben Erdbeben ist die Metropole Köln zudem auch durch Rheinhochwasser gefährdet. Allein im 20. Jahrhundert gab es drei „Jahrhunderthochwasser" in der Stadt.

18

Aachen – Köln

Nach der Ausfahrt aus dem Hauptbahnhof von Aachen führt die Strecke über den **Burtscheider Viadukt.** Das 277 Meter lange Bauwerk ist gemauert und gilt als eine der ältesten Eisenbahnbrücken in Deutschland. Gebaut wurde der Viadukt von 1838 bis 1840. Die SS sprengte 1944 einen Brückenbogen, um die vorrückenden Alliierten aufzuhalten. Dieser Bogen wurde später durch eine vorläufige Stahlbrücke ersetzt. Aus bis zu 16 Metern Höhe eröffnet sich Ihnen einen Blick über die Stadt, so sehen Sie links den Turm der Dreifaltigkeitskirche aufragen. Sie gehört zu einer von gerade mal vier evangelischen Kirchengemeinden im traditionell katholischen Aachen. Aachen selbst liegt in einem weitläufigen Talkessel. Beim Blick nach vorn können Sie die Höhenzüge um die Stadt sehen, bevor die Bahn diese in zwei kurzen Tunneln durchbricht. In Fahrtrichtung zur Linken können Sie im weiteren Verlauf immer wieder Anzeichen des **Braunkohletagebaus** entdecken. Zunächst passiert die Strecke zwischen Eschweiler und Düren das Braunkohlengroßkraftwerk Weisweiler. Das Grundlastkraftwerk wird von der RWE AG betrieben und besteht aus 6 Blöcken. Aus rund 20 Millionen Tonne Kohle werden pro Jahr etwa 18 Milliarden Kilowattstunden Strom erzeugt – diese Menge entspricht etwa dem Verbrauch von 5 Millionen Haushalten. Zwischen Düren und Horrem sind in der Ferne zwei Ortschaften zu sehen, Morschenich und Manheim. Beide Orte liegen im **Tagebaugebiet Hambach** und sollen den Braunkohlebaggern weichen, deren Abbaugebiet mittlerweile bis an die Strecke reicht. Etwa 2,5 Milliarden Tonnen Braunkohle liegen in dem Gebiet in bis zu 450 Metern Tiefe. Die hier eingesetzten Bagger gehören zu den größten der Welt und fördern bis zu 240 000 Tonnen pro Tag. Links ist auch die gewaltige Abraumhalde **Sophienhöhe** zu sehen. Einige nördlichere Ortschaften sind bereits umgesiedelt. Mit Manheim, einem Ortsteil von Kerpen, muss auch der Heimatort der Formel-1-Brüder Michael und Ralf Schumacher dem Tagebau weichen. Damit ist auch die legendäre Kartbahn gefährdet, auf der die beiden als Kinder erste Runden drehten. Bei der Einfahrt nach **Köln** passieren Sie zwei der

Blick vom Burtscheider Viadukt über Aachen mit der Dreifaltigkeitskirche

Herz-Jesu-Kirche in Aachen

höchsten Gebäude der Stadt. Rechts sehen Sie den 266 Meter hohen Fernsehturm Colonius. Der Kölner Volksmund relativiert diesen Superlativ jedoch mit dem Satz „Der Colonius ist der Längste, aber der Dom bleibt der Größte". Daneben im Mediapark ragt der KölnTurm mit seinen 148 Metern in die Höhe. Das mit 43 Etagen höchste Bürogebäude der Stadt wurde nach zweijähriger Bauzeit 2001 eingeweiht. Auf der Fassade sind eine Altstadt-Silhouette und großflächige Wolkenmotive in die Scheiben eingebrannt. Die Entwürfe dazu stammen von dem Pariser Star-Architekten Jean Nouvel *[ab Köln Weiterfahrt Richtung Düsseldorf Nr. 17, Wuppertal Nr. 4, Siegburg Nr. 28 oder Koblenz Nr. 26]*.

Köln – Aachen

Zwölf romanische Kirchen gibt es in Köln, eine davon, die Damenstiftskirche St. Ursula, sehen Sie kurz hinter dem Hauptbahnhof links. Die Kirche wurde um 1135 über einem römischen Gräberfeld errichtet, Ende des 13. Jahrhunderts folgte der Chor. Die heilige Ursula wird heute als Stadtpatronin verehrt. Der Legende nach sollte die Königstochter Ursula einen heidnischen Königssohn heiraten, stellte jedoch die Bedingung, zuvor drei Jahre auf Pilgerschaft gehen zu dürfen, begleitet von 11 000 Gefährtinnen. Wie in einem Traum vorhergesagt, wurde die Pilgerschar auf dem Rückweg von Rom in Köln von Hunnen überfallen und Ursula starb den Märtyrertod. Seit dem 17. Jahrhundert werden Reliquien der ursulinischen Jungfrauen in der barocken „Goldenen Kammer" in der Kirche verehrt. Nachdem die Strecke das Stadtgebiet verlassen hat, führt sie durch die offene Landschaft der **Zülpicher Börde** nach Westen. Vor Düren sehen Sie rechts den Ort **Arnoldsweiler** mit der Pfarrkirche St. Arnoldus. Der Heilige Arnold war als Hofsänger und Harfenspieler für Karl den Großen tätig und erhielt von diesem aus Dankbarkeit einen Wald mit 20 Dörfern. Das Grab des Patrons der Musiker, Organisten und Musikinstrumentenbauer befindet sich in der Arnoldskapelle im Ort. Kurz nach Düren quert die Strecke die Rur, links sind dann in der Ferne die bewaldeten Ausläufer des **Hürtgenwaldes** zu sehen. Im Herbst 1944 tobte hier eine der blutigsten Schlach-

Das Kraftwerk Weisweiler

Blick nach Süden zum Hürtgenwald

18 ten des Zweiten Weltkriegs. Deutsche Truppen leisteten den aus Westen vorrükkenden Amerikanern erbitterten Widerstand. Etwa 70 000 Todesopfer soll die „Allerseelenschlacht" gefordert haben, benannt nach dem Allerseelentag am 2. November, an dem die zweite amerikanische Offensive begann. Bei der Fahrt durch das Stadtgebiet von **Aachen** passieren Sie den Bahnhof „Rothe Erde". Heute erinnert nur noch der Name daran, dass Aachen mit dem Aachener Hütten Aktien-Verein Rothe Erde einst ein Zentrum der Frühindustrialisierung in Deutschland war – noch bevor die Industrialisierung im Ruhrgebiet einsetzte. Mit Fachwissen und Kapital aus Frankreich, England und Belgien entstand ein Hüttenwerk, das bald Aachens größter Arbeitgeber war. Mit dem Niedergang und der Schließung des Werks 1926 war die Region von Massenarbeitslosigkeit und Verarmung getroffen. Wenig später passieren Sie die Herz-Jesu-Kirche, die rechts direkt an der Bahnlinie liegt und erreichen anschließend den Hauptbahnhof. Von dort führt die Strecke weiter durch einen Tunnel unter dem „Öcher Bösch", dem Aachener Stadtwald, und erreicht dann die Grenze nach Belgien.

Streckendetails:
KBS 480 (Aachen – Köln)
Strecke elektrifiziert und zweigleisig.
Aachen 70 km Köln

In der Ferne ist der Ort Arnoldsweiler zu sehen

Manheim - der Heimatort der Schumacher-Brüder

Duisburg – Bebra **19**

über Essen, Bochum, Dortmund, Hamm, Paderborn, Kassel-Wilhelmshöhe
Mitte-Deutschland-Verbindung, Fuldatalbahn (Kassel – Bebra)

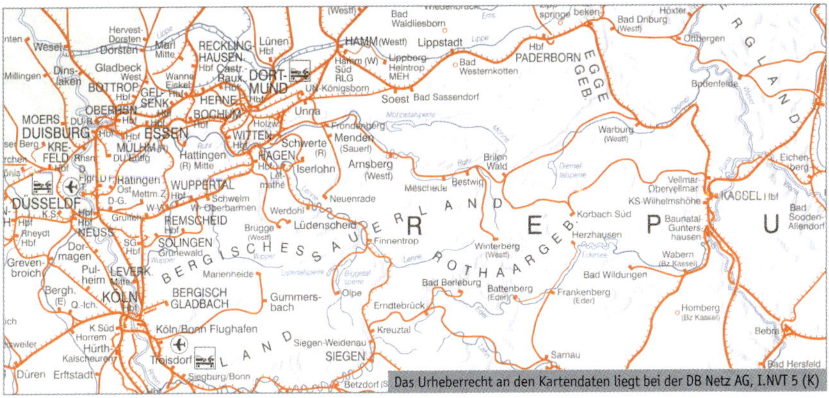

Über fünf Millionen Menschen leben in den Städten und Gemeinden des Ruhrgebiets. Um den Titel der größten Stadt im Ruhrgebiet konkurrieren Essen und Dortmund. Beide Städte liegen an der Mitte-Deutschland-Verbindung. Vielfach sind die Grenzen zwischen den einzelnen Städten im Ruhrgebiet jedoch kaum noch zu erkennen. Seinen Namen verdankt der Ballungsraum der Ruhr. Der Fluss entspringt im Rothaargebirge und mündet nach über 200 Kilometern bei Duisburg in den Rhein. Er ist ein wichtiger Trinkwasserlieferant für das Sauerland sowie das Ruhrgebiet und wird zudem zur Energiegewinnung genutzt. Die umgangssprachliche Bezeichnung des „Ruhrpotts" leitet sich übrigens vom niederdeutschen Begriff „Pütt" für einen Schacht oder ein Bergwerk ab. Die weitere Strecke gen Osten markiert in etwa den Übergang von der Norddeutschen Tiefebene zu den Mittelgebirgen. Südlich der Bahnstrecke liegt der Haarstrang. Bis zu diesem Höhenzug reichten einst die Gletscher der Eiszeit, die sich aus dem Norden über das Land schoben. Zu den eiszeitlichen Hinterlassenschaften gehören auch fruchtbare Böden wie die Soester Börde. Mit dem westfälischen Dehnungs-E begegnet Ihnen im Städtenamen von Soest eine regionale Besonderheit der deutschen Sprache, die heute nur noch in Eigennamen vorkommt. Wie beispielsweise auch Coesfeld wird die Stadt mit langem O ausgesprochen – und nicht etwa mit Ö. Im weiteren Verlauf führt die Strecke durch das Eggegebirge und den Reinhardswald bis Kassel. Von dort folgt sie dem Lauf der Fulda flussaufwärts bis zum Fuldaknie, einer markanten Flussbiegung bei Bebra.

19

Duisburg – Bebra

Kurz hinter dem Bahnhof von Duisburg quert die Strecke die Ruhr. Vorbei an der Kirche St. Mariae Rosenkranz mit dem auffälligen Treppengiebel auf der linken Seite erreichen Sie **Mülheim**. Ebenfalls linksseitig folgen anschließend die Mannesmann Röhrenwerke Mülheim. 1886 entwickelten Reinhard und Max Mannesmann ein Verfahren, um nahtlose Stahlrohre herzustellen, und legten damit den Grundstock für das Werk. Über **Essen** *[Weiterfahrt Richtung Gelsenkirchen Nr. 6]* verläuft die Strecke weiter nach **Bochum**, wo Sie zunächst rechtsseitig den Turm der Kirche St. Meinolphus-Mauritius erblicken. Wie so viele Kirchen des Ruhrgebiets wurde sie zu Beginn des 20. Jahrhunderts erbaut. Links liegt das SMB Stahlmagazin, von dem aus Zulieferteile „Just in Time", also pünktlich direkt zur Montage ausgeliefert werden. Bei der Einfahrt nach **Dortmund** sehen Sie zur Rechten den Turm der Liebfrauenkirche. Ursprünglich war Dortmund protestantisch geprägt, im Zuge der Industrialisierung kamen jedoch zunehmend katholische Arbeiter in die Stadt, sodass 1881 mit dem Bau dieser katholischen Kirche begonnen wurde. Hinter Dortmund *[Weiterfahrt Richtung Münster oder Hagen Nr. 4]* führt die Strecke durch das östliche Ruhrgebiet weiter nach **Hamm**. Bei der Einfahrt nach Hamm sehen Sie rechter Hand in der Ferne einen Kirchturm mit grünem Dach. Er gehört zur Pauluskirche, die seit 700 Jahren zu den Wahrzeichen der Stadt zählt. Nach dem Fahrtrichtungswechsel *[Weiterfahrt Richtung Münster Nr. 4, Bielefeld oder Hagen Nr. 7]* durchfahren Sie die **Soester Börde** in Richtung der gleichnamigen Hansestadt. Dort können Sie rechts den schlanken Turm der Kirche St. Petri erblicken, die um 1150 erbaut wurde und damit die älteste Kirche der Stadt ist. Linkerseits daneben steht der mächtige „Turm Westfalens" des Doms St. Patrokli. Der wuchtige Bau aus dem 12. Jahrhundert zählt zu den bedeutendesten frühromanischen Kirchen Westfalens. Weiter geht es durch die Börde nach **Lippstadt**, wo linker Hand ein Werk des Automobilzulieferers Hella liegt. Neben Kfz-Elektronik liefert Hella Lichttechnik und Scheinwerfer, die vielen Automodellen ihre charakteristischen „Gesichter" verleihen.

Über die Ruhr bei Duisburg

Der Turm von St. Petri in Dortmund

Von der Lippeniederung verläuft die Strecke nun hinauf auf die **Paderborner Hochfläche**. Die Strecke folgt übrigens dem Hellweg, einer Handelsstraße, die seit etwa 5 000 Jahren von Duisburg nach **Paderborn** führt und damit eine wichtige Verbindung vom Rhein in den Osten war. Zwischen Paderborn und Altenbeken bietet sich Ihnen nun zur Linken eine beeindruckend Fernsicht über die **Westfälische Bucht**. Sie erreichen anschließend das **Eggegebirge**, das Sie zwischen Altenbeken und Warburg überqueren. Vor Warburg können Sie links am Horizont den vulkanischen Basaltkegel **Desenberg** ausmachen, der von einer mittelalterlichen Burgruine gekrönt ist. Hinter Warburg queren Sie die Grenze von Nordrhein-Westfalen nach Hessen und folgen nun dem Weserzufluss Diemel nach Nordosten, bevor die Strecke vor Hofgeismar nach Süden schwenkt. Nach dem Halt in **Kassel-Wilhelmshöhe** *[Weiterfahrt Richtung Göttingen Nr. 8, Fulda Nr. 20, Gießen Nr. 29]* überqueren Sie bei Guntershausen die Fulda und folgen dem Fluss bis Bebra. Dabei kommen Sie durch den Ort **Melsungen**, wo Sie auf der rechten Seite einen kleinen Einblick in die für ihre Fachwerkhäuser bekannte Stadt bekommen. Nach der Fahrt durch das Nordhessische Bergland trifft die Strecke kurz nach **Bebra** auf die Verbindung Fulda – Eisenach *[Weiterfahrt Nr. 25]*.

Fahrt durch die Soester Börde

Blick über die Westfälische Bucht

19

Bebra – Duisburg

Von Bebra verläuft die Strecke am Südrand des Stölzinger Gebirges durch das Fuldatal, wobei Sie den Fluss mehrmals queren. Etwa auf halbem Weg nach Kassel überspannt die ICE-Trasse von Fulda das Tal mit einer weiten Brücke. Kurz darauf fahren Sie durch **Melsungen**. Der kleine Luftkurort ist bekannt durch die B. Braun Melsungen AG, deren Stammsitz und mehrere Werke sich im Ort beiderseits der Bahnstrecke befinden. Der Pharma- und Medizinbedarfhersteller beschäftigt in 50 Ländern insgesamt über 30 000 Mitarbeiter. Hinter **Kassel** *[Weiterfahrt Richtung Göttingen Nr. 8, Fulda Nr. 20, Gießen Nr. 29]* führt die Strecke westlich des **Reinhardswaldes** nach Norden. Dabei kommen Sie durch **Grebenstein**, wo Sie beim Bahnhof auf der linken Seite mit dem Turm des Burgtores einen Rest der ehemaligen Stadtbefestigung sehen. Grebenstein ist eine typische Ackerbürgerstadt, also eine Stadt, die durch Landwirtschaft und weniger durch Handel und Gewerbe geprägt wurde. Sie fahren nun die **Warburger Börde** nach Westen. **Warburg** bestand einst aus zwei Städten, nämlich Altstadt und Neustadt, die sich im Jahr 1436 zusammenschlossen. Daran erinnert auch die Neustadtkirche, die sich links der Strecke befindet. Bevor die Gleise im Eggetunnel verschwinden, sehen Sie zur Rechten den Ort **Willebadessen** mit den beiden Türmen des im Jahr 1149 gegründeten ehemaligen Benediktinerinnenklosters. Hinter dem Bahnhof von Altenbeken fahren Sie dann über den bekannten, 1853 errichteten **Altenbekener Viadukt**. Das imposante Bauwerk überspannt mit 24 Bögen auf einer Länge von 482 Metern das Beketal. Heute schmückt der Viadukt auch das Wappen von Altenbeken. In **Paderborn** sehen Sie nun rechter Hand einen imposanten Turm, der zunächst an eine Kirche denken lässt. Er gehört jedoch zum Theodorianum, einem Gymnasium mit langer Geschichte in Paderborn. Kurz hinter Paderborn überqueren Sie dann den Fluss Alme, der vom Hochsauerland zur Lippe fließt. Mittlerweile haben Sie die Mittelgebirgslandschaft verlassen und fahren nun durch die flache Bördelandschaft. In **Lippstadt** erblicken Sie rechtsseitig wieder einen ähnlichen Turm.

Im Eggegebirge bei Willebadessen

Willebadessen mit dem ehemaligen Benediktinerkloster

Dieser gehört tatsächlich zu einer Kirche, nämlich der Jakobikirche aus dem 13. Jahrhundert. Auf der Fahrt nach Soest ist links am Horizont der Höhenzug des Haarstrangs zu erahnen. In **Soest** angekommen, grüßen Sie zur Linken die Doppeltürme der Wiesenkirche, die eigentlich Kirche St. Maria zur Wiese heißt. Die im 14. und 15. Jahrhundert erbaute Hallenkirche ist bekannt für das „westfälische Abendmahl", eine Abbildung, die Jesus mit seinen Jüngern in einem westfälischen Wirtshaus mit Schinken, Bier und Pumpernickel zeigt. Linker Hand sind dann schon bald die beiden charakteristischen Wassertürme von **Hamm** zu entdecken, die seit bald einhundert Jahren die Reisenden begrüßen. Nach dem Fahrtrichtungswechsel in Hamm *[Weiterfahrt Richtung Münster Nr. 4, Bielefeld oder Hagen Nr. 7]* kommen Sie auf der Fahrt nach Dortmund durch **Kamen**, wo Sie rechts das Kaltwalzwerk der Firma Gülde passieren *[ab Dortmund Weiterfahrt Richtung Hagen oder Münster Nr. 4]*. Vom Bahnhof in **Dortmund** aus sehen Sie auf der linken Seite den spitzen Turm von St. Petri. Die gotische Hallenkirche wurde im 14. Jahrhundert erbaut und ist eine der vier mittelalterlichen Kirchen in Dortmund. Im Anschluss kommen Sie am Opel-Werk **Bochum** auf der rechten Seite vorbei. Die Produktion begann hier im Jahr 1962 mit dem Kadett, heute werden die Modelle Astra und Zafira hergestellt. Hinter Bochum fahren Sie rechter Hand am Stahlwerk von ThyssenKrupp Steel vorbei und kommen über **Essen** *[Weiterfahrt Richtung Gelsenkirchen Nr. 6]* nach **Duisburg** *[Weiterfahrt Richtung Oberhausen und Düsseldorf Nr. 17]*.

Burgtor und Stadtkirche von Grebenstein

Über die Fulda

Streckendetails:
KBS 415 (Duisburg – Hamm),
430 (Hamm – Kassel),
610 (Kassel – Bebra)
Strecke elektrifiziert und zweigleisig.
Gesamt 327 km
Duisburg 10 km Mülheim 9 km Essen 16 km Bochum 18 km Dortmund 31 km Hamm 26 km Soest 20 km Lippstadt 32 km Paderborn 17 km Altenbeken 37 km Warburg 57 km Kassel-Wilhelmshöhe 54 km Bebra

Ein kleiner Eindruck der Fachwerkstadt Melsungen

Im Fuldatal bei Rotenburg

Kassel-Wilhelmshöhe – Frankfurt (Main) / Würzburg

20

über Fulda

Kinzigtalbahn (Fulda – Frankfurt)

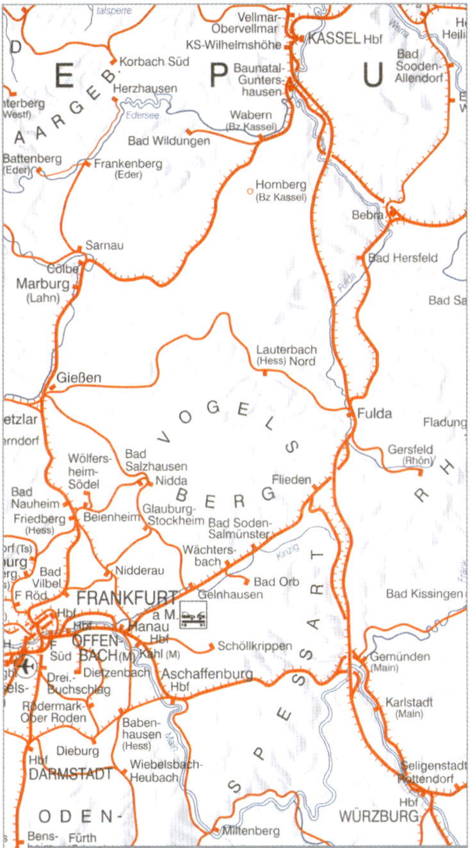

Das Urheberrecht an den Kartendaten liegt bei der DB Netz AG, I.NVT 5 (K)

Vom Harz im Norden bis zum Kaiserstuhl im Süden gibt es in Deutschland etwa 40 Mittelgebirge. Als Mittelgebirge werden Erhebungen ab etwa 500 Metern bezeichnet, bei rund 1 500 Metern beginnen die Hochgebirge. Auf der Fahrt von der Fulda an den Main passieren Sie gleich drei bekannte deutsche Mittelgebirge, nämlich Vogelsberg, Rhön und Spessart. Von Kassel führt die Schnellfahrstrecke durch Osthessen und folgt der Fulda flussaufwärts bis zur gleichnamigen Stadt. Westlich der Strecke liegt der Vogelsberg. Er besteht aus einer Gruppe von Vulkanen, die vor rund sieben Millionen Jahren erloschen. Das größte Vulkanmassiv Europas hat seither durch Eiszeiten, Erosion und Verwitterung seine Gestalt geändert. Auch die Rhön im Osten hat vulkanische Wurzeln. Das Erscheinungsbild der Rhönlandschaft wandelte sich ebenfalls im Laufe der Zeit – allerdings erst durch Menschenhand in den letzten Jahrhunderten. Die ursprünglichen Buchenwälder der Rhön wichen der abwechslungsreichen Kulturlandschaft von heute. Von Fulda in Richtung Frankfurt folgt die Strecke der Kinzig bis nach Hanau. Dort mündet der Fluss in den Main. Die Kinzig, nicht zu verwechseln mit dem gleichnamigen Fluss im Schwarzwald, bildet die Grenze zwischen Vogelsberg im Norden und Spessart im Süden.

Der Streckenzweig Richtung Würzburg führt dagegen durch Unterfranken gen Süden. Die Region Franken erstreckt sich über die Landesgrenze Bayerns bis ins baden-württembergische Heilbronn. Frankfurt und Würzburg, die beiden Endpunkte der Strecke, haben gemeinsam, dass sie an den Ufern des Mains liegen. Der Flusslauf zwischen beiden Städten ist jedoch so gewunden, dass auf der Schiene selbst der Umweg über Fulda kürzer ist als der Wasserweg.

Kassel – Fulda – Frankfurt

Von Kassel bis Fulda hat die Strecke den typischen Charakter einer Schnellfahrstrecke, die nur mit geringen Steigungen und Kurven durch eine Mittelgebirgslandschaft gebaut wurde. So wechseln sich in kurzer Folge Tunnel und Brücken ab. Die höchste Brücke ist die Rombachtalbrücke kurz vor Fulda mit 95 Metern. Von den Brücken haben Sie beiderseits schöne Ausblicke auf die Mittelgebirgslandschaften von **Rhön** zur Linken und **Knüllgebirge** zur Rechten. Wann immer Sie von einer der Brücken in die Tiefe blicken und einen Fluss entdecken, ist das die Fulda, denn die Strecke quert den Fluss zwischen Kassel und Fulda gleich drei Mal. Hinter **Fulda** *[Weiterfahrt Richtung Erfurt Nr. 25]* verlassen die Züge in Richtung Frankfurt die Schnellfahrstrecke *[Weiterfahrt Richtung Würzburg siehe unten]*. Rechts sehen Sie auf der weiteren Fahrt bei Neuhof den **„Monte Kali"**, eine riesige Abraumhalde des dortigen Kalibergwerkes. Das Rohsalz wird unter Tage abgebaut in Tiefen von 400 bis 1500 Metern und anschließend industriell weiterverarbeitet, hauptsächlich zu Düngemitteln. Die Kalisalzvorkommen entstanden vor mehr als 200 Millionen Jahren durch die Verdunstung von Meerwasser, als hier noch das so genannte Zechsteinmeer flutete. Die Strecke folgt nun der Kinzig durch das gleichnamige Tal bis zu deren Mündung in den Main bei Hanau. Bei Steinau erblicken Sie zur Linken einen durch die **Kinzigtalsperre** aufgestauten See, dessen Größe und Tiefe nach Jahreszeit variiert. Die Talsperre fasst über sieben Millionen Kubikmeter Wasser und dient dem Hochwasserschutz sowie der Stromgewinnung. Nun quert die Strecke auch den Main, zunächst nach **Hanau** und später nochmals vor der Einfahrt zum Hauptbahnhof Frankfurt. Vor **Offenbach** passieren Sie rechts ein Werk von MAN Roland. Der Druckmaschinenhersteller produziert hier Geräte für Werbe- und Geschäftsdrucksachen. Beim Blick nach vorn sind nun schon die Bürotürme von **Frankfurt** auszumachen. Links der Strecke liegt der Henninger-Turm, der dank seines aufgesetzten Gebäudekopfs nicht zu verwechseln ist. Um in den Kopfbahnhof von Frankfurt zu gelangen, beschreibt die Strecke nun einen Bogen von 180 Grad *[Weiterfahrt Richtung Gießen Nr. 29, Würzburg Nr. 35, Darmstadt Nr. 34, Frankfurt Flughafen/Mannheim Nr. 32]*.

Fahrt durch Nordhessen

Typisch Schnellfahrstrecke: Brücken, Tunnels, Lärmschutzwände

Fulda – Würzburg

Die Züge nach Würzburg bleiben auf der Schnellfahrstrecke und überqueren auf etwa auf halbem Weg von Fulda bis zum Main bei Gemünden die Grenze von Hessen zu Bayern. Rechts der Strecke liegt der **Spessart**, linkerseits die **Südrhön**. Über eine weite Brücke passieren Sie dann das erste Mal den Main. Auf der linken Seite sehen Sie die Mündung der Fränkischen Saale in den Main, dahinter liegt die Stadt Gemünden. Über der Stadt können Sie die Ruine der **Scherenburg** entdecken. Der Innenhof der um 1235 erbauten mittelalterlichen Burg wird heute für Freilichtfestspiele genutzt. Hinter dem nächsten Tunnel kommt die Strecke aus Frankfurt hinzu *[Weiterfahrt Nr. 35]*.

Frankfurt – Fulda

Bei der Ausfahrt aus dem Frankfurter Hauptbahnhof sehen Sie zur Rechten den Messeturm mit der Pyramide auf der Turmspitze. Das Bürogebäude im Art-Deco-Stil war mit 257 Metern bis 1997 das höchste Gebäude Europas. 70 Stockwerke von je 41 mal 41 Metern Fläche bieten Platz für etwa 4 000 Arbeitsplätze. Der Messeturm ist übrigens das einzige Gebäude mit einer eigenen Postleitzahl. Vorbei an einem Heizkraftwerk der Mainova links führt die Strecke nun nach Osten. Zur Linken haben Sie dabei nochmals einen Blick auf die Wolkenkratzer der Stadt. In **Hanau** quert die Strecke den Main, wobei Sie rechtsseitig den Mainhafen der Stadt sehen. Er gehört zu den größten deutschen Häfen an Main und Donau. In **Gelnhausen** liegt links der Strecke die mächtige evangelische Marienkirche. Die ehemals katholische Klosterkirche aus dem 12. Jahrhundert ging im Rahmen der Reformation auf die Stadt über und wurde evangelisch. Gelnhausen selbst wurde im Jahr 1170 von Kaiser Friedrich I. gegründet und nennt sich daher heute auch Barbarossastadt. Für die Stadtgründung wurde dieser Ort ausgewählt, weil er an der Kreuzung damals wichtiger Handelsstraßen lag. Eine dieser Straßen, die **Via Regia**, führte vom Rhein bis nach Schlesien. Die Bahnlinie folgt dieser „Königsstraße“ auf dem Teilstück von Frankfurt bis Fulda. Daran erinnert auch der Namenszusatz des Ortes „Steinau an der Straße“, den Sie kurz darauf passieren. Die 450 Kilometer lange Reise auf der Via Regia zwischen den

Im Kinzigtal

Kinzigtalsperre

Messestädten Frankfurt und Leipzig dauerte damals bis zu einem Monat und war nicht ungefährlich, hatten es doch zahlreiche Räuber und Wegelagerer auf die Reisenden abgesehen. Vor Fulda stößt aus dem Süden die Strecke von Würzburg hinzu *[Weiterfahrt Richtung Erfurt Nr. 25]*.

Würzburg – Fulda – Kassel

Die Züge aus Würzburg teilen sich bis Rohrbach die Gleise mit der Verbindung nach Frankfurt *[Nr. 35]* und folgen dann dem Tal des Flüsschens Sinn nach Norden. Die Strecke verschwindet anschließend im Landrückentunnel, der mit über zehn Kilometern der längste Eisenbahntunnel in Deutschland ist. Der Landrücken ist ein Mittelgebirgszug im Dreieck von Vogelsberg, Rhön und Spessart.

Hinter dem Bahnhof **Fulda** erblicken Sie linksseitig auf einem Hügel das Kloster Frauenberg. Der barocke Bau beherbergt ein Franziskanerkloster mit Gästehaus, das neben Tagungen auch zur Einkehr und Besinnung einlädt. Die Route verläuft nun durch den Osten und Norden Hessens bis zum Bahnhof **Kassel-Wilhelmshöhe**. Der eigentliche Hauptbahnhof Kassels ist seit der Eröffnung der ICE-Strecke beinahe bedeutungslos und wurde von dem neuen Bahnhof im Stadtteil Bad Willhelmshöhe abgelöst. Links in der Ferne können Sie auf einem Hügel des Habichtswaldes den **Herkules** entdecken, das Wahrzeichen Kassels. Das Bauwerk bildet den Abschluss des Bergparks Willhelmshöhe. Der Landschaftspark ist als bedeutendes Werk der Gartenkunst bekannt. Der Herkules selbst ist eine Kupferstatue des antiken Herakles, der auf einem gewaltigen, schlossähnlichen Sockelbau ruht *[Weiterfahrt Richtung Gießen Nr. 29, Hamm oder Erfurt Nr. 19, Göttingen Nr. 8]*.

Streckendetails:
351 (Kassel-Willhelmshöhe – Würzburg),
615 (Fulda – Frankfurt)
Strecken elektrifiziert und zweigleisig.
Kassel-Willhelmshöhe – Frankfurt 214 km
Kassel-Willhelmshöhe – Würzburg 223 km
Kassel-Willhelmshöhe 110 km Fulda 81 km Hanau 13 km Offenbach 6 km Frankfurt Süd 4 km Frankfurt
Fulda 113 km Würzburg

Der Spessart rechts der Strecke nach Würzburg

Die Scherenburg über Gemünden und der Mündung der Fränkischen Saale in den Main

Leipzig – Berlin

21

über Bitterfeld, Dessau, Potsdam

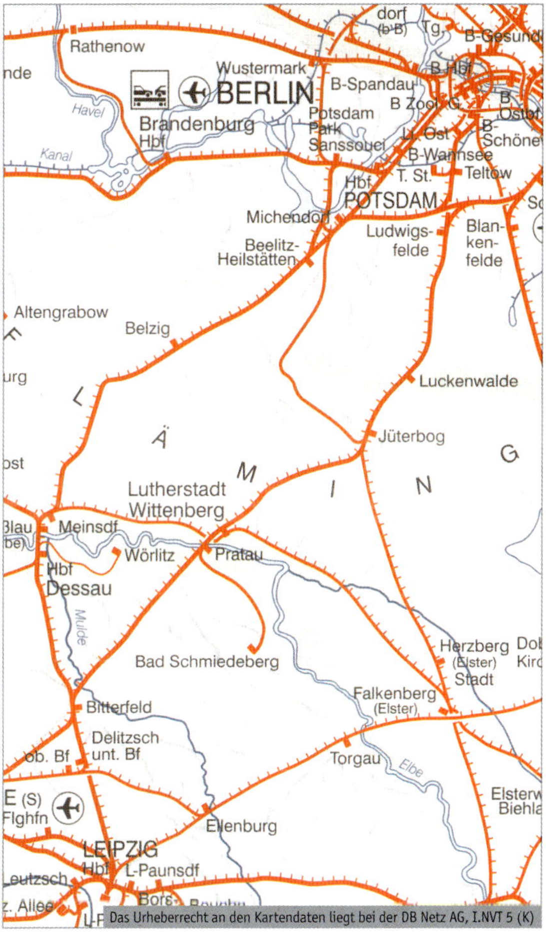

Von Leipzig führt die Strecke durch das Delitzscher Land nach Bitterfeld. Die Region ist geprägt vom ehemaligen Braunkohletagebau, wobei zunehmend Naherholungsgebiete und neu entstandene Seenlandschaften das Erbe des Tagebaus angetreten haben. Bitterfeld markiert den nördlichen Rand der Leipziger Tieflandsbucht. Ab hier folgt die Strecke der Mulde flussabwärts bis nach Dessau, wo der Fluss in die Elbe mündet. Die Mulde erlangte durch die Jahrhundertflut im Jahr 2002 überregionale Bekanntheit und gilt als Fluss mit Europas höchster Fließgeschwindigkeit. Die Strecke führt weiter über den Höhenzug Fläming durch Brandenburg und in dessen Landeshauptstadt Potsdam. Der Hohe Fläming bildet die höchste Erhebung in Brandenburg und ist seit 1997 ein Naturpark. Die sandige Hochfläche ist in gleichen Teilen mit Wald bedeckt und landwirtschaftlich genutzt. An den Hohen Fläming schließt sich die Zauche an, eine weitere dünnbesiedelte Hochfläche. Zusammen mit dem Havelland gilt die Zauche als historischer Kern der Mark Brandenburg. Dieser Teil der Strecke gehört zur „Kanonenbahn“, die im 19. Jahrhundert aus strategischen Gründen von der Mosel bis nach Berlin ausgebaut wurde. Damit gab es eine durchgehende Verbindung von der Westgrenze ins Zentrum Preußens. Vorbei am Wannsee passiert die Strecke den Grunewald, heute ein beliebtes Naherholungsgebiet an der Havel. Über die Stadtbahn führt die Strecke schließlich durch das Stadtgebiet zum Berliner Hauptbahnhof.

21 Leipzig – Berlin

Durch das Stadtgebiet von Leipzig teilt sich die Strecke die Gleise mit der Verbindung nach Halle *[Nr. 11]* und führt anschließend nach Norden durch die Leipziger Tieflandsbucht. Hinter **Bitterfeld** *[Weiterfahrt Richtung Halle oder Wittenberg Nr. 22]* liegt auf der linken Seite der Strecke der Chemiepark Bitterfeld-Wolfen. 1893 begann in Bitterfeld mit den Elektrochemischen Werken unter Leitung von Walther Rathenau die chemische Großproduktion. Bitterfeld ist damit einer der ältesten europäischen Chemiestandorte. An diese Tradition knüpfen seit der Wende neu angesiedelte Werke großer Chemie- und Pharmaproduzenten wie Bayer oder Evonik an. Weitere Chemieanlagen sehen Sie später in **Dessau** rechts. Sie gehören zum ehemaligen VEB Gärungschemie, der einst aus den Dessauer Werken für Zucker-Raffinerie hervorging. Neben Zucker wurde in dem Werk damals auch Zyklon B produziert, ursprünglich ein Schädlingsbekämpfungsmittel, das von den Nationalsozialisten jedoch in den Gaskammern der Konzentrationslager eingesetzt wurde. Neben diesem düsteren Aspekt ist Dessau auch im Positiven bekannt für seine Bauhaus-Architektur und zahlreiche Gropius-Bauten. Rechts sehen Sie auch die drei „Y-Häuser". Die Hochhäuser mit y-förmigem Grundriss waren einst ein Novum in der DDR. Hinter Dessau quert die Strecke zunächst die Mulde und kurz darauf bei **Roßlau** die Elbe. Von der Elbbrücke aus sehen Sie zur Linken die Roßlauer Schiffswerft. Früher wurden hier Dampfschiffe und Tragflügelboote gebaut, heute liefert das Unternehmen Brücken und Stahlteile für Schleusen. Mit Wiesenburg haben Sie dann den **Hohen Fläming** erreicht. Dort sehen Sie linksseitig den Turm von **Schloss Wiesenburg**. Der Bau geht auf eine mittelalterliche Burganlage zurück, die im 16. Jahrhundert einer Schlossanlage weichen musste. Im 19. Jahrhundert prägte der Neorenaissance-Stil den Bau. Nach der weiteren Fahrt durch die ländlich geprägte **Mark Brandenburg** erreichen Sie vor Potsdam die Seenlandschaft an der Havel. Wenn Sie bei **Caputh** die Havel überqueren, ist zur Linken der Schwielowsee zu sehen, zur Rechten liegt der Templiner See. Albert Einstein hatte in

In der Leipziger Tieflandsbucht

Chemiepark Bitterfeld-Wolfen

Caputh ein Sommerhaus und war mit dem Segelboot hier auf den Havelseen unterwegs. Linker Hand folgt nun der Petzinsee und im Stadtgebiet der Landeshauptstadt passieren Sie wenig später die Neustädter Havelbucht ebenfalls linkerseits. Am gegenüberliegenden Ufer ist dort ein Gebäude zu sehen, das einer Moschee nachempfunden ist. Es verbirgt ein Dampfmaschinenhaus aus dem Jahr 1842, mit dem Wasser aus der Havel für Fontainen und Wasserspiele in den Park Sanssouci gepumpt wurde. Hinter **Potsdam** *[Weiterfahrt Richtung Magdeburg Nr. 14]* quert die Strecke den Teltowkanal, der die Spree durch den Süden Berlins mit der Havel verbindet. Zur Linken haben Sie nun gleich einen kurzen Blick auf den **Großen Wannsee**, der spätestens seit dem Schlager „Pack die Badehose ein" von Cornelia Froboess aus dem Jahre 1951 über die Stadtgrenzen von Berlin bekannt ist. Nach der Fahrt durch den Grunewald ist in der Ferne auf der linken Seite die Stahlkonstruktion des Berliner Funkturms zu sehen. Das knapp 150 Meter hohe Bauwerk wurde bei der Funkausstellung 1926 auf dem Messegelände eingeweiht. Von der Spitze des Turms wurden damals die ersten regelmäßigen Rundfunksendungen in die Welt geschickt. Die Strecke trifft nun auf die Verbindung aus Hannover und führt über die Stadtbahn *[Nr. 15]* zum Berliner Hauptbahnhof.

Anhaltisches Theater in Dessau

Fahrt über die Mulde

Berlin – Leipzig

Vom Berliner Hauptbahnhof führt die Strecke über die Stadtbahn *[Nr. 15]* bis auf Höhe des Westkreuzes und verläuft dann durch den **Grunewald** in Richtung Potsdam. Rechter Hand an den S-Bahn-Gleisen liegt der Bahnhof Grunewald. Dort befindet sich das Mahnmal Gleis 17, mit dem die Deutsche Bahn an die Deportationen jüdischer Bürger durch die damalige Reichsbahn erinnert. Während der Zeit des Nationalsozialismus wurden vom Güterbahnhof Grunewald über 50 000 Berliner Juden in die Vernichtungslager transportiert. Die Vegetation wurde bei der Einweihung 1998 absichtlich stehengelassen, um zu betonen, dass von diesem Gleis nie wieder ein Zug abfahren wird. Parallel zu den Bahngleisen führt rechts die AVUS. Die „Automobil-Verkehrs- und Übungs-Straße“ war 1921 die erste nur für Autos zugelassene Straße. Die knapp 10 Kilometer lange Strecke hatte damals zwei Schleifen und bildete somit einen Rundkurs, auf dem regelmäßig Autorennen veranstaltet wurden. 1928 war sogar ein Raketenauto auf der AVUS unterwegs. Kurz nach dem Hauptbahnhof von **Potsdam** *[Weiterfahrt Richtung Magdeburg Nr. 14]* führt die Strecke über die Havel. Dabei haben Sie zur Rechten einen Blick auf die Gebäude am Alten Markt, dem historischen Zentrum der Stadt. Im Vordergrund erblicken Sie die Nikolaikirche mit ihrer imposanten Kuppel. Die Kirche wurde nach Plänen des Architekten Karl Friedrich Schinkel im Jahr 1837 fertiggestellt. Rechts sehen Sie im Hintergrund den Turm des Alten Rathauses. Auf der Kuppel befindet sich eine Figur aus der griechischen Mythologie, nämlich eine vergoldete Statue des Titans Atlas, der die Weltkugel trägt. Links schließt sich an den Schifffahrtsanleger der Lustgarten an, der um das Jahr 1660 beim damaligen Stadtschloss angelegt wurde. Links der Strecke fließt parallel die Havel durch mehrere Seen. Hinter dem Haltepunkt **Ferch-Lienewitz** erinnert auf der rechten Seite der Bahnlinie ein Kreuz an 80 000 Soldaten, die in den letzten Kriegstagen in den Wäldern um Ferch starben. Die Niederlage beim Versuch, hier den sowjetischen Belagerungsring um Berlin zu durchbrechen, soll schließlich den Selbstmord Hitlers und das Kriegsende

Am Rand des Hohen Flämings

Schloss Wiesenburg

ausgelöst haben. Die Landschaft wird nun ländlicher. Hinter **Belzig** erhebt sich rechtsseitig der Hagelberg, einer der höchsten Punkte in Brandenburg. In der Region gibt es zahlreiche alte Dorfkirchen, so auch zwischen Belzig und Wiesenburg zur Rechten in Borne. Diese Feldsteinkirche stammt aus dem 13. Jahrhundert, den charakteristischen Fachwerkturm erhielt die Kirche zu Beginn des 20. Jahrhunderts. Hinter **Wiesenburg** queren Sie die Grenze von Brandenburg zu Sachsen-Anhalt. Bald darauf sehen Sie rechts eine weitere Feldsteinkirche kurz vor Roßlau. Die Dorfkirche von Mühlstedt geht ebenfalls auf das 13. Jahrhundert zurück. Bei der Einfahrt nach **Dessau** liegt links der Strecke direkt an der Bahnlinie der Neubau des Umweltbundesamtes. Seit 2005 hat die Umweltbehörde hier ihren Sitz. Das markante Gebäude mit einer Fassade aus Holz und Glas wurde nach ökologischen Gesichtspunkten gebaut. Hier wird auch das Umweltzeichen „Blauer Engel" für umweltfreundliche Produkte und Dienstleistungen vergeben. Kurz darauf sehen Sie ebenfalls zur Linken den monumentalen Bau des Anhaltischen Theaters. Der Bau wurde 1938 von Adolf Hitler und Joseph Goebbels als eines der größten deutschen Theater mit dem „Freischütz" eröffnet. Durch die Auenlandschaft an der Mulde führt die Strecke weiter nach **Bitterfeld** *[Weiterfahrt Richtung Halle und Wittenberg Nr. 22]*. Kurz darauf erscheint linker Hand ein Turm, der eher an eine Burg erinnert, tatsächlich aber zur Dorfkirche von Petersroda gehört. Sie fahren jetzt durch das ehemalige Tagebaugebiet Goitzsche und erreichen im Anschluss Leipzig *[Weiterfahrt Richtung Leipzig oder Naumburg Nr. 25, Halle Nr. 11]*.

Trebitz am Rande des Naturparks Hoher Fläming

Zahlreiche Havelseen prägen die Fahrt bei Potsdam

Streckendetails:
KBS 251 (Leipzig – Dessau),
207 (Dessau – Seddin),
209.22 (Seddin – Potsdam),
201 (Potsdam – Berlin)
Strecke elektrifiziert und zweigleisig
Gesamt 181 km
Leipzig 32 km Bitterfeld 26 km Dessau 95 km
Potsdam 9 km Berlin Wannsee 19 km Berlin

Nikolaikirche in Potsdam

Tiergartenschleuse am Landwehrkanal in Berlin

Berlin – Weißenfels 22

über Lutherstadt Wittenberg, Bitterfeld, Halle

Anhalter Bahn (Berlin – Halle), Thüringer Bahn (Halle – Weißenfels)

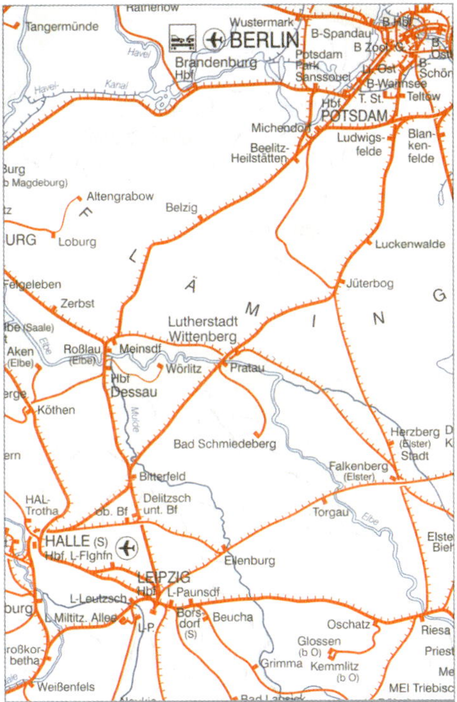

Das Urheberrecht an den Kartendaten liegt bei der DB Netz AG, I.NVT 5 (K)

Die Strecke verläuft von Berlin zunächst durch Brandenburg gen Süden. Zwischen Jüterbog und der Lutherstadt Wittenberg führt sie dabei durch den Fläming, ein Höhenzug, der sich bis zu 200 Meter über dem Meeresspiegel aus der Norddeutschen Tiefebene erhebt. Er besteht aus eiszeitlichen Ablagerungen wie Kies, Sand, Lehm und Gestein. Seinen Namen verdankt der Fläming Albrecht von Ballenstedt (etwa 1100 – 1170), auch Albrecht der Bär genannt. Dieser hatte die Mark Brandenburg von den Slawen zurückerobert und begonnen, die Gebiete zu besiedeln. Dazu warb er neben holländischen und rheinischen Siedlern auch flämische Siedler an. Die Flamen machten das Land urbar und brachten die christliche Kultur in die Region. Im weiteren Verlauf führt die Strecke zwischen Gräfenhainichen und Bitterfeld durch die Dübener Heide, eine Landschaft mit zwei Gesichtern. Zum einen ausgedehnte Waldflächen in einem Naturpark, zum anderen eine vom Braunkohle-Tagebau zerfressene Landschaft, die heute renaturiert wird. Mit Bitterfeld, Halle und Merseburg quert die Strecke dann das so genannte Chemiedreieck. Die mitteldeutsche Region ist seit dem Ende des 19. Jahrhunderts ein Mittelpunkt der chemischen Industrie. So errichtete BASF 1916 in Leuna ein Werk zur Herstellung von Ammoniak. Da Ammoniak nicht nur für Dünger, sondern auch für die Produktion von Sprengstoff benötigt wird, wurde ein Standort in Mitteldeutschland in Kriegszeiten sicherer gewähnt als beim Stammwerk im grenznahen Ludwigshafen. Zu DDR-Zeiten wurde im Chemiedreieck etwa ein Drittel aller Chemieerzeugnisse des Landes produziert, wobei die zuletzt maroden Anlagen eine hohe Belastung für Mensch und Umwelt bedeuteten. Dies brachte der Gegend auch den wenig schmeichelhaften Titel der dreckigsten Region Europas ein. Mit dem Ende der DDR hat die Region ihr Gesicht deutlich verändert, etwa durch umfassende Rekultivierungsmaßnahmen – allerdings zum Preis des Verlustes vieler industrieller Arbeitsplätze. Von Halle folgt die Strecke der Saale bis nach Weißenfels.

Berlin – Weißenfels

Nach dem Start im Tiefgeschoss des **Berliner Hauptbahnhofs** fahren Sie im Nord-Süd-Tunnel unter der Spree und dem **Regierungsviertel** hindurch. Knapp über Ihnen ist jetzt die Schweizer Botschaft, etwas rechts das Bundeskanzleramt und linksseitig das Reichstagsgebäude. Unter dem Tiergarten geht es unterirdisch weiter zum Potsdamer Platz, wo nach der Wende in wenigen Jahren ein neuer Berliner Stadtteil entstanden ist, der von modernen Bauten in Stahl und Glas geprägt ist. Nach dem Halt im Bahnhof **Südkreuz** verlässt die Strecke bald Berlin in Richtung Brandenburg. In **Ludwigsfelde** liegt rechter Hand der Strecke ein Werk von ThyssenKrupp. Hier werden verschiedene Teile für die Automobilindustrie wie Türen, Motorhauben oder Kotflügel gefertigt. Ludwigsfelde ist seit 1936 ein Standort der Motorenfabrikation, zunächst baute Daimler-Benz hier Flugzeugmotoren, später fertigten die VEB Automobilwerke in Ludwigsfelde Motorroller und LKW. Die Fahrt nach Wittenberg führt Sie nun durch die Landschaft des Flämings. Rechts liegt der Hohe Fläming, linkerseits der Niedere Fläming. Hinter dem Bahnhof von **Wittenberg** haben Sie zur Rechten einen Blick auf die Lutherstadt mit den beiden bekannten Kirchen, die zum UNESCO-Weltkulturerbe gehören. In der Stadtkirche mit den Doppeltürmen predigte einst der Reformator Martin Luther. Sie ist das älteste Gebäude der Stadt und geht auf das 13. Jahrhundert zurück. Links davon erblicken Sie den Turm der Schlosskirche. Am Hauptportal der Schlosskirche hat Martin Luther am 31. Oktober 1517 seine 95 Thesen angeschlagen. Die Thesen, mit denen er den Ablasshandel der katholischen Kirche, also den Südenerlass gegen Geld, kritisierte, gelten als Auslöser der Reformation. Auf der Fahrt nach Bitterfeld kommen Sie durch die **Mitteldeutsche Seenlandschaft**, die größtenteils künstlich in einem ehemaligen Braunkohlerevier entsteht. Dazu gehört auch der Muldestau zur Linken, den Fluss Mulde überqueren Sie kurz darauf. Über **Bitterfeld** *[Weiterfahrt Richtung Leipzig oder Dessau Nr. 21]* und **Halle** *[Weiterfahrt Richtung Leipzig und Magdeburg Nr. 11]* kommen Sie nun nach **Merseburg**. Links über der Stadt auf dem Schlossberg sehen Sie die Türme des Dom-Schlossensembles. Im Jahr 1015 wurde dort der Grundstein für einen neuen Dom gelegt, im 13. Jahrhundert kam ein erstes Bischofsschloss hinzu. Später wurde die Anlage im Stil der Spätrenaissance umge-

Fahrt über den Niederen Fläming

Bockwindmühle bei Mellnsdorf

baut. Kurz darauf erscheint ebenfalls auf der linken Seite am Gotthardteich ein sonderbares Bauwerk. Es handelt sich um die Ruine der Stiftskirche St. Sixti, die seit der Zerstörung im Dreißigjährigen Krieg nicht mehr aufgebaut wurde. Stattdessen wurde der Turm im 19. Jahrhundert als Wasserturm zweckentfremdet. Bei Großkorbetha kommt dann von links die Strecke aus Leipzig hinzu *[Weiterfahrt Nr. 25]*.

Weißenfels – Berlin

Von Weißenfels bis Großkorbetha folgt die Strecke der Verbindung nach Leipzig *[Nr. 25]*. Beiderseits der Strecke sind nun bald die Industrieanlagen des Chemiestandorts **Leuna** zu sehen, auf dem sich zahlreiche namhafte Unternehmen angesiedelt haben. Über tausend Hektar umfasst das gesamte Areal der ehemaligen VEB Leuna-Werke „Walter Ulbricht". Auch bei Dunkelheit können Sie die imposanten Industrieanlagen kaum übersehen, allein die TOTAL-Raffinerie besitzt rund 14 000 Lichtquellen. Besonders eindrucksvoll ist nachts die weit sichtbare Fackel in 142 Metern Höhe auf der rechten Seite, die ebenfalls zur Raffinerie gehört. Durch etwa 700 Kilometer Rohrleitungen fließen hier jährlich rund 11 Millionen Tonnen Rohöl. Hinter Merseburg überquert die Strecke die Saale und erreicht im Anschluss **Halle** *[Weiterfahrt Richtung Leipzig oder Magdeburg Nr. 11]*. Auf der Fahrt durch die **Leipziger Tieflandsbucht** fahren Sie zwischen Halle und Bitterfeld hinter dem Ort Brehna für einen kurzen Augenblick über sächsisches Gebiet. Hinter **Bitterfeld** *[Weiterfahrt Richtung Leipzig oder Dessau Nr. 21]* erreichen Sie nun die **Dübener Heide.** Die Hügellandschaft wurde von eiszeitlichen Endmoränen geprägt und ist seit 1992 ein Naturpark. Sie ist eines der größten Waldgebiete in Mitteldeutschland. Zur Linken liegt nun die Stadt **Gräfenhainichen.** Neben dem massigen Wasserturm nimmt sich der Turm der Stadtkirche Sankt Marien geradezu zierlich aus. Während des Dreißigjährigen Krieges wüteten die Schweden in der Stadt und zerstörten auch die romanische Kirche. Sie wurde um 1660 wieder aufgebaut, der Turm kam erst im Jahr 1868 dazu. Vor den Toren von Lutherstadt **Wittenberg** überqueren Sie dann die Elbe. Neben dem Güterverkehr wird der Fluss zunehmend auch touristisch genutzt, so ist Wittenberg eine Zwischenstation von Flusskreuzfahrten zwischen Hamburg und Prag. Wenn Sie dann linker Hand eine freistehende Mühle erblicken,

Wittenberg mit Schloss- und Stadtkirche

Elbe bei Wittenberg

haben Sie die Grenze von Sachsen-Anhalt zu Brandenburg überquert. Bei der Mühle handelt es sich übrigens um eine Bockwindmühle. Dies ist der älteste Windmühlentyp, der früher in Deutschland weit verbreitet war, dann aber von Holländermühlen verdrängt wurde. Das gesamte Mühlengebäude ist drehbar und wird vom „Bock“, dem Unterbau, getragen. Auf halber Strecke zwischen Wittenberg und Berlin folgt dann **Luckenwalde**, wo Sie rechtsseitig die Doppeltürme der St. Joseph-Kirche sehen. Die Kirche wurde 1914 eingeweiht, nachdem die Stadt durch die zunehmende Industrialisierung einen Aufschwung erfuhr und die Kapelle der katholische Gemeinde bald zu klein war. Vor den Toren Berlins führt die Strecke über die Hochfläche des **Teltow**, die eiszeitlichen Ursprungs ist. Nach dem Halt in Berlin Südkreuz verschwindet der Zug dann im Tunnel und erreicht unterirdisch den **Berliner Hauptbahnhof** *[Weiterfahrt Richtung Potsdam Nr. 21, Stendal Nr. 15, Wittenberge 10, Rostock Nr. 12, Angermünde Nr. 13, Frankfurt (Oder) Nr. 16, Cottbus Nr. 24, Elsterwerda Nr. 23]*.

Streckendetails:
KBS 250 (Berlin – Halle),
581 (Halle – Weißenfels)
Strecke elektrifiziert und zweigleisig.
Gesamt 197 km
Berlin Hbf (tief) 8 km Berlin Südkreuz 90 km Lutherstadt Wittenberg 37 km Bitterfeld 30 km Halle 32 km Weißenfels

Am Rand der Dübener Heide

Chemiestandort Leuna

Berlin – Bad Schandau 23

über Elsterwerda, Dresden

Von Berlin führt die Strecke zunächst durch das Baruther Urstromtal. Das Tal erstreckt sich vom Spreewald bis zum Havelland, es entstand vor rund 15 000 Jahren durch das Schmelzwasser der Weichsel-Eiszeit. Geprägt war das Urstromtal lange Zeit von Niedermooren, Feuchtgebieten und Auwäldern, heute sind große Teile des Niederungsgebiets jedoch trocken gelegt und werden landwirtschaftlich genutzt. Die Reise verläuft durch Brandenburg und erreicht südlich von Elsterwerda die Grenze zu Sachsen. Dabei durchquert die Linie die Niederlausitz sowie die Heidelandschaft des gleichnamigen Naturparks. Neben eiszeitlichen Einflüssen wurde diese Landschaft auch vom Menschen geprägt, zunächst durch Waldrodungen und den Abbau von Torf, später durch den Braunkohlentagebau. Über Dresden führt die Strecke weiter in den Elbtalkessel. Da hier zu DDR-Zeiten der Empfang von Westfernsehen kaum möglich war, wurde die Gegend auch „Tal der Ahnungslosen" genannt. Von Dresden bis zur tschechischen Grenze verlaufen die Gleise entlang der Elbe durch die Sächsische Schweiz, den deutschen Teil des Elbsandsteingebirges. Während der Kreidezeit flutete hier noch ein Meer, in das Flüsse Sand und andere Materialen eintrugen. Aus diesen Ablagerungen bildete sich im Laufe der Zeit eine Sandsteinschicht, die durch den Druck des Wassers verfestigt wurde. Nach dem Zurückweichen des Meeres entstanden durch Bewegungen der Erdkruste Brüche in der Sandsteinplatte, zudem gruben Flüsse Täler in den Sandstein. Wasser und Wind veränderten die Landschaft weiter und schufen die

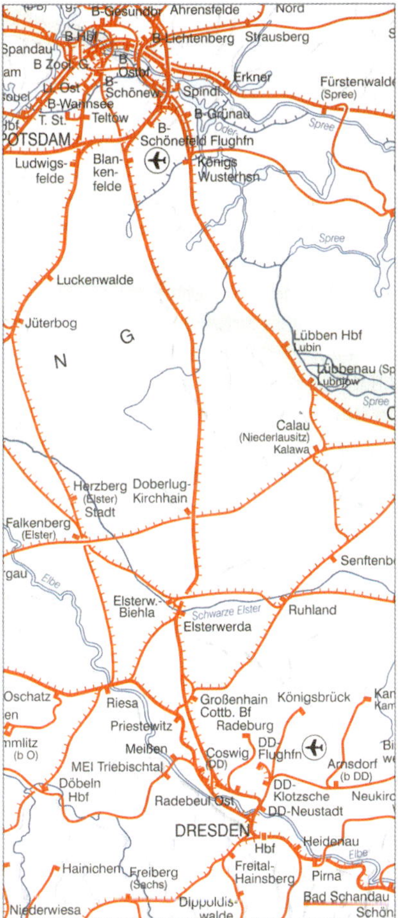

Das Urheberrecht an den Kartendaten liegt bei der DB Netz AG, I.NVT 5 (K)

heute für das Gebiet charakteristischen Felsformationen wie Tafelberge und Felsnadeln.

23

Berlin – Bad Schandau

Vom Berliner Hauptbahnhof folgt die Strecke zunächst der Verbindung in Richtung Wittenberg *[Nr. 22]* und zweigt anschließend südlich von Großbeeren nach Osten ab. Hinter Zossen fahren Sie links durch den Ortsteil **Wünsdorf** mit der Waldstadt. Im Jahr 1909 wurde hier ein Truppenübungsplatz errichtet, der während des Ersten Weltkriegs als Kriegsgefangenenlager diente. Nach dem Zweiten Weltkrieg befand sich hier das Oberkommando der Westgruppe der Sowjetischen Streitkräfte. Das Sperrgebiet beherbergte damals bis zu 60 000 Armeeangehörige mit ihren Familien. Seit dem Abzug der Truppen 1994 ist die ehemalige Garnissionsstadt wieder öffentlich zugänglich und wird zivil genutzt. In **Baruth** passieren Sie dann zur Linken ein großes Sägewerk, in dem jährlich rund 1,3 Millionen Festmeter heimischer Kiefer verarbeitet werden. Nun wird die Landschaft leicht hügelig, denn Sie passieren den **Niederlausitzer Landrücken**. Der nächste größere Bahnhof ist **Luckau-Uckro**. Luckau selbst, die ehemalige Hauptstadt der Niederlausitz, liegt einige Kilometer weiter östlich. Hier im Ortsteil Uckro sehen Sie linksseitig eine Feldsteinkirche aus dem 14. Jahrhundert. Der Fachwerkaufsatz des Turms kam später hinzu. Über Elsterwerda kommen Sie nach **Großenhain**, wo sich auf der linken Seite der Turm der spätbarocken Marienkirche erhebt. Rechts in der Ferne ist nun bald schon die parallel verlaufende Bahnlinie aus Leipzig zu sehen. Beide Strecken treffen bei **Radebeul** aufeinander. Links über der Stadt grüßt der massige Wasserturm, ebenso ist auch das Spitzhaus hoch über den Weinbergen der Lößnitz zu entdecken. Seit der Fertigstellung im Jahr 1622 zählten auch zahlreiche Kaiser und Könige zu den Gästen des Spitzhauses. Nach dem Halt in **Dresden-Neustadt** haben Sie bei der Fahrt über die Elbe zur Linken einen Blick auf die berühmtesten Bauwerke der Stadt. Diese Perspektive von „Elbflorenz" ist auch als **Canaletto-Blick** bekannt. Ganz links hinter der historischen Augustusbrücke erblicken Sie die Kuppel der Kunstakademie, rechts daneben das helle Gebäude der Sekundogenitur. Dahinter erhebt sich der symbolträchtige Bau der Frauenkirche. Der im 18. Jahrhundert errichtete Barockbau zählt zu den bedeutendsten protestantischen Kirchen und hat die größte steinerne Kuppel in Mitteleuropa. Nach der Zerstörung im Zweiten Weltkrieg wurde die Kirche nach der Wende unter Verwendung von über 8 000 Original-

Fahrt durch das Baruther Urstromtal

Weinberge bei Radebeul

steinen wiederaufgebaut, finanziert zu einem großen Teil aus Spenden. Rechts davon steht die ehemalige katholische Hofkirche. Daran schließt sich das Residenzschloss an. Der bedeutende Renaissancebau entstand zwischen dem 13. und 16. Jahrhundert aus einer romanischen Burganlage. Den Abschluss bildet die Semperoper ganz rechts, wobei die der Elbe zugewandte Rückseite kaum mit der prachtvollen und bekannten Fassade mithalten kann *[in Dresden Weiterfahrt Richtung Nürnberg Nr. 31]*. Mit **Pirna** erreicht die Strecke nun das **Elbsandsteingebirge**. Rechter Hand sehen Sie zunächst den Rathausturm. Das Rathaus entstand aus einem mittelalterlichen Kaufhaus und erhielt im 18. Jahrhundert seinen barocken Turm. Darauf folgt die Marienkirche mit ihrem gewaltigen Dach. Die spätgotische Kirche wurde im 16. Jahrhundert errichtet und besitzt einen interessanten Innenraum, der schon von Goethe bestaunt wurde. Hoch über dem anderen Elbufer können Sie bald darauf bei **Rathen** die bekannte Felsformation der **Bastei** mit der Basteibrücke sehen. Die Sandsteinbrücke wurde im Jahr 1851 erbaut und machte die Bastei zu einer Touristenattraktion, von der sich sowohl ein Blick auf die knapp 200 Meter tiefer fließende Elbe und das Elbtal als auch auf bizarre Felsformationen bietet. Die Elbe fließt nun in einem weiten Bogen um den Berg Lilienstein am gegenüberliegenden Ufer. In dieser weiten Kurve können Sie beim Blick nach links vorne schon die **Festung Königstein** sehen. Diese Bergfestung ging aus einer mittelalterlichen Burg hervor und wurde im 16. Jahrhundert zu einer der größten Festungsanlagen in Deutschland ausgebaut. Sie war auch als sächsisches Staatsgefängnis gefürchtet und diente während verschiedener Kriege als sicheres Lager für Kunstschätze etwa aus dem Grünen Gewölbe in Dresden. Am Ortsende von **Bad Schandau** erblicken Sie dann jenseits der Elbe eine Art Turmkonstruktion. Es handelt sich dabei um einen freistehenden Personenaufzug. Der Aufzug wurde 1904 von einem Hotelier erbaut, damit die Gäste die höhergelegenen Gebäude auf der so genannten Ostrauer Scheibe leichter erreichen konnten. Der Aufzug ist noch immer im Betrieb und steht mittlerweile unter Denkmalschutz. Die Strecke führt nun weiter durch Decínské Steny, den tschechischen Teil des Elbsandsteingebirges.

Der „Canaletto-Blick“ auf Dresden

Elbe in Dresden

Bad Schandau – Berlin

Die internationalen Züge aus Wien, Budapest und Prag überqueren vor Schöna die deutsch-tschechische Grenze. Die Grenze verläuft hier für ein Stück in der Elbe bzw. der Labe, wie der Fluss in Tschechien heißt. Während Sie bereits in Deutschland sind, ist das gegenüberliegende Ufer rechts noch tschechisch. Ebenfalls zur Rechten sehen Sie dann hinter Schöna die **Schrammsteine**. Die zerklüftete Felsgruppe mit ihren urförmigen Felsformationen lockt neben Wanderern auch viele Kletterfreunde an. In **Bad Schandau**, das beiderseits der Elbe liegt, erblicken Sie anschließend im Zentrum auf der rechten Seite des Flusses die Johanniskirche. Die spätgotische Kirche wurde im 15. Jahrhundert vollendet, die barocke Turmhaube kam später im 18. Jahrhundert nach einem Stadtbrand hinzu. Auch die Stadtkirche von **Königstein**, die Sie wenig später auf der linken Seite sehen, wurde im Jahr 1810 durch einen Stadtbrand zerstört und dann außen wieder im Barockstil aufgebaut, für den Innenraum entschied man sich jedoch für den Klassizismus. Auf der Fahrt durch das **Elbtal** begegnen Ihnen mitunter auch die Raddampfer der Weißen Flotte aus Dresden. Die Flotte der Sächsischen Dampfschifffahrt ist die älteste und größte Raddampferflotte der Welt. Der älteste der neun historischen Raddampfer ist etwa 130 Jahre alt. Bei **Pirna** weitet sich nun das Elbtal. Links über der Stadt sehen Sie das **Schloss Sonnenstein**. Die ehemalige Burg- und Festungsanlage wurde ab dem 18. Jahrhundert als Heilanstalt genutzt. In den Jahren 1940-41 wurde die Anstalt für das Euthanasieprogramm der Nazis missbraucht, etwa 15 000 Menschen wurden dort Opfer organisierter Krankenmorde. Bei der Einfahrt nach **Dresden** passieren Sie anschließend die zu Beginn des 20. Jahrhunderts erbaute Christuskirche. Die Jugendstilkirche ist unverwechselbar, denn sie ist die einzige Kirche in Dresden, die Doppeltürme besitzt. Direkt am Bahnhof erblicken Sie dann rechtsseitig in der Innenstadt die Türme des Neuen Rathauses und der Kreuzkirche. Die goldene Figur auf dem Rathausturm stellt Herkules dar. Links davon liegt die Kreuzkirche, die evangelische Hauptkirche Dresdens. Die Kirche ist seit mehr als 700 Jahren Heimat des Kreuzchores, der zu den renommiertesten Knabenchöre der Welt zählt. Hinter dem Bahnhof *[Weiterfahrt Richtung Nürnberg Nr. 31]* liegt zur Linken der Strecke ein orientalisch anmutendes Gebäude. Es handelt

„Prager Spitze" in Dresden, im Hintergrund die Kreuzkirche

Die Bastei bei Rathen

sich jedoch um keine Moschee, sondern um die ehemalige Zigarettenfirma Yenidze. In dem „Minarett“ verbirgt sich übrigens der Fabrikschornstein, die Kuppel beherbergt eine Gaststätte, von wo aus die Gäste einen weiten Blick über die Stadt haben. Sie fahren nun über die Elbe in die Neustadt, wo Sie rechts im Zentrum den Turm der Dreikönigskirche sehen. Von 1990 bis zur Fertigstellung des neuen Plenarsaals tagte der sächsische Landtag in diesem Kirchengebäude. Rechter Hand sind dann bald schon die Weinberge des als „sächsischen Nizza“ bekannten **Radebeuls** zu erkennen. Etwas erhöht sehen Sie auch das Belvedere im Schlosspark Wackerbarth, das zum Sächsischen Staatsweingut gehört. Am heutigen Bahnof Radebeul-West im Stadtteil Kötzschenbroda ließ einst Bully Buhlan seinen 50er-Jahre-Hit „Kötzschenbroda-Express“ starten. Nun teilt sich die Strecke und die Linie Richtung Leipzig *[Nr. 25]* zweigt ab. Durch die **Großenhainer Pflege**, so der Name dieser Region, führt Sie die Strecke nach **Elsterwerda**, benannt nach dem Fluss Schwarze Elster, den Sie vor dem Bahnhof überqueren. Der nächste größere Ort ist **Doberlug-Kirchhain**, wo zur Rechten das Röhrenwerk von Hume liegt. Dieses Werk geht auf den englische Ingenieur Hume zurück, der 1913 ein neues Verfahren entwickelte, um Wasserrohre herzustellen. Das Werk in Doberlug-Kirchhain wurde zehn Jahre später errichtet, um Rohre für die Berliner Wasserversorgung zu produzieren. Kurz darauf folgt ebenfalls rechts das Dorf **Frankena**, wo der wuchtige Turm der Pantaleonskirche auffällt. Der Bau stammt aus dem 13. Jahrhundert und ist einer ältesten der Region. Eine ähnliche alte Kirche sehen Sie etwas später in **Drahnsdorf** linkerseits. Die Kirche wurde im 14. Jahrhundert aus Findlingen erbaut. Kurz darauf ist auf der rechten Seite in der Ferne ein weiterer Turm zu sehen. Er erinnert an einen Kirchturm, tatsächlich handelt es sich jedoch um das neugotische Rathaus von **Golßen**, das seit 1906 die Silhouette der Stadt prägt. Die Strecke führt nun durch das Baruther Urstromtal nach **Zossen**, wo Sie den Nottekanal überqueren. Der Kanal hat seine einstmals wirtschaftliche Bedeutung für die Versorgung Berlins längst verloren. Über den Berliner Außenring trifft die Strecke auf die Verbindung aus Leipzig und führt auf dieser Strecke zum Berliner Hauptbahnhof *[Weiterfahrt Nr. 22]*.

Dampfer der Sächsischen Dampfschifffahrt auf der Elbe

Festung Königstein

23

Streckendetails:
KBS 240 (Berlin – Dresden),
241.1 (Dresden – Bad Schandau)
Strecke elektrifiziert und zweigleisig.
Gesamt 225 km
Berlin Hbf (tief) 8 km Berlin Südkreuz 100 km
Doberlug-Kirchhain 20 km Elsterwerda 53 km
Dresden-Neustadt 4 km Dresden 40 km
Bad Schandau

Bad Schandau mit der Johanniskirche

In Tschechien ist aus der Elbe die Labe geworden

Berlin – Forst 24

über Cottbus

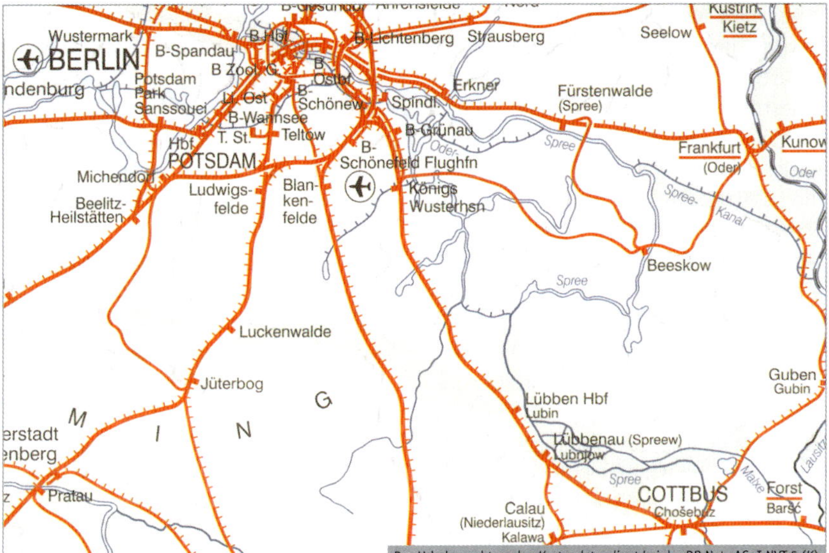

Von Berlin führt Sie die Reise zunächst in das Zentrum des Spreewalds. Die Spree bildet hier ein Binnendelta mit einem weit verzweigten Netz von Flussarmen und Kanälen, die als Wasserwege genutzt werden. Die traditionellen Fortbewegungsmittel sind flache Holzkähne, die heute jedoch hauptsächlich Touristen befördern. Die Kanäle und Fließe haben eine Gesamtlänge von etwa tausend Kilometern. Dazwischen erstrecken sich Auwälder, die zahlreiche bedrohte Tier- und Pflanzenarten wie Schwarzstörche oder Fischotter beherbergen. Die Region ist jedoch nicht nur als UNESCO-Biosphärenreservat bekannt, sondern machte sich nicht zuletzt durch die bekannten Spreewaldgurken auch als Gemüseanbaugebiet einen Namen. Im weiteren Verlauf passieren Sie die Lausitz, die sich über die Grenze bis nach Polen erstreckt. Der nördliche Teil wird als Niederlausitz bezeichnet. Die Lausitz ist die Heimat der Sorben. Das kleinste slawische Volk ist als nationale Minderheit in Deutschland anerkannt. So werden dem Besucher sicherlich zunächst die zweisprachigen Orts- und Straßenschilder in der Region auffallen. Etwa in Cottbus, das auf niedersorbisch Chosebuz heißt. Die Sorben oder auch Wenden pflegen nicht nur eine eigene Sprache, sondern auch Traditionen und Bräuche insbesondere zu christlichen Festen wie Ostern. Neben sorbischen Zeitungen und Radiosendungen gibt es auch das Sandmännchen im Zweikanalton auf sorbisch. Nach dem Halt in Forst führt die Strecke über die Neiße, den Grenzfluss zu Polen. Endpunkt der internationalen Strecke ist das polnische Krakow.

24

Berlin – Forst

Vom Berliner Hauptbahnhof führt die Strecke zunächst über die Stadtbahn *[Nr. 16]*, zweigt dann bei Berlin-Wulheide nach Süden ab und führt über das Grünauer Kreuz nach **Wildau**. Der Ort vor den Toren Berlins hat eine lange Tradition als Industriestandort. Rechts erblicken Sie die Industrieanlagen, in denen bereits vor über einhundert Jahren Schwermaschinen produziert wurden. Daraus hervorgegangen ist die heutige SMB, die hier im Bereich der Schwermechanik und im Sondermaschinenbau tätig ist. Ebenfalls angesiedelt wurde ein Zentrum für Luft- und Raumfahrt. In Wildau wurden in den 30er-Jahren Flugzeugteile für die Rüstungsproduktion gefertigt, heute dient das Zentrum als Standort für Forschung, Entwicklung und Produktion der Luft- und Raumfahrtindustrie. Etwas später kommen Sie durch den Ort **Halbe**, der zum Ende des Zweiten Weltkriegs Schauplatz des „Kessels von Halbe" war. Die Führung der deutschen Truppen, die von vorrückenden sowjetischen Streitkräften eingeschlossen worden waren, hatte ein Kapitulationsangebot abgelehnt und damit Kämpfe provoziert, die etwa 60 000 Todesopfer forderten. Linker Hand können Sie nun bald schon in der Ferne die gigantische ehemalige Cargolifter-Werfthalle sehen. Das **„Aerium"** wurde als größte stützenfreie Konstruktion der Welt im Jahr 2000 fertiggestellt und hat eine Höhe von 107 Metern. In der Halle sollten Großluftschiffe gebaut werden, die Lasten von bis 160 Tonnen Gewicht transportieren sollten. Das Unternehmen kam jedoch nicht über den Bau kleinerer Prototypen hinaus und musste im Jahr 2002 Insolvenz anmelden. Die Halle wurde dann von einem malaysische Konsortium übernommen und zu „Tropical Islands" umgebaut. Die Freizeitwelt lockt mit einem Tropendorf, einer balinesischen Lagune, einem Regenwald, 8 000 Quadratmetern weißem Sandstrand und der „Südsee" zahlreiche Besucher an. In **Lübbenau** sehen Sie dann auf der linken Seite neben dem Wasserturm auch den Turm der Sankt-Nikolai-Kirche. Die Kirche wurde in den Jahren 1738 bis 1741 im Stil des „Dresdener Barock" erbaut und ist damit ein bedeutendes Kirchenbauwerk der Region. Theodor Fontane nannte Lübbenau einst die heimliche Hauptstadt des Spreewaldes und auch heute ist der Ort Ziel zahlreicher Touristen, die von hier zu Kahnfahrten durch den Spreewald aufbrechen.

Überquerung der Spree in Berlin

Im Naturpark Dahme-Heideseen

Der **Spreewald** erstreckt sich zur Linken der Bahnlinie und hinter dem Bahnhof von **Cottbus** überqueren Sie dann die Spree selbst. Die Fahrt nach **Forst** führt nun am Südrand der Lausitzer Tagebaugebiete entlang. Die Braunkohleflöze liegen hier in 30 bis 90 Metern Tiefe und sind 8 bis 12 Meter mächtig. Etwa 20 Millionen Tonnen Rohbraunkohle werden in der Lausitz jährlich gefördert und in Energie umgewandelt. Hinter Forst quert die Strecke mit der Lausitzer Neiße die Grenze zu Polen.

Forst – Berlin

Aus dem polnischen Zasieki, das früher Berge hieß und einst ein Stadtteil von Forst war, kommen die Züge über die Lausitzer Neiße nach Forst. Die weitere Strecke führt Sie nun durch die **Niederlausitz**. Das Zentrum der Niederlausitz ist **Cottbus**, die zweitgrößte Stadt Brandenburgs. Das Heizkraftwerk, das Sie dort bei der Einfahrt recht sehen, zeugt von der Braunkohlegewinnung in der Region. Entlang des Spreewaldes führt die Strecke weiter in Richtung Norden nach **Oderin**, wo linksseitig die Dorfkirche aus dem Jahr 1666 grüßt. Kurz darauf überqueren Sie das Flüsschen Dahme, ein Nebenfluss der Spree. Sie fahren jetzt durch den **Naturpark Dahme-Heideseen**, in dem mehr als 100 Seen liegen. Aber auch große Waldflächen sowie Heiden und Dünen prägen die Region. Zum Dahme-Seengebiet gehört auch der Zeesener See, der die Strecke vor **Königs Wusterhausen** rechts säumt. Hinter Königs Wusterhausen kommen Sie durch **Wildau**, wo Sie links die Friedenskirche erblicken. Der Jugendstilbau wurde im Zuge eines durch Industrieansiedlungen ausgelösten Bevölkerungswachstums errichtet und 1911 geweiht. Rechter Hand liegt das 1906 erbaut Volkshaus mit einem markanten Turmaufsatz. Es wurde ursprünglich für Vereinsaktivitäten erbaut und während der DDR-Zeit für Jugendweihen und andere Feierlichkeiten genutzt, heute beherbergt es Verwaltung und kulturelle Veranstaltungen. Bald darauf überquert die Strecke den Teltowkanal. Links sehen Sie dann ein Werk der Berlin Chemie AG. Die Wurzeln des Unternehmens liegen in der Schering AG, nach der deutschen Teilung wurde daraus der VEB Berlin-Chemie, der zu den größten Pharmaunternehmen der DDR gehörte. Heute ist die AG Teil eines italienischen Pharmakonzerns und betreibt in Berlin sowohl Forschung

Die ehemalige Luftschiffhalle von Cargolifter

Fahrt durch die Niederlausitz

und Entwicklung als auch die Produktion von Arzneimitteln. Bald darauf führt die Strecke über die Spree. Über die genaue Zahl von Brücken in **Berlin** gibt es unterschiedliche Angaben, es sollen aber mehr Brücken als in Venedig sein. Die rechts parallel verlaufende Brücke ist Wilhelm Spindler gewidmet. Der Gründer eines Wäscherei- und Färberei-Unternehmens gilt als Wegbereiter der Chemischen Reinigung in Deutschland. Anschließend überqueren Sie die Gleise der Berliner Parkeisenbahn. Die Schmalspurbahn im damaligen Pionierpark „Ernst Thälmann“ wurde nach sowjetischem Vorbild 1956 als Kindereisenbahn erbaut, um die jungen Pioniere an den Eisenbahnbetrieb heranzuführen. Kinder und Jugendliche sollten dabei einen großen Teil des Betriebs übernehmen, vom Schaffner oder Schrankenwärter bis zum Fernmeldetechniker. Heute wird die Anlage von einer gemeinnützigen GmbH weiterbetrieben. Die Strecke trifft nun auf die Verbindung aus Frankfurt an der Oder und führt über die Stadtbahn *[Nr. 16]* zum Berliner Hauptbahnhof.

Streckendetails:
KBS 202 (Berlin – Cottbus),
209.46 (Cottbus – Forst)
Berlin – Cottbus elektrifiziert,
Cottbus – Forst nicht elektrifiziert;
Berlin – Lübbenau zweigleisig,
dann eingleisig.
Gesamt 147 km
Berlin Hbf 5 km Berlin Ostbahnhof 79 km Lübben 11 km Lübbenau 30 km Cottbus 22 km Forst

Die Spree bei Cottbus

Zweisprachige Bahnhofsschilder in der Lausitz

Fulda – Radebeul

über Erfurt, Naumburg, Leipzig, Riesa

Fuldatalbahn (Fulda – Bebra), Thüringer Bahn (Erfurt – Leipzig), Leipzig-Dresdner Eisenbahn

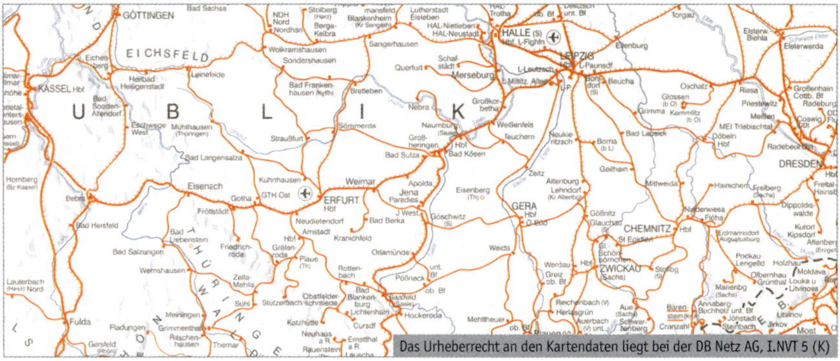

Die Strecke verläuft zunächst durch den Norden und Osten Hessens und folgt dann der Klassikerstraße quer durch Thüringen gen Osten. Nördlich des Thüringer Waldes führt Sie die Reise durch zahlreiche Städte mit großer kulturgeschichtlicher Bedeutung. Von Eisenach mit der Wartburg, wo einst Martin Luther das neue Testament übersetzte, gelangen Sie in die Landeshauptstadt Erfurt, an deren Universität Martin Luther und Johannes Gutenberg studierten. Mit Weimar erreichen Sie die Stadt von Goethe und Schiller. 1919 tagte hier die Nationalversammlung, aus der die Weimarer Republik hervorging. Seines Waldreichtums wegen gilt diese Region als Grünes Herz Deutschlands. Ab Weimar folgt die Strecke dem Flüsschen Ilm auf der Ilm-Saale-Platte, eine Landschaftsform, die von wasserarmen Hochflächen geprägt ist. An der Landesgrenze von Thüringen zu Sachsen-Anhalt mündet die Ilm in die Saale, die Sie nun auf den nächsten Kilometern begleitet. Mit Leipzig und Dresden verbindet die Strecke die beiden größten Städte Sachsens. Sowohl Thüringen als auch Sachsen sind „Freistaaten“. Der Begriff Freistaat wurde zu Beginn des 19. Jahrhunderts als deutsche Erwiderung auf die französische „Republik“ geprägt und steht für ein demokratisches Staatswesen. Die Wortschöpfung hat keine verfassungsrechtlichen Bedeutung, sondern wird von den Ländern Bayern, Sachsen und Thüringen allein aus traditionellen Gründen geführt. Etwa auf halber Strecke zwischen Leipzig und Dresden quert die Strecke anschließend die Elbe und folgt ihr bis Dresden.

25

Fulda – Radebeul

Von Fulda führt die Strecke durch das Tal des Flüsschens Haune nach Norden bis nach **Bad Hersfeld**, wo die Haune in die Fulda mündet. Konrad Zuse, der als Erfinder des Computers gilt, lebte und arbeitete im Haunetal. In Neukirchen gründete er 1949 die Zuse KG, die er später nach Bad Hersfeld verlegte. Ab Bad Hersfeld begleitet Sie nun die Fulda, die Sie zweimal überqueren. Sie umfahren im Anschluss Bebra *[Weiterfahrt Richtung Kassel Nr. 19]* und queren bis Eisenach gleich fünf Mal die Grenze zwischen Hessen und Thüringen. Während der Zeit der deutschen Teilung war diese Streckenführung äußerst problematisch und führte dazu, dass ein Korridorverkehr eingerichtet wurde. Später wurde seitens der DDR eine Umgehungsstrecke gebaut, um Fahrten über bundesdeutsches Gebiet zu vermeiden. Heute ist diese Umgehungsstrecke wieder abgebaut. Ein ehemaliger Grenzturm erinnert bei **Obersuhl** zur Linken an die innerdeutsche Grenze. Bald darauf ist zur Rechten die Werra zu sehen, die Sie nun ein Stück begleitet, bevor Sie den Fluss vor Eisenach überqueren. In **Eisenach** sehen Sie rechtsseitig den Turm der Nikolaikirche. Bis zur Reformation gehörte die um 1180 errichtete Basilika zu einem Benediktinerkloster. Über der Kirche thront auf den Ausläufern des Thüringer Waldes die Wartburg. Die Burg soll 1067 von Ludwig dem Springer gegründet worden sein. Die bekanntesten Bewohner der Burg waren Elisabeth von Thüringen, die heute als heilige Elisabeth verehrt wird, und Martin Luther. Der Reformator übersetzte im Schutz der Burg im Winter 1521/1522 das Neue Testament ins Deutsche. Seit 1999 gehört die Wartburg zum Weltkulturerbe. Vor **Erfurt** passieren Sie dann die im Bau befindliche Neubaustrecke nach Nürnberg, bis zu deren Fertigstellung noch einige Jahre vergehen werden. Die landwirtschaftlich geprägte Landschaft des **Thüringer Beckens**, das Sie auf der Fahrt nach Weimar streifen, gehört zu den fruchtbarsten Regionen Deutschlands. Durch das Tal der Ilm verläuft die Strecke weiter nach Osten. Etwa auf halbem Weg zwischen Weimar und Apolda sehen Sie dann rechts das **Gut Oßmannstedt**, zu dessen Besitzern einst der Dichter Christoph Martin Wieland gehörte. Zu den Besuchern von Wieland auf dem Gut zählten auch Goethe, Schiller und Herder, die zusammen das Weimarer Klassik-Viergestirn bildeten. Die Ilm mündet

Kirchenpärchen von Burghaun

Kalihalde im Werratal

bei **Großheringen** in die Saale, die Sie auf der weiteren Fahrt noch mehrmals überqueren werden. Rechts haben Sie eine Blick in das von Bundsandstein geprägte Tal der Saale, bevor nun zwei Burgen folgen. Zunächst erblicken Sie die beiden runden Türme der **Burg Saaleck**, die seit dem 12. Jahrhundert über die Saale wacht. Gleich darauf folgt die Ruine der **Rudelsburg** mit ihren mächtigen Mauern. Die Burg wurde um 1050 als Grenzbefestigung errichtet und im 19. Jahrhundert als Treffpunkt von Studentenverbindungen bekannt. Sie fahren nun durch die Region **Saale-Unstrut**, deren Weinberge sich links der Strecke erheben. Über Naumburg *[Weiterfahrt Richtung Nürnberg Nr. 30]* kommen Sie nach **Weißenfels**. Neben einem Blick in die Altstadt sehen Sie zur Rechten die gotische Marienkirche aus dem Jahr 1303, die 1718 einen barocken Turmaufbau erhielt. Gleich darauf taucht die frühbarocke Schlossanlage Neu-Augustusburg auf. Bei **Großkorbetha** zweigt nun die Strecke Richtung Halle *[Weiterfahrt Nr. 22]* ab. Sie queren jetzt die Grenze von Sachsen-Anhalt zu Sachsen und erreichen mit **Leipzig** Europas größten Kopfbahnhof *[Weiterfahrt Richtung Halle Nr. 11 oder Bitterfeld Nr. 21]*. Die weitere Fahrt durch die **Leipziger Tieflandsbucht** führt nun durch eher landwirtschaftlich geprägte Regionen. Bei Wurzen überqueren Sie den Fluss Mulde. Rechts ist dann bald der **Collmberg** mit Funk- und Aussichtsturm zu sehen, der sich mit 312 Höhenmetern über das Flachland erhebt. Kurz darauf folgen ebenfalls rechts die Türme der St. Aegidienkirche in **Oschatz**, deren Wurzeln bis ins 11. Jahrhundert reichen. Der nächste größere Ort ist **Riesa**. Von der Industriegeschichte der Stadt mit dem größten metallurgischen Kombinat der DDR zeugen noch die Elbe-Stahlwerke auf der linken Seite, die heute zur italienischen Feralpi-Gruppe gehören. Durch das **Elbtal** führt die Strecke nun nach Dresden. Dabei fahren Sie etwa auf halber Strecke zwischen Riesa und Dresden durch einen tiefen Einschnitt. 1837 wurde hier der erste deutsche Eisenbahntunnel gebaut, später jedoch wieder abgetragen. Links in der Ferne ist bald schon die Strecke aus Berlin zu sehen, die ein Stück weit parallel verläuft. Bei **Radebeul** vereinen sich die Strecken *[Weiterfahrt bis nach Dresden Nr. 23]*.

Ruine Brandenburg

Die Wartburg über Eisenach

Radebeul – Fulda

Von Dresden bis Radebeul teilt sich die Strecke die Gleise mit der Verbindung nach Berlin *[Nr. 23]*. Die Route verläuft östlich der Elbe, die Sie bei Riesa dann überqueren. Zuvor passieren Sie bei Nünchritz zur Linken ein Chemiewerk, das seit dem Beginn des 20. Jahrhunderts den Ort geprägt hat. Wacker Chemie stellt hier Silicone und andere Stoffe her. Von der Elbbrücke haben Sie dann linker Hand einen Blick auf **Riesa** mit dem mächtigen Turm der Trinitatiskirche. Die Kirche wurde Ende des 19. Jahrhunderts erbaut, um dem Wachstum der Stadt gerecht zu werden. In **Leipzig** grüßt dann linkerseits der „Weisheitszahn", wie das City-Hochhaus im Volksmund genannt wird. Nach dem Fahrtrichtungswechsel *[Weiterfahrt Richtung Halle Nr. 11 oder Bitterfeld Nr. 21]* erblicken Sie linksseitig einen der alten Gasometer der Stadt. Seit 1838 gibt es in Leipzig eine Gasversorgung, für die diese Gasspeicher benötigt wurden. Bei **Großkorbetha** kommt nun die Strecke aus Halle *[Nr. 22]* hinzu. Hinter Weißenfels erscheint anschließend rechtsseitig über der Saale das **Schloss Goseck**. An der Stelle einer frühmittelalterlichen Burg, die einst Stammsitz der sächsischen Pfalzgrafen war, wurde um 1050 ein Benediktinerkloster errichtet, das seit der Säkularisation als Rittergut genutzt wurde. Wenn die Strecke kurz darauf die Saale überquert, können Sie links über dem Flusstal die **Burgruine Schönburg** entdecken, die von den Naumburger Bischöfen als Residenz genutzt wurde. In **Naumburg** selbst sehen Sie zur Linken den Dom St. Peter und Paul, der mit seiner romanisch-gotischen Architektur als bedeutendes Bauwerk des Mittelalters gilt. Ebenfalls zu sehen ist die Stadtpfarrkirche St. Wenzel, die für ihre barocke Hildebrandt-Orgel berühmt ist. Wenig später passieren Sie links den kleinen Ort **Schulpforte**. In der ehemaligen mittelalterlichen Klosteranlage wurde im Zuge der Säkularisation 1543 von Kurfürst Moritz von Sachsen eine Landesschule gegründet, die heute als Internatsgymnasium des Landes Sachsen-Anhalt weiterbesteht. Vorbei am Gradierwerk in **Bad Kösen** linker Hand erreicht die Strecke Großheringen. Hier zweigt die Strecke Richtung Nürnberg *[Weiterfahrt Nr. 30]* ab, kurz darauf überqueren Sie die Grenze von Sachsen-Anhalt nach Thüringen. Entlang

Buchenwald-Denkmal auf dem Ettersberg

Burg Schönburg, einst Sitz der Bischöfe von Naumburg

der Ausläufer der Finne, eines Höhenzuges auf der rechten Seite, kommen Sie nach **Apolda**. Dort erblicken Sie auf der linken Seite den neugotischen Backsteinbau der Lutherkirche, die Ende des 19. Jahrhunderts errichtet wurde. Hinter Weimar können Sie zur Rechten in der Ferne auf dem **Ettersberg** ein weißes Denkmal ausmachen. Es erinnert an das Konzentrationslager Buchenwald, in dem von Juli 1937 bis April 1945 etwa 250 000 Menschen inhaftiert waren. Etwa 56 000 Menschen fanden in dem Arbeitslager den Tod. Etwa auf halbem Weg zwischen der Landeshauptstadt Erfurt und Gotha geraten dann links in der Ferne die **„Drei Gleichen"** ins Blickfeld. Es handelt sich dabei um drei benachbarte mittelalterliche Burgen, nämlich die Mühlburg, Burg Gleichen und die Veste Wachsenburg. In **Eisenach** passieren Sie im Anschluss das Opelwerk auf der rechten Seite. Der Automobilhersteller fertigt in seinem Thüringer Werk die Modelle Astra und Corsa. Kurz darauf kommen Sie durch den kleinen Ort Hörschel, der der nördliche Endpunkt des **Rennsteigs** ist. Der mittelalterliche Verbindungs- und Grenzweg durch den Thüringer Wald bis nach Franken ist heute ein beliebter Höhenwanderweg mit knapp 170 Kilometern Länge. Bei Herleshausen können Sie nun zur Linken über dem Werratal die **Ruine Brandenburg** sehen, die als besonders wehrhafte Doppelburg erbaut wurde. Zwischen den Mittelgebirgen Richelsdorfer Gebirge rechts und dem Seulingswald linkerseits führt die Strecke weiter in Richtung Bebra. Linksseitig in der Ferne zeugt eine Kalihalde von der über hundertjährigen Tradition des Kalibergbaus im mittlere Werratal. Kurz vor **Bebra** *[Weiterfahrt Richtung Kassel Nr. 19]* zweigt die Strecke nach Süden ab. Hinter Bad Hersfeld begleiten Sie linker Hand die Ausläufer der **Kuppenrhön**. Etwa auf halber Strecke zwischen Bad Hersfeld und Fulda sehen Sie dann rechter Hand direkt nebeneinander zwei Kirchen. Das Ensemble aus katholischer und evangelischer Kirche entstand während der Reformation. Bei **Fulda** trifft die Verbindung auf die Nord-Süd-Strecke *[Weiterfahrt Richtung Kassel, Frankfurt oder Würzburg Nr. 20]*.

Rudelsburg bei Bad Kösen

Saale in Bad Kösen, im Hintergrund das Gradierwerk

25

Streckendetails:
KBS 610 (Fulda – Bebra),
605 (Bebra – Erfurt),
580 (Erfurt – Naumburg),
581 (Naumburg – Weißenfels),
582 (Weißenfels – Leipzig),
500 (Leipzig – Dresden)
Strecke elektrifiziert und zweigleisig.
Gesamt 395 km
Fulda 42 km Bad Hersfeld 14 km Bebra 46 km Eisenach 29 km Gotha 28 km Erfurt 21 km Weimar 15 km Apolda 26 km Naumburg 14 km Weißenfels 40 km Leipzig 66 km Riesa 50 km Dresden-Neustadt 4 km Dresden

Schloss Gosek über dem Saaletal

Fahrt durch Getreidefelder zwischen Riesa und Dresden

Köln / Troisdorf – Koblenz 26

über Bonn

Linke und rechte Rheinstrecke

Das Urheberrecht an den Kartendaten liegt bei der DB Netz AG, I.NVT 5 (K)

Durch die Kölner Bucht führt Sie die Reise linksrheinisch zunächst in die Stadt Bonn, die von 1949 bis 1990 Hauptstadt der Bundesrepublik war und seither den Titel Bundesstadt trägt. Die Strecke zur Rechten des Rheins zweigt bei Troisdorf von der Schnellfahrstrecke nach Frankfurt ab und erreicht die rechtsrheinischen Stadtteile Bonns. Von Bonn verlaufen die Strecken durch das landschaftlich sehr reizvolle Durchbruchstal des Mittelrheins, der sich hier sein Bett durch das Rheinische Schiefergebirge grub. In dem teilweise engen Tal säumen Weinberge, Burgen und schmucke Orte die Route. Im Westen erstreckt sich die Eifel, im Osten liegen das Siebengebirge und der Westerwald. Die Strecken führen über weite Teile direkt am Rhein entlang, der zu Europas wichtigsten Wasserstraßen zählt. Etwa 70 000 Schiffe passieren den Mittelrhein im Jahr. Mit dem Vater Rhein verbunden sind seit jeher Mythen und Sagen. Dazu zählt auch das Nibelungenlied als bekanntestes deutsches Heldenepos. Eine der Nibelungenstädte ist Königswinter, das Richard Wagner in seiner Oper „Der Ring des Nibelungen" zum Schauplatz des Kampfes zwischen Siegfried und dem Drachen machte. Dort tötete Siegfried den Drachen und badet in dessen Blut, um Unsterblichkeit zu erlangen. Auch um viele der Burgen, die Ihre Reise durch das Rheintal begleiten, ranken sich Sagen und Legenden.

Rechtsrheinisch verkehrende Züge queren vor Koblenz den Rhein und treffen dort auf die linksrheinische Hauptstrecke, die bis zum Neubau der Schnellfahrstrecke zwischen Köln und Frankfurt die meistbefahrene Eisenbahnstrecke in Deutschland war. Die linksrheinische Strecke wird vorzugsweise von Personenzügen befahren, rechtsrheinisch dominieren Güterzüge.

26

Köln – Koblenz (linke Rheinstrecke)

Die Strecke verlässt den Kölner Hauptbahnhof Richtung Norden und führt in einem Halbbogen durch die Stadt. Bis Bonn begleitet Sie rechtsseitig der Höhenzug des **Vorgebirges**, der die Kölner Bucht begrenzt. In **Bonn** selbst sehen Sie vor dem Bahnhof zur Linken den Hauptturm der Münsterbasilika. Karl IV. wurde hier 1346 zum König gekrönt. **Bad Godesberg** markiert wenig später den Beginn des Rheintals. Rechter Hand erhebt sich die Burg Godesberg. Auf der gegenüberliegenden Rheinseite können Sie auf der linken Seite den **Petersberg** mit dem Gästehaus des Bundes erblicken. Zu den prominentesten Staatsgästen auf dem Petersberg gehörten Leonid Breschnew, Queen Elisabeth II., Michail Gorbatschow, Nelson Mandela, Jassir Arafat und Bill Clinton. Die letzte international bedeutende Zusammenkunft im Bundesgästehaus war die Afghanistan-Konferenz im Jahr 2001. Daneben sehen Sie den **Drachenfels** mit seiner Burgruine. Er gehört wie auch der Petersberg zum Siebengebirge und gilt als meistbestiegener Berg Deutschlands. Ein weiterer Superlativ folgt in **Andernach**. Die Strecke führt hier an der Stadtmauer entlang, zu der auch der Runde Turm gehört. Das Wahrzeichen der Stadt ist mit 56 Metern einer der höchsten mittelalterlichen Wehrtürme in Deutschland. Hinter dem Ort erscheint im Anschluss linkerseits das Werk der Rasselstein GmbH. Über 2 000 Mitarbeiter arbeiten bei dem einzigen deutschen Weißblechhersteller. In **Koblenz** quert die Strecke nun die Mosel, die hier in den Rhein mündet. Das **Deutsche Eck** an der Mündung lässt sich vom Zug aus jedoch nur erahnen, da eine weitere Moselbrücke den Blick verdeckt. Von der Moselbrücke aus sehen Sie linker Hand ein weißes Gebäude mit Türmen, die Alte Burg aus dem 13. Jahrhundert. Kurz darauf folgen die Doppeltürme der Herz-Jesu-Kirche. Rechts über dem Bahnhof von Koblenz erhebt sich das Fort Konstantin, eine Großfestung erbaut in den Jahren 1821 bis 1832 *[Weiterfahrt Richtung Trier Nr. 27, Mainz Nr. 32]*.

Koblenz – Köln (linke Rheinstrecke)

Kurz nachdem Sie den Bahnhof von Koblenz verlassen haben, können Sie von der Moselbrücke aus auf der rechten Seite die **Festung Ehrenbreitstein** erspähen, die sich 118 Meter über dem anderen Rheinufer erhebt. Das preußische Militär errichtete

Blick auf das Vorgebirge zwischen Köln und Bonn

„Parallelfahrt"

das Bollwerk in den Jahren 1817 bis 1828, heute ist die Festung Teil des UNESCO-Weltkulturerbes Oberes Mittelrheintal. Ein Bauwerk ganz anderer Art passieren Sie dann vor Andernach, nämlich das Kernkraftwerk **Mülheim-Kärlich**. Nach nur 100 Tagen Regelbetrieb wurde die Anlage 1988 wieder vom Netz genommen und ist derzeit im Rückbau. Hinter Sinzig überqueren Sie anschließend die Ahr, deren Tal insbesondere Wandertouristen und Freunden von Rotwein bekannt ist. Die Reise führt Sie weiter nach **Remagen**, wo Sie die romanische Pfarrkirche St. Peter und Paul aus dem 13. Jahrhundert erblicken. Zwischen Remagen und Bonn erreicht die Strecke Nordrhein-Westfahlen. In **Bonn** selbst sehen Sie zur Rechten den Posttower. Die Konzernzentrale der Deutschen Post World Net ragt 162,5 Meter in die Höhe und ist damit höher als der Kölner Dom, dessen Türme Sie bei der Einfahrt nach Köln rechts sehen *[Weiterfahrt Richtung Aachen Nr. 18, Düsseldorf Nr. 17, Wuppertal Nr. 4, Siegburg Nr. 28]*.

Troisdorf – Koblenz (rechte Rheinstrecke)

Bei Troisdorf zweigt die rechte Rheinstrecke von der Schnellfahrstrecke *[Nr. 28]* nach Süden ab und überquert kurz darauf die Sieg, die vom Rothaargebirge zum Rhein fließt. Sie erreichen anschließend die rechtsrheinischen Stadtteile von **Bonn**, die im Volksmund „schäl Sick“ genannt werden. Der rheinische Ausdruck steht für die falsche Seite und wird auch abwertend für das jeweils andere Flussufer benutzt. Rechter Hand passieren Sie schließlich die Zentrale von T-Mobile, von wo auch das internationale Geschäft des Mobilfunkbetreibers betreut wird. Am Fuße des Siebengebirges erreichen Sie **Bad Honnef**, wo ein weiterer internationaler Konzern vertreten ist. ABB stellt hier Leistungstransformatoren her, die in der Energiewirtschaft und der Industrie eingesetzt werden. Hinter Unkel sehen Sie auf der gegenüberliegenden Rheinseite den Ort **Remagen**. Auf der rechten Seite über dem Ort thront die Apollinariskirche. Die neugotische Kirche wurde in den Jahren 1839 bis 1842 vom damaligen Kölner Dombaumeister Ernst Friedrich Zwirner erbaut. Die Reliquien des heiligen Apollinaris in der Krypta machen die Kirche zum Ziel jährlicher Wallfahrten. Wenig später fahren Sie bei Erpel an den Brückentürmen der ehemaligen Ludendorff-Brücke vorbei. Auch im gegenüberliegenden

Der Runde Turm in Andernach

Blick auf die Festung Ehrenbreitenstein in Koblenz mit der Alten Burg

Remagen sind die Brückentürme zu sehen. Die Rheinbrücke war 1945 hart umkämpft und wurde nicht zuletzt durch den amerikanischen Spielfilm „Die Brücke von Remagen" bekannt. Deutschen Truppen hatten versucht, die Brücke vor den heranrückenden Amerikanern zu sprengen. Die Sprengung misslang jedoch und die Alliierten konnten die Brücke zehn Tage lang nutzen, bevor sie aufgrund der Schäden einstürzte. Vorbei an einem Chemiewerk der internationalen Solvay-Gruppe in **Bad Hönningen** und der Burg Rheineck auf den gegenüberliegenden Hügeln kommen Sie nach Rheinbrohl. Hier begann einst der obergermanisch-rätische **Limes**, der vom Rhein bis an die Donau reichte und als Grenze das römische Imperium vor den Germanen trennte. Während Sie entlang der Weinberge von Leutesdorf fahren, erblicken Sie am gegenüberliegenden Rheinufer **Andernach** mit dem Mariendom und dem Runden Turm. Das Rheintal weitet sich hier zum Neuwieder Becken. Über das Flüsschen Wied führt die Strecke nach Neuwied und quert kurz darauf den Rhein. Vor **Koblenz** trifft die Strecke auf die linksrheinische Verbindung *[s. oben]*.

Streckendetails:
KBS 470 (Köln – Koblenz linksrheinisch), 465 (Troisdorf – Koblenz rechtsrheinisch)
Strecken elektrifiziert und zweigleisig.
Gesamt Köln – Koblenz linksrheinisch 93 km
Gesamt Troisdorf- – Koblenz rechtsrheinisch 70 km
Köln 34 km Bonn 20 km Remagen 21 km Andernach 18 km Koblenz
Troisdorf 9 km Bonn-Beuel 61 km Koblenz

Apollinariskirche bei Remagen

Die Brückentürme der Brücke von Remagen

Trier – Koblenz 27

über Cochem
Moselstrecke

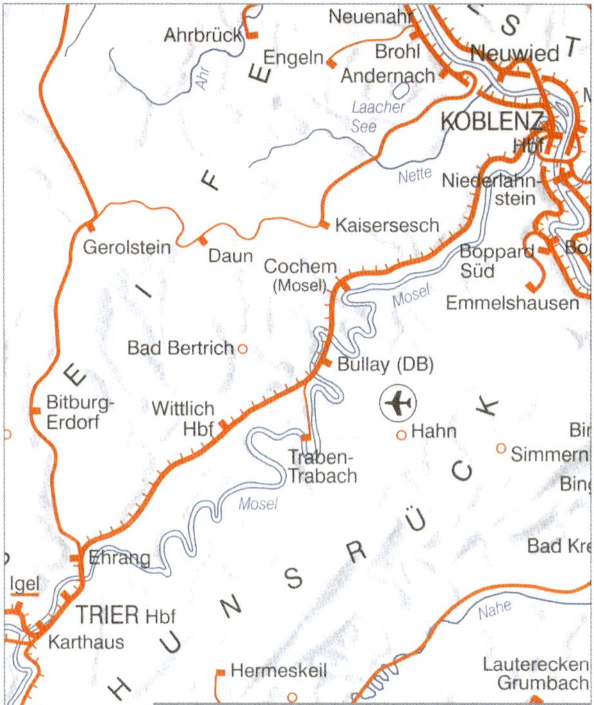

Die Strecke verläuft zunächst durch die Südeifel und folgt anschließend der Mosel, deren Tal die Grenze zwischen Eifel im Norden und Hunsrück im Süden bildet. Beide Mittelgebirge gehören zum Rheinischen Schiefergebirge. Im Lauf der Mosel auf ihrem über 500 Kilometer langen Weg von den Vogesen zum Rhein gibt es zahlreiche Mäander. Diese Flussschlingen entstehen, wenn der Flusslauf durch Ablagerungen oder Hindernisse abgelenkt wird. Das äußere Ufer einer solchen Biegung, der so genannte Prallhang, wird stärker ausgespült als der innere Gleithang und dehnt sich so immer weiter aus, bis sich irgendwann zwei Schleifen treffen und das Wasser wieder den kürzeren Weg nimmt. Im Rahmen von Flussbegradigungen wurden beispielsweise am Rhein die Mäander beseitigt. Auch die Mosel wurde zu einer Schifffahrtsstraße ausgebaut, deren Wasserstandsregulierung zahlreiche Schleusen notwendig macht. Die Mosel ist der größte Nebenfluss des Rheins. Geprägt wird die Region durch den Weinbau. An den Hängen beiderseits der Mosel werden hauptsächlich Rieslingreben angebaut. Die Strecke führt durch eine Reihe von Weindörfern, die zum Anbaugebiet Mosel-Saar-Ruwer gehören. Etliche Burgen thronen auf den Hängen über dem Moseltal. Während die Bahnstrecke ursprünglich aus militärischen Erwägungen als Kanonenbahn gebaut wurde, wird sie heute insbesondere im Herbst von Sonderzügen befahren, die im Volksmund „Säuferzüge" genannt werden. Trier und Koblenz zählen zu den ältesten deutschen Städten und können auf eine mehr als 2 000-jährige Geschichte zurückblicken, wobei Trier Anspruch auf den Titel der älteste Stadt Deutschlands erhebt.

27

Trier – Koblenz

Bei der Ausfahrt aus dem Hauptbahnhof Trier sehen Sie zur Linken die gelbe Kirche St. Paulin. Die Barockkirche steht auf einem Gräberfeld von Märtyrern der Thebäischen Legion. Zahlreiche Christen taten in dieser römischen Legion Dienst und fanden zum Ende des 3. Jahrhunderts den Tod, als die Legion beim Kaiser in Missgunst fiel. Bei **Wittlich** passieren Sie hinter dem Bahnhof linksseitig ein Werk des Lebensmittelkonzerns Dr.Oetker, in dem Tiefkühlpizzen produziert werden. Am Fuße des Kondelwaldes, einem Ausläufer der Eifel, führt Sie die Reise durch das **Kröver Reich**. Dieses war einst ein Königsgut des fränkischen Hauses der Karolinger. Bei Pünderich trifft die Strecke dann auf die Mosel. Während die Bahn einen kurzen Tunnel durchfährt, macht der Fluss hier eine weite Schleife und bildet eine Halbinsel, auf der Sie zur Rechten vorn das ehemalige **Kloster Marienburg** erkennen können. Das Kloster, das im Jahr 1157 erstmals erwähnt wurde, musste 1515 einer Festung weichen. Die Strecke begleitet nun für ein kurzes Stück rechtsseitig die Mosel. Am gegenüberliegenden Ufer sehen Sie den Ort **St. Aldegund** mit der weißen Bergkirche samt romanischem Turm. Bis zur Moselkanalisation hatte der Ort auch einen Flusshafen, der vormals ein wichtiger Weinumschlagplatz war. Der windungsreiche Flusslauf der Mosel bis Cochem erinnert an einen Haken und trägt deshalb den Namen „Cochemer Krampen“. Die Bahn kürzt diese Strecke durch einen weiteren Tunnel ab. Über dem Ort Klotten kurz nach Cochem erscheint links die **Burg Coraidelstein** mit ihrem romanischen Bergfried. Links der Strecke erheben sich Weinberge mit Steil- und Steilstlagen. Um die Hänge bewirtschaften zu können, sind zunehmend so genannte Monorackbahnen im Einsatz. Immer wieder erblicken Sie die Transportschienen am Hang, über die Personen und Lasten bis zu 100 Prozent Steigung transportiert werden können. Hinter dem Ort Moselkern führt die Strecke unter der **Burg Bischofstein** vorbei, die Sie gut an dem weißen Querstreifen am Bergfried erkennen können. In Kobern-Gondorf passieren Sie anschließend links **Schloss Liebieg**, dessen Wohnturm eine charakteristische rote Brüstung hat. Ritter Engelbertus de Guntravia hauste im 12. Jahrhundert in dem Turm. Kurz darauf sehen Sie rechtsseitig das

Fahrt durch die Wittlicher Senke

St. Aldegund mit der Bergkirche

Wasserschloss von der Leyen mit dem Straßendurchbruch. Auch dieser Bau geht auf den Ritter zurück. Der nächste Ort am gegenüberliegenden Ufer ist Lay, er gehört bereits zu Koblenz. Eine Autofähre führt hier über die Mosel. Der Wald, der sich über dem Ort erstreckt, reicht bis zum Rheintal hinüber. Die Strecke quert nun noch ein letztes Mal die Mosel und erreicht **Koblenz** *[Weiterfahrt Richtung Köln Nr. 26, Mainz Nr. 32]*.

Koblenz – Trier

Nach kurzer Fahrt durch das Stadtgebiet von Koblenz quert die Strecke das erste Mal die Mosel und folgt ihr nun flussaufwärts, vorbei rechts an den „Gülser Zahnstochern", den spitzen Doppeltürmen von St. Servatius. In 136 Metern Höhe überspannt wenig später die **Moseltalbrücke** das Flusstal. Die Autobahnbrücke der A 61 ist eine der größten Talbrücken Europas. Zahlreiche Weindörfer prägen nun die Strecke. Den Reigen der zahlreichen Burgruinen eröffnet Kobern-Gondorf, wo Sie rechter Hand über dem Ort die **Niederburg** sehen, die um 1195 erbaut wurde. Links darunter sehen Sie einen frei stehenden Glockenturm. Der romanische Turm aus dem 12. Jahrhundert ist eines der ältesten kirchlichen Gebäude der Region. Auf der anderen Moselseite folgt anschließend über dem Ort Alken **Burg Thurant** mit ihren zwei Türmen. Die Burg wurde sowohl von den Erzbischöfen von Köln als auch von Trier beansprucht und schließlich durch eine Trennmauer geteilt, wobei jede Hälfte einen eigenen Turm bekam. Vor **Treis-Karden** machen Mosel und Bahnstrecke eine Linkskurve, die Ihnen nach links vorne einen Blick auf die weißen Türme der ehemaligen Stiftskirche eröffnet. Die Kirche mit dem Beinamen „Moseldom" vereint romanische, gotische und barocke Stilelemente. Karden selbst wurde bereits im 4. Jahrhundert als eine der ersten christlichen Gemeinden an der unteren Mosel gegründet. Über dem gegenüberliegenden Ufer ist noch der Bergfried der ehemaligen Burg Treis zu sehen. Bevor die Strecke kurz hinter **Cochem** in dem über vier Kilometer langen Kaiser-Wilhelm-Tunnel verschwindet, können Sie auf der linken Seite vorne für einen kurzen Moment die **Reichsburg** über der Stadt erblicken. Sie wurde um das Jahr 1000 erbaut, im Pfälzischen Erbfolgekrieg 1689 von fran-

Burg Thurant über Alken mit ihren zwei Türmen

Schloss Liebieg in Kobern-Gondorf

zösischen Truppen zerstört und ab 1868 wieder aufgebaut. Vom Bahnhof **Bullay** aus sehen Sie auf der rechten Seite vorn ein in Deutschland einmaliges Brückenbauwerk. Auf der doppelstöckigen Stahlkonstruktion über die Mosel führt unten eine Straße und oben die Bahnlinie entlang. Nach kurzer Fahrt verlässt die Strecke anschließend den Fluss. Von Wittlich bis Trier verläuft die Bahnlinie durch die **Wittlicher Senke**, die linkerseits von den Moselbergen und rechts vom Höhenzug des Meulenwalds begrenzt wird. Hier im **Meulenwald** fand der tyrannische Bischof Milo von Trier 758 bei einem Jagdunfall den Tod. Er wurde in der Kirche von Ehrang beigesetzt. Der Legende nach soll sein Geist jedoch noch heute im Meulenwald spuken und Jägern als feuerrotes Pferd begegnen. Hinter Ehrang quert die Strecke nochmals die Mosel und erreicht den Hauptbahnhof von **Trier**. Direkt am Bahnhof sehen Sie zur Rechten die Rückseite der ehemaligen Reichsabteikirche St. Maxim. Die ursprüngliche Klosterkirche beherbergte nach der Säkularisation eine Kaserne und wird heute als Sporthalle, Versammlungs- und Festraum der Bistumsschulen genutzt. Die Strecke führt nun weiter nach Luxembourg.

Streckendetails:
KBS 690 (Trier – Koblenz)
Strecke elektrifiziert und zweigleisig.
Gesamt 112 km
Koblenz 48 km Cochem 11 km Bullay 17 km Wittlich 36 km Trier

Weinberge bei Kobern-Gondorf

Über die Mosel bei Güls

Köln – Mannheim 28

über (Köln/Bonn Flughafen), Siegburg/Bonn, Limburg, Frankfurt Flughafen
Schnellfahrstrecke Köln-Rhein/Main, Riedbahn (Frankfurt – Mannheim)

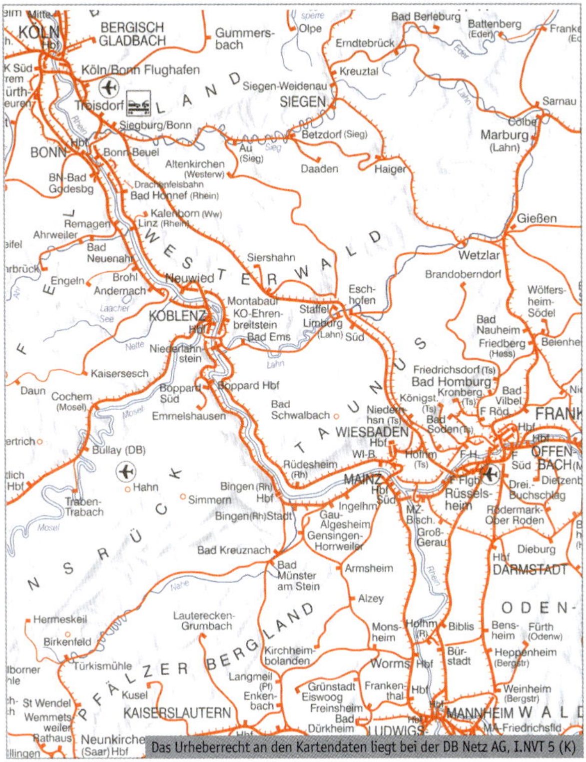

Die 177 km lange Neubaustrecke von Köln nach Frankfurt wurde in den Jahren 1996 bis 2002 für rund sechs Milliarden Euro gebaut. Sie dient als Ergänzung für die überlastete Strecke durch das Rheintal und verläuft überwiegend parallel zur A 3. Mit 300 Stundenkilometern erreichen die Züge hier die höchste Geschwindigkeit im deutschen Streckennetz. Die Reise führt Sie zunächst durch die nordöstlichen Ausläufer des Siebengebirges. Bekannter ist jedoch die rheinzugewandte Seite des vulkanischen Höhenzuges mit dem Drachenfels und dem Petersberg. Anschließend durchfahren die Züge den Westerwald. Da es in dem waldreiche Mittelgebirge zahlreiche Tonvorkommen gibt, ist hier historisch eine keramische Industrie gewachsen. Insbesondere der südwestlichen Westerwald gilt als Töpferregion und trägt auch den Namen „Kannenbäckerland". Nach der Überquerung der Lahn bei Limburg schließt sich der Taunus an. Unweit der Strecke liegt der Ort Selters, Ursprungsort des berühmten Heilwassers. Darüber hinaus gibt es im Taunus viele weitere Mineralquellen, wovon auch etliche Kurorte in der Region zeugen.

Die Neubaustrecke führt von Nordrhein-Westfalen durch Rheinland-Pfalz und Hessen. Der Bau wurde so auch zu einem Politikum, da die Bundesländer eigene Bahnhöfe in Montabaur und Limburg beanspruchten. Nachdem Sie den Main und den Frankfurter Flughafen passiert haben, verläuft die Route durch das Hessische Ried, welches den Beginn der Oberrheinischen Tiefebene kennzeichnet. Der Begriff „Ried" stammt aus der Zeit vor der Rheinregulierung, als die Gegend noch sumpfig und überschwemmungsgefährdet war.

28

Köln – Mannheim

Bei der Ausfahrt aus dem Kölner Hauptbahnhof erblicken Sie zur Linken den Musical Dome mit seiner charakteristischen blauen Dachkonstruktion. Das Gebäude in Glas-Stahl-Bauweise ist das größte Theater der Stadt und bietet Platz für 1 740 Gäste. Auf der **Hohenzollernbrücke** führt die Strecke nun über den Rhein. Die Brückenpfeiler sind mit vier Reiterstandbildern geschmückt. Zunächst rechts Kaiser Wilhelm II., links Kaiser Friedrich III., auf der Deutzer Seite rechts Kaiser Wilhelm I. und links Friedrich Wilhelm IV. Die Herrscher stammen aus dem Königshaus Hohenzollern und symbolisieren die Zeit der preußischen Regentschaft am Rhein. Auf dem Weg nach Siegburg fahren einige Züge einen Bogen zum **Köln Bonn Airport.** Dieser Zweig führt durch den Flughafentunnel, der nur im Bahnhof durch ein Glasdach unterbrochen ist. Der Flughafen Köln Bonn hat eine Kapazität für zwölf Millionen Passagiere pro Jahr. Die Strecken vereinigen sich kurz darauf wieder. Hinter Siegburg/Bonn bieten sich rechter Hand immer wieder Ausblicke zunächst auf das **Siebengebirge**, dann auf den **Westerwald.** Wie auf Schnellfahrstrecken üblich, ist die Sicht jedoch häufig unterbrochen durch Tunnel, Wälle und Lärmschutzwände. Einige Minuten nach Siegburg erreichen Sie die Grenze zu Rheinland-Pfalz. Nächster Halt ist in der 14 000-Einwohner-Stadt **Montabaur**. Auf einem Hügel über der Stadt erhebt sich zur Rechten das gelbe Schloss. Die Burganlage wurde im 8. und 9. Jahrhundert zur Sicherung der Handelsroute von Koblenz nach Thüringen erbaut. In der jetzigen Form präsentiert sich der Schlossbau seit einer Umgestaltung in den Jahren 1687 bis 1709. Heute befindet sich ein Tagungs- und Eventhotel in den historischen Mauern. Nachdem Sie das Lahntal auf einer Brücke in 50 Metern Höhe passiert haben, bieten sich linker Hand immer wieder Ausblicke auf die **Taunus**-Landschaft. Auf der Höhe von Wiesbaden zweigt eine Strecke in die hessische Hauptstadt ab *[Weiterfahrt Nr. 33]*. Einige Minuten bevor der Zug den **Frankfurter Flughafen** erreicht, können Sie zur Linken in der Ferne die Skyline von Frankfurt erahnen. Während die Strecke nun den Main quert, künden beim Blick gen Himmel startende und landende Flugzeuge vom nahen Flughafen. Vom Flughafenbahnhof aus sehen Sie rechtsseitig das Sheraton-Hotel, mit 1008 Zimmern das größtes Flughafenhotel Europas *[Weiterfahrt nach Frankfurt und*

Fahrt durch Westerwald ...

... und Taunus

Mainz Nr. 32]. Die Strecke erreicht jetzt das Oberrheintal und führt durch dessen Ebene nach Süden. Bei Groß-Gerau können Sie auf der rechten Seite Industrieanlagen mit dem Schriftzug WICK entdecken. Der Konzern Procter und Gamble unterhält hier das europäische Produktionszentrum für Hustenbonbons und Erkältungsmedikamente. Auf der Fahrt nach Mannheim ist nun linksseitig in der Ferne eine Hügelkette zu erkennen. Es handelt sich dabei um Ausläufer des **Odenwalds**, an deren Fuß die Bergstraße verläuft *[in Mannheim Weiterfahrt nach Mainz oder Heidelberg Nr. 33, Frankfurt oder Saarbrücken Nr. 34, Karlsruhe Nr. 36, Stuttgart Nr. 38]*.

Mannheim – Köln

Schon kurz nach Verlassen das Mannheimer Bahnhofs erreicht die Strecke den Handelshafen. Mit rund 16 Millionen Tonnen Schiffsumschlag ist der **Mannheim-Ludwigshafener-Hafen** einer der größten europäischen Binnenhäfen. Links fällt der Blick auf den Containerterminal im Mühlauhafen, zur Rechten verläuft der Verbindungskanal zum Neckar. Am gegenüberliegenden Ufer des Verbindungskanals erblicken Sie zwei moderne Gebäude in Brauntönen. Eines der Gebäude beherbergt die Pop-Akademie Baden-Württemberg, die erste Hochschule in Deutschland, an der die Studiengänge Popmusikdesign und Musikbusiness angeboten werden. Wenig später folgt der Musikpark Mannheim, ein Existenzgründerzentrum für die Musikwirtschaft. Kurz darauf überqueren Sie den Neckar. Auf der linken Seite fällt jetzt ein Jugendstil-Gebäude auf. Es handelt sich um einen ehemaligen Wasserturm, der um das Jahr 1913 zu einer Schule umgebaut wurde. Im Turm selbst befindet sich heute die Cafeteria für die Schüler. Nach wenigen Kilometern erreichen Sie Hessen und fahren durch die offene Landschaft des **Hessischen Rieds**. Die Strecke führt durch den Ort **Biblis**, der überregional bekannt ist durch das gleichnamige Kernkraftwerk, dessen Kühltürme linkerseits in der Ferne zu erkennen sind. In den beiden Blöcken wird Strom für etwa 6,5 Millionen Haushalte erzeugt. Ab Groß Gerau verläuft die Strecke dann zunehmend durch Waldgebiete, bevor Sie nach links in den Tunnel zum **Frankfurter Flughafen** abbiegt *[Weiterfahrt nach Mainz und Frankfurt Nr. 32]*. Nach London besitzt Frankfurt den zweitgrößten Flughafen in Europa. Anschließend beschleunigt der Zug und quert den **Taunus**. Kurz bevor die Strecke **Limburg** erreicht, eröffnet

Kernkraftwerk Biblis

Fahrt durchs Hessische Ried mit Blick auf den Odenwald

28

sich Ihnen links ein Blick auf die Stadt im Lahntal. Auf einem Felsen über der Stadt thront der Limburger Georgsdom. Sieben Türme hat das spätromanische Bauwerk. Der heutige Dom wurde im Jahr 1235 eingeweiht, zuvor stand an der Stelle eine andere Kirche. Die Lahn, die nach Westen zum Rhein fließt, markiert die Grenze zum Westerwald. Beim nächsten Halt in **Siegburg** sehen Sie vom Bahnhof aus rechts oben auf dem Michaelsberg die Barockanlage einer Benediktinerabtei. Seit dem Jahr 1064 leben Mönche in dem Kloster 40 Meter über der Stadt, unterbrochen in den Jahren 1813 bis 1914 nach der Säkularisation und von 1941 bis 1945 während der Naziherrschaft. Bevor die Strecke in **Köln** den Rhein überquert, erblicken Sie linker Hand die Kölnarena. Deutschlands größte Veranstaltungshalle hat 18 000 Sitzplätze, je nach Veranstaltung kümmern sich bis zu tausend Mitarbeiter um die Gäste. Rechter Hand folgt das Messegelände der Koelnmesse mit dem Messeturm *[ab Köln Weiterfahrt nach Aachen Nr. 18, Düsseldorf Nr. 17, Wuppertal Nr. 4 oder Koblenz Nr. 26]*.

Strecke über die Südbrücke

Einige Verbindungen aus dem Norden fahren in Köln einen großen Bogen durch die Stadt und queren den Rhein ein Stück flussaufwärts. Von der Südbrücke haben Sie dann linksseitig einen Blick auf das Panorama der Stadt. Wenig später trifft die Strecke auf die Schnellfahrstrecke. Dieser Umweg beträgt etwa 23 Kilometer und erspart dafür einen Fahrtrichtungswechsel in Köln.

Streckendetails:
KBS 472 (Köln – Frankfurt/Flughafen), 655 (Frankfurt/Flughafen – Mannheim)
Strecken elektrifiziert und zweigleisig.
Gesamt 240 km
Köln 25 km Siegburg/Bonn 63 km Montabaur 21 km Limburg 59 km Frankfurt / Flughafen 72 km Mannheim
über Köln – Bonn – Flughafen:
Köln 15 km Köln – Bonn – Flughafen 16 km Siegburg/Bonn

Neckar bei Mannheim

Mannheimer Hafen

Kassel-Wilhelmshöhe – Frankfurt (Main) 29

über Marburg, Gießen, Friedberg
Main-Weser-Bahn

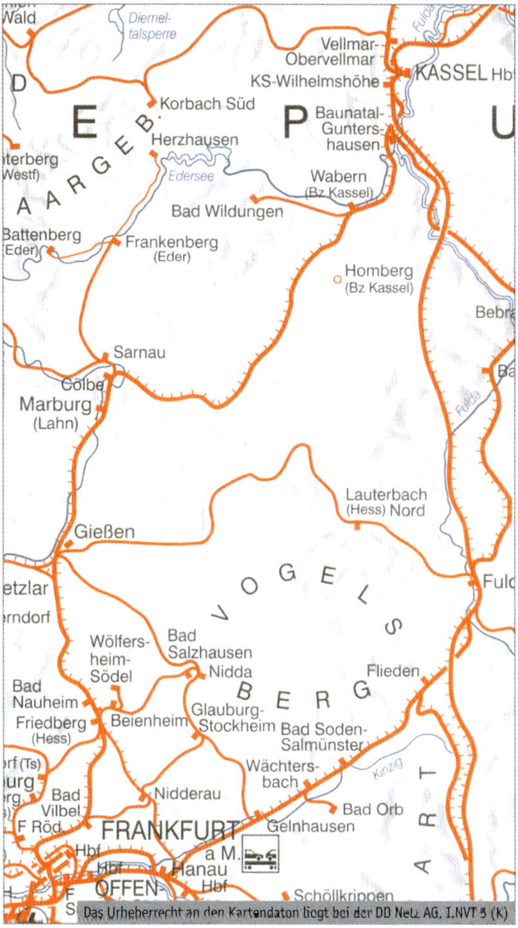

Das Urheberrecht an den Kartendaten liegt bei der DB Netz AG, I.NVT 3 (K)

Die Main-Weser-Bahn führt Sie in Nord-Süd-Richtung durch Hessen. Neben dem Großraum Kassel in Nordhessen lebt der größere Teil der gut sechs Millionen Hessen im südlichen Landesteil an Rhein und Main. Hessen in der heutigen Form wurde 1945 von der amerikanischen Militärregierung unter dem Namen Groß-Hessen gegründet. Der Löwe im Landeswappen stammt ursprünglich aus Thüringen und erinnert daran, dass Hessen einst dem Nachbarland unterstand. Die Fahrt auf der etwa 200 Kilometer langen Main-Weser-Bahn gibt Ihnen zahlreiche Einblicke in die Geschichte Hessens. So säumen zahlreiche Burgen und weitere historische Gebäude die Strecke. Die Verbindung folgt zunächst den Flüssen Fulda, Eder und Schwalm und führt dann weiter am Rande der gleichnamigen Landschaft Schwalm entlang. Schon die Gebrüder Grimm hatten diese Gegend als Quelle für zahlreiche Märchen und Sagen entdeckt. So soll die Schwälmer Tracht mit ihrer roten Kopfbedeckung das Vorbild für die Märchengestalt Rotkäppchen gewesen sein. Zwischen Marburg und Gießen folgt die Route der Lahn. Der Nebenfluss des Rheins ist in diesem Abschnitt weitgehend naturbelassen und lockt insbesondere Wassersportler an. Vor den Toren Frankfurts führt Sie die Reise durch die Wetterau, eine fruchtbare und landwirtschaftlich genutzte Gegend. Prägend für diese Kulturlandschaft sind auch die Streuobstwiesen mit ihren hochstämmigen Obstbäumen. Neben Fruchtsäften wird hier der für Hessen charakteristische Apfelwein gekeltert, im Dialekt Äbbelwoi oder Ebbelwei genannt.

29

Kassel – Frankfurt

Von Kassel-Wilhemshöhe folgt die Strecke für kurze Zeit der ICE-Trasse Richtung Süden. Während die Fahrt entlang der Ausläufer des Langenbergs rechts, sehen Sie links im Tal die Fulda und später die Eder, die bei Grifte in die Fulda mündet. Bei **Felsberg** liegen dann rechtsseitig der Strecke zwei Burgen. Zunächst die Felsburg mit ihrem markanten weißen Turm, die auf einem Basaltkegel thront. Die Burg hat einen für die Region typischen Butterfassturm, wie die Turmform mit aufgesetztem kleinerem Obergeschoss genannt wird. Wenig später folgt auf einem weiteren Basaltkegel die Altenburg, die wohl älter ist als die Felsburg. Nachdem Sie die ehemalige Bergbaustadt **Borken** mit ihren aufgelassenen Tagebauen und dem Bergbaumuseum auf der rechten Seite passiert haben, sind auf der linken Seite die Ausläufer des **Knüllgebirges** zu erahnen. Hinter Stadtallendorf ist anschließend zur Linken in der Ferne gut sichtbar der Ort **Amöneburg** zu sehen. Die Stadt liegt auf dem Gipfel eines Basaltkegels und war aufgrund dieser strategisch wichtigen Lage im Dreißigjährigen Krieg heftig umkämpft. Bei Cölbe streift die Strecke nun den **Burgwald.** Das Waldgebiet, das sich rechts nach Norden erstreckt, ist bekannt für sein außergewöhnlich kühles Klima. Aufgrund der besonderen Lage kann es selbst im Sommer Nachtfröste geben. Mit **Marburg** erreichen Sie dann ein Zentrum Mittelhessens. Rechts über der Stadt erhebt sich das Landgrafenschloss, das zunächst als mittelalterliche Burg angelegt war. 1529 trafen sich Luther, Zwingli und andere Reformatoren auf dem Schloss zu den Marburger Religionsgesprächen. Am Fuße des Schlosses liegt die Elisabethkirche. Der Sandsteinbau, mit dessen Bau im Jahre 1235 begonnen wurde, gilt als einer der frühesten gotischen Kirchenbauten in Deutschland. Zwischen Taunus im Westen und Vogelsberg im Osten führt die Strecke über die Universitätsstadt **Gießen** weiter nach Süden. Kurz nach dem Haltepunkt Kirch-Göns trifft die Strecke auf den **Limes.** Der alte römische Grenzwall führt hier direkt am Waldrand entlang. Hinter Butzbach sehen Sie zur Rechten den Kirchturm von **Ostheim**. Der achteckige Turm stammt noch von der Vorgängerkirche aus dem 14. Jahrhundert und hatte einst eine Wehrplattform, bevor er die heutige Dachform mit den Ecktürmchen erhielt. Am Ortsausgang von **Bad Nauheim** liegt auf der rechten Seite der Strecke ein mauerähnliches

Die Eder vor der Mündung in die Fulda

Fahrt durch Nordhessen

Bauwerk. Es handelt sich um eines der ältesten Gradierwerke in Deutschland. Durch das Holzgerüst, das mit Reisigbündeln gefüllt ist, wurde Sole geleitet, wodurch Wasser durch Sonne und Wind verdunstet ist und sich der Salzgehalt der Sole erhöht hat. Bei **Karben** ist anschließend links ein Werk des Automobilzulieferers VDO zu sehen, der elektronische Systeme und Bauteile liefert. In Bad Vilbel folgt rechter Hand der Sitz des Arzneimittelherstellers Stada. In **Frankfurt** passieren Sie nun die Messe und haben linker Hand einen schönen Blick auf die Skyline, bevor Sie den Hauptbahnhof erreichen *[Weiterfahrt Richtung Fulda Nr. 20, Würzburg Nr. 35, Darmstadt Nr. 34, Frankfurt Flughafen/ Mannheim Nr. 32]*.

Frankfurt – Kassel

Nach der Ausfahrt aus dem Hauptbahnhof führt die Strecke durch das Stadtgebiet Frankfurts nach Norden. Bevor Sie die Stadt verlassen, grüßt zur Rechten der Europaturm. Der 331 Meter hohe Fernmeldeturm wird im Volksmund auch Ginnheimer Spargel genannt. In **Bad Vilbel** überqueren Sie die Nidda. 29 Quellen von Mineral- und Heilwässern machten die Stadt einst bekannt, heute bestehen noch drei Brunnenbetriebe. Durch die **Wetterau** gelangen Sie nach Friedberg. Die fruchtbare Kulturlandschaft ist schon seit der Zeit besiedelt, als noch Jäger und Sammler durch die Region zogen. In **Friedberg** selbst können Sie links den Adolfsturm erblicken. Der Bergfried gehört zu einer mittelalterlichen Burganlage und ist seit dem 14. Jahrhundert ein Wahrzeichen der Stadt. Kurz darauf folgt die Jugendstilstadt **Bad Nauheim**. Dort passieren Sie rechts das alte Heizwerk. Es wurde ebenfalls vom Jugendstil geprägt ist durch einen Versorgungskanal unter den Bahngleisen mit den Badeanlagen des Sprudelhofs im Stadtzentrum verbunden. Hinter Ostheim folgt rechtsseitig **Nieder-Weisel**, wo der Turm der Dorfkirche zu sehen ist. Sie diente während Kriegszeiten als Zufluchtsort, wovon der wehrhafte Turm aus dem 12. Jahrhundert zeugt. Ebenfalls zu sehen ist eine zweite, etwas unscheinbare turmlose Kirche. Es handelt sich um die Komturkirche des Johanniter-Ordens. Der romanische zweigeschossige Kirchenbau gilt als geistliches Zentrum des Ordens in Deutschland. Bei der Fahrt durch **Butzbach** fallen nun rechts Reste der alten Stadtbefestigung auf. Teilstücke der Stadtmauer und ein Stadttorturm sind Zeugen der über 1200 Jahre alten Stadt-

Amöneburg – die Stadt auf dem Berge

Pfarrkirche Butzbach-Nieder-Weisel aus dem 12. Jahrhundert

29 geschichte. Hinter dem Bahnhof von Gießen trifft die Strecke auf die **Lahn**, die Sie nun bis Marburg begleitet. Für Regatten wird die Lahn hier aufgestaut, die Ruderer sind dann parallel zu den Bahngleisen unterwegs. In der Ferne können Sie nun linkerseits die **Burg Gleiberg** erspähen, die im 12. Jahrhundert erbaut wurde. In **Lollar** passieren Sie anschließend zur Linken ein Werk von Buderus, das aus der im 19. Jahrhundert gegründeten Hedwigshütte hervorging. Etwa 1 200 Mitarbeiter sind hier in der Produktion von Gussheizkesseln beschäftigt. Auf der Fahrt nach Marburg erheben sich nun zur Rechten die **Lahnberge**. Hinter dem Bahnhof von **Marburg** thront rechts auf der Höhe des Bundsandsteinrückens der Kaiser-Wilhelm-Turm. Der Aussichtsturm wurde 1890 eingeweiht und überdauerte bis heute – im Gegensatz zu einem Vorgängerbau, der einige Jahre zuvor wegen Konstruktionsfehlern schon in der Bauphase einstürzte. Hinter Marburg macht die Strecke einen Bogen nach Osten. In **Neustadt** können Sie dann linksseitig den größten Fachwerkrundbau der Welt sehen. Der auffällige Junker-Hansen-Turm mit seinen Erkertürmchen wurde um 1480 als Teil der Stadtbefestigung geplant, dann jedoch als Wohnturm vollendet. Ab Treysa fahren Sie entlang der Schwalm bis Wabern. Dort mündet die Schwalm in die Eder, die Sie jetzt für ein weiteres Stück der Reise begleitet. In **Wabern** erblicken Sie rechter Hand eine Zuckerfabrik. In der Produktionszeit nach der Rübenernte wird hier alle drei Sekunden der Jahresbedarf an Zucker eines Bundesbürgers hergestellt. Endpunkt der Main-Weser-Bahn ist **Kassel** *[Weiterfahrt Richtung Hamm oder Erfurt Nr. 19, Göttingen Nr. 8, Fulda Nr. 20]*.

Streckendetails:
KBS 620 (Kassel – Gießen),
630 (Gießen – Frankfurt/Main)
Strecke elektrifiziert und zweigleisig.
Gesamt 199 km
Kassel 4 km Kassel – Wilhelmshöhe 30 km Wabern 28 km Treysa 42 km Marburg 29 km Gießen 32 km Friedberg 34 km Frankfurt

Fahrt durch die Wetterau

Der „Ginnheimer Spargel“ bei Frankfurt

Naumburg – Nürnberg 30

über Jena Paradies, Saalfeld, Lichtenfels, Bamberg

Saalbahn (Naumburg – Saalfeld), Frankenwaldbahn (Saalfeld – Lichtenfels)

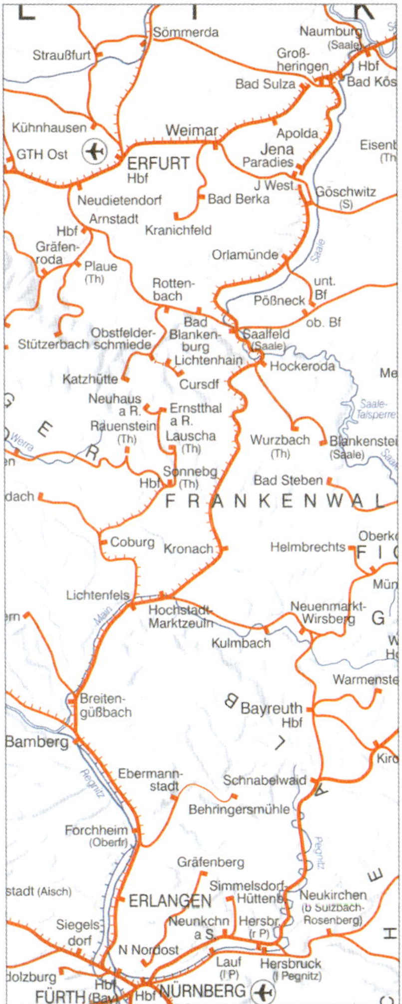

Das Urheberrecht an den Kartendaten liegt bei der DB Netz AG, I.NVT 5 (K)

Von Naumburg bis Saalfeld führt Sie die Reise zunächst durch das Saaletal. Die Saale entspringt im Fichtelgebirge und gräbt sich auf dem Weg zur Elbe durch das Thüringer Schiefergebirge. Während sich heute Angler um einen guten Fang bemühen, waren hier früher Perlenfischer und Goldsucher tätig. Schiffbar ist die Saale nur im Unterlauf bis Halle, der Mittel- und Oberlauf bleibt Wassersportlern vorbehalten. Zwischen Saale und Main überwindet die Strecke den Frankenwald, ein Mittelgebirge zwischen Thüringer Wald im Westen und Fichtelgebirge im Osten. Große Fichtenwälder prägen diese Landschaft aus Hochflächen und engen Tälern. Die Waldnutzung war hier lange Zeit ein bedeutender Wirtschaftszweig. Davon zeugen noch heute die Schneidmühlen, die von Flüssen und Bächen angetrieben wurden. Das Wasser war auch ein wichtiger Transportweg, um die Hölzer über Main und Rhein bis in die Niederlande zu transportieren. Die Flößerei wird heute jedoch nur noch für Touristen betrieben. Bekannt ist der Frankenwald auch für sein „blaues Gold", den Schiefer, der den Häusern der Region ihr blauschwarzes Aussehen verleiht. Die Strecke folgt schließlich dem Main und ab Bamberg dessen Nebenfluss Regnitz. Im Tal zwischen Steigerwald und Fränkischer Schweiz verläuft parallel zur Regnitz auch der Rhein-Main-Donau-Kanal. Teilweise liegt der Kanal auch in der Regnitz selbst. Die Fränkische Schweiz ist ein Karstgebirge mit eindrucksvollen Dolomitfelsen und Tropfsteinhöhlen, während der Steigerwald von Keuper geprägt ist und aus Tonschichten und Sandstein besteht.

30 Naumburg – Nürnberg

Die Strecke zweigt unterhalb der Burg Saaleck von der Verbindung Naumburg-Weimar *[Nr. 25]* ins Saaletal ab. Rechts grüßen schon bald die **Dornburger Schlösser** auf einer Anhöhe über der Saale. Es handelt sich um drei Bauten, die auf eine karolingische Reichsburg zurückgehen. Von der Bahn aus ist das Renaissance-Schloss zu sehen, das im 16. Jahrhundert erbaut wurde und im Jahr 1828 Wohnsitz von Johann Wolfgang von Goethe war. Links vorbei am Gleisberg erreichen Sie **Jena**, wo zur Rechten die Stadtkirche St. Michael zu sehen ist. Baubeginn für die Kirche war um 1380, nach der Zerstörung im Zweiten Weltkrieg wurde sie in sehr vereinfachter Form wieder aufgebaut. Am Bahnhof Jena Paradies, benannt nach einem Park an der Saale, sehen Sie auf der rechten Seite ein Gebäude, das mit seinem Turm zunächst an eine Kirche erinnert. Es handelt sich um das Volksbad – ein ehemaliges Hallenbad, das nun für kulturelle Zwecke genutzt wird. Links der Bahnlinie erstreckt sich nun die Landschaft des **Thüringer Holzlandes**. Hier können Sie bei Kahla in der Ferne auf einem der Hügel den Turm der **Leuchtenburg** entdecken. Die im 13. Jahrhundert erbaute Burg diente zeitweise als Gefängnis, Hotel und Jugendherberge. In **Kahla** selbst erblicken Sie rechtsseitig die 1495 vollendete Stadtkirche, in der einst auch Martin Luther predigte. Der kahle Berg nach Kahla links am gegenüberliegenden Saaleufer ist der **Dohlenstein** mit seinem hellem Muschelkalk. Durch Bergstürze wurde an dieser Stelle der Flusslauf immer wieder verändert. Über dem linken Saaleufer erhebt sich anschließend ein weiteres altes Gemäuer. Es ist das im 14. Jahrhundert erbaute **Schloss Weißenburg** vor Rudolstadt. In Saalfeld passieren Sie rechter Hand das Thüringer Schokoladenwerk, das heute zum Kölner Schokoladenhersteller Stollwerck gehört. Das bisher breite Saaletal wird nun merklich enger und führt durch das **Thüringer Schiefergebirge**. Kurz hinter Probstzella überqueren Sie die Grenze von Thüringen nach Bayern und es beginnt der kurvenreiche Aufstieg durch das enge Tal hinauf in den **Frankenwald**. Auf dem Trogenbachviadukt bei **Ludwigsstadt** sind Sie auf gleicher Höhe mit der Kirchturm-

Im noch breiten Saaletal bei Dornburg

Der JenTower, das höchste Bürogebäude der DDR

spitze der spätmittelalterlichen Kirche auf der linken Seite. Eine Tafel am Bahnhof von **Steinbach**, dem nächsten Ort an der Strecke, kündet davon, dass Sie nun den Scheitelpunkt erreicht haben und es jetzt hinabgeht in Richtung Maintal. In **Redwitz** passieren Sie ein Werk von Argillon zur Rechten. Hier wird technische Keramik entwickelt und gefertigt, die beispielsweise in Katalysatoren eingesetzt wird. In **Lichtenfels** sehen Sie kurz darauf linker Hand den Kronacher Torturm, ein Teil der ehemaligen Stadtbefestigung, und die Pfarrkirche Mariä Himmelfahrt, die mit ihrem Turm seit dem 15. Jahrhundert das Stadtbild prägt. Vor Bad Staffelstein erhebt sich anschließend bald zur Linken in der Ferne auf einer Anhöhe die **Basilika Vierzehnheiligen**. Die Wallfahrtskirche wurde von Balthasar Neumann erbaut und ist seit ihrer Vollendung 1772 das Ziel zahlreicher Pilger und Besucher. Entlang des Mains verläuft die Strecke weiter nach **Bamberg**, wo bei der Einfahrt rechts die vielen Türme der Stadt zu sehen sind. Kurz darauf passieren Sie bei Hirschaid linkerseits das Motorenelementewerk von INA. Der letzte größere Ort ist **Erlangen**, wo Sie bei der Einfahrt links die Altstädter Kirche aufragen sehen. Der Barockbau wurde im Markgrafenstil erbaut, der im 18. Jahrhundert in der Region verbreitet war und durch eine schlichte Gestaltung geprägt ist. Bei **Fürth** trifft die Strecke dann auf die Verbindung aus Würzburg *[Weiterfahrt Nr. 35]*.

In der Ferne ist die Leuchtenburg zu sehen

Dörfliche Idylle im Saaletal in Uhlstädt

30

Nürnberg – Naumburg

Von Nürnberg bis Fürth folgt die Verbindung der Strecke nach Würzburg *[Nr. 35]* und zweigt anschließend ab nach Norden. Erster Halt ist **Erlangen**, wo Sie bei der Einfahrt rechts die Neustädter Kirche sehen, die auch als Universitätskirche dient. Die nächste Kirche rechts ist die Hugenottenkirche, die 1693 als erstes Gotteshaus der Hugenotten außerhalb Frankreichs vollendet wurde. Dem Tal der Regnitz folgend kommen Sie nach Forchheim, wo die Strecke die Wiesent überquert. Der Fluss entspringt in der Fränkischen Schweiz und mündet unweit von hier in die Regnitz. Sie kommen anschließend nach **Bamberg**, wo rechter Hand am Bahnhof die Malzfabrik Weyermann liegt. Das Traditionsunternehmen wurde 1879 gegründet und liefert Malzprodukte für Brauereien und Bäckereien sowie Spezialmalze zum Schnapsbrennen. Links der Strecke begleitet Sie nun der Main, während sich zur Rechten die Ausläufer der Fränkischen Alb erheben. Dazu gehört auch der **Staffelberg**, der bei Bad Staffelstein auf der rechten Seite weithin sichtbar ist. Linker Hand liegt auf einer Anhöhe das **Kloster Banz**. Das ehemalige Benediktinerkloster wurde 1069 gegründet, seit 1978 wird es als Bildungs- und Begegnungszentrum der CSU-nahen Hanns-Seidel-Stiftung genutzt. Hinter Lichtenfels überqueren Sie nun den Main und kommen in die über tausend Jahre alte Stadt **Kronach**. Dort erblicken Sie rechtsseitig zunächst die Stadtpfarrkirche aus dem 14. Jahrhundert und den Stadtturm. Kurz darauf kommen Sie an der Festung Rosenberg vorbei. Die ehemalige Bischofsburg wurde im 12. Jahrhundert erstmals urkundlich erwähnt und gilt als eine der größten Festungsanlagen in Deutschland. Sie hielt allen Angriffen stand und rühmt sich, niemals von Feinden eingenommen worden zu sein. Bei Steinbach quert die Strecke dann den **Rennsteig**. Der traditionsreiche Höhenweg über den Kamm von Thüringer- und Frankenwald ist heute ein beliebter Fernwanderweg. Die großen Bahnhofsanlagen in **Probstzella** erinnern daran, dass sich hier ein ehemaliger innerdeutscher Grenzbahnhof befand. Rechts erstreckt sich das **Thüringer Schiefergebirge**, wovon auch das Schieferbergwerk

Schloss Weißenburg

Im Schiefergebirge

in Unterloquitz zeugt. Bei Kaulsdorf trifft die Strecke erstmals auf die Saale, die Sie nun für die gesamte weitere Fahrt begleiten wird. Vorbei an dem traditionellen Chemiestandort Schwarza rechts kommen Sie nun nach **Rudolstadt**, wo zur Linken erhöht das Schloss Heidecksburg liegt. Das Barockschloss war einst die Residenz des Fürstengeschlechtes von Schwarzburg-Rudolstadt. Heute beherbergt es das Thüringer Landesmuseum. Beim Blick nach links vorne können Sie schon bald schon die Oberstadt von Orlamünde sehen. Der Ort liegt reizvoll auf einem Bergkamm hoch über dem Saaletal. Von hier unten ist die Kemenate der ehemaligen **Burg Orlamünde** zu sehen. Der Bau geht wohl auf das 11. Jahrhundert zurück und wurde vom Fürstengeschlecht der Grafen von Orlamünde bewohnt. Sie ist die größte und älteste aller Thüringer Kemenaten. Ein Bauwerk wesentlich jüngeren Datums erblicken Sie dann in **Jena** auf der linken Seite. Der knapp 160 Meter hohe JenTower wurde 1972 eingeweiht und war das höchste Bürogebäude der DDR. Bei Saaleck führt die Stecke über die Saale und damit auch über die Grenze von Thüringen zu Sachsen-Anhalt und trifft schließlich auf die Strecke von Weimar nach Naumburg *[Weiterfahrt Nr. 25]*.

Über den Dächern von Ludwigsstadt

Neukenroth am Rande des Frankenwaldes

30

Streckendetails:
KBS 560 (Naumburg – Saalfeld),
840 (Saalfeld – Lichtenfels),
820 (Lichtenfels – Nürnberg)
Strecke elektrifiziert und zweigleisig.
Gesamt 268 km
Naumburg 39 km Jena Paradies 47 km Saalfeld 88 km Lichtenfels 32 km Bamberg 38 km Erlangen 24 km Nürnberg

In der Ferne ist die Basilika Vierzehnheiligen zu sehen

Kloster Banz bei Bad Staffelstein

Nürnberg – Dresden 31

über Bayreuth / Marktredwitz, Hof, Plauen, Chemnitz
Sachsen-Franken-Magistrale

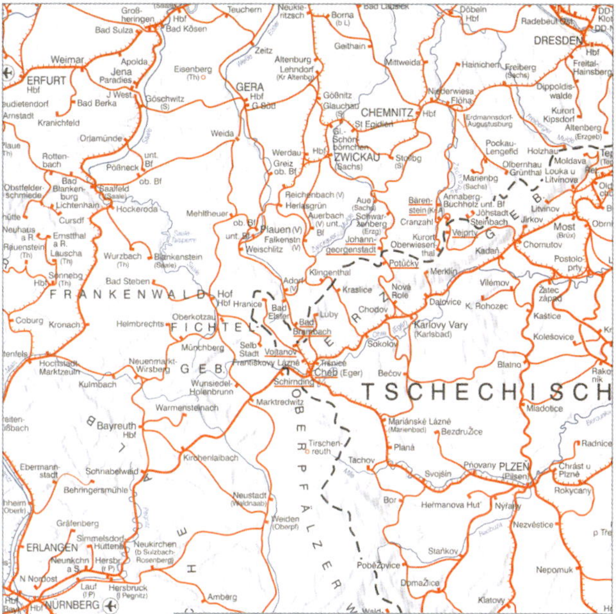

Das Urheberrecht an den Kartendaten liegt bei der DB Netz AG, I.NVT 5 (K)

Die Reise auf der Sachsen-Franken-Magistrale führt Sie zunächst entlang der Pegnitz durch Oberfranken. Die Strecke verlässt anschließend die Fränkische Alb. Eine Streckenast führt über Bayreuth nach Hof, der andere über Marktredwitz. Zwischen beiden Zweigen liegt der Schneeberg, mit 1053 Metern der höchste Berg des Fichtelgebirges. Das Mittelgebirge besteht überwiegend aus Granit, dessen Gesteinsformationen an vielen Stellen zwischen Fichten- und Kiefernwäldern zu sehen sind. Da das Fichtelgebirge auf der Europäischen Wasserscheide liegt, kommt es zu der ungewöhnlichen Situation, dass hier auf engem Raum vier Flüsse entspringen, von denen jeder in eine andere Himmelsrichtung fließt. Der Weiße Main fließt nach Westen, die Saale nach Norden, die Eger nach Osten und die Naab nach Süden. Nördlich des Fichtelgebirges schließt sich nun das Vogtland an. Der Name Vogtland leitet sich von den ehemaligen Landesfürsten, den Reichsvögten ab, die im zwölften Jahrhundert von Kaiser Barbarossa eingesetzt wurden. Bis Dresden verläuft die Route durch das Vorland des Erzgebirges. Auf beeindruckenden Viadukten werden dabei mehrere Flusstäler überwunden. Über Zwickau und Chemnitz führt die Strecke durch den Südwesten Sachsens. Beide Städte haben sich zu einer gemeinsamen Wirtschaftsregion zusammengeschlossen mit dem Ziel, an die industrielle Tradition als ehemalige Automobilbaustandorte von Horch, Audi und Trabant anzuknüpfen. Vor den Toren Dresdens streift die Strecke schließlich den Tharandter Wald. Heute als Wander- und Erholungsgebiet genutzt, war der Tharandter Wald ursprünglich als Forst zur Deckung des Holzbedarfs für das aufstrebende Dresden vorgesehen. Hierzu wurde im Jahr 1816 eigens die Königliche Sächsische Forstakademie gegründet.

31

Nürnberg – Dresden

Etwa die Hälfte der Strecke von Nürnberg nach Marktredwitz folgt der Pegnitz. Der Fluss entspringt in der Fränkischen Schweiz und fließt auf dem Weg nach Fürth auch direkt durch das Stadtzentrum von Nürnberg. Nachdem die Fahrt zunächst durch offene Landschaft verläuft, wird das Tal der Pegnitz schließlich enger und zwischen mehreren Tunnel überqueren die Gleise häufig den Fluss. Dabei sind immer wieder die für die **Fränkische Schweiz** charakteristischen Kalkfelsen zu sehen. Parallel zum Zug sind bei schönem Wetter auch viele Wassersportler mit Kanu oder Kajak im romantischen **Pegnitztal** unterwegs. Die Fränkische Schweiz ist der nördliche Teil der Fränkischen Alb, die sich von hier nach rechts erstreckt. In Neuhaus erhebt sich anschließend linksseitig über dem Ort die **Burg Veldenstein**. Die mittelalterliche Burg wechselte mehrmals die Besitzer, zu denen auch Hermann Göring gehörte. Der spätere NS-Reichsmarschall verbrachte seine Kindheit auf der Burg und ging in Neuhaus zur Schule. Über dem kleinen Ort Weidlwang wacht dann zur Rechten ein **Kanonier** auf einem Felsen. Die Soldatenfigur erinnert an eine List der Dorfbewohner, die im Dreißigjährigen Krieg mit einer Geschützattrappe auf dem Felsen vorrückende schwedische Truppen von einem Angriff abhalten konnten. Hinter Marktredwitz passieren Sie schließlich bei **Wunsiedel** linkerseits ein Werk von Lapp Insulator. Hier werden Isolatoren hergestellt, die beispielsweise auch in Hochspannungsmasten oder Oberleitungen der Bahn eingesetzt werden. Nördlich von Hof überquert die Strecke anschließend die Grenze zu Sachsen und führt im folgenden Abschnitt sogar zwei Mal kurz über thüringisches Gebiet. Die Verbindung macht nun einen Bogen nach **Plauen**, wo Sie links den 62 Meter hohen Turm der Markuskirche erblicken. Durch Plauen führen zwei Bahnlinien, die nicht direkt miteinander verbunden sind. Deshalb gibt es auch zwei Bahnhöfe, den oberen und den unteren Bahnhof. Auf einer hohen Brücke überqueren Sie im weiteren Verlauf die Weiße Elster und fahren wenig später über die bekannte **Göltzschtalbrücke** vor Reichenbach. Sie ist die größte Ziegelsteinbrücke der Welt mit 81 Bögen aus insgesamt etwa 26 Millionen Ziegelsteinen. Die Brücke hat eine Höhe von 78 Metern

Business Tower Nürnberg

Fahrt durch das Pegnitztal

und ist 574 Meter lang. Hinter **Zwickau** folgt nun rechter Hand das VW-Werk Mosel. Hier werden die Modelle Golf und Passat hergestellt sowie Karosserien für Bentley und Phaeton gefertigt. Hinter Glauchau erreichen Sie die Stadt **Hohenstein-Ernstthal**, den Geburtsort des Schriftstellers Karl May. Bei der Einfahrt nach **Chemnitz** sehen Sie anschließend zur Linken mehrere Kirchtürme, darunter auch der weiße Turm von St. Jakobi aus dem 14. Jahrhundert. Hinter Freiberg säumt nun der **Tharandter Wald** die Strecke. In **Tharandt** selbst passieren Sie links die Ruine der gleichnamigen Burg. Diese wurde im 13. Jahrhundert von dem Markgraf von Meißen errichtet und im 16. Jahrhundert verlassen. Am Fuße der Burg liegt auch die im 17. Jahrhundert errichtete Bergkirche. Der nächste Ort **Freital** wurde durch Steinkohleabbau sowie Eisen- und Stahlerzeugung geprägt. Davon zeugt noch heute das Werk von BGH Edelstahl auf der linken Seite. Endpunkt der Strecke ist **Dresden** *[Weiterfahrt Richtung Leipzig Nr. 25, Berlin oder Bad Schandau Nr. 23]*.

Burg Veldenstein über Neuhaus

Rapsblüte im Vogtland

31

Dresden – Nürnberg

Von Dresden folgt die Strecke zunächst der Weißeritz bis nach Freital, wo Rote Weißeritz und Wilde Weißeritz zusammenfließen. Beide Flüsse entspringen im Erzgebirge und haben beim Jahrhunderthochwasser im August 2002 verheerende Schäden angerichtet. In Freital erhebt sich dann linker Hand der Windberg, auf dem das **König-Albert-Denkmal** zu sehen ist. Das Denkmal wurde im Jahr 1904 errichtet, zwei Jahre nach dem Tod des beliebten Königs von Sachsen. Die Reise führt Sie nun durch das enge Tal der Wilden Weißeritz auf einer steigungsreichen Strecke hinauf nach Klingenberg-Colmnitz. Sie durchfahren dabei den Haltepunkt **Edle Krone.** Diesen Namen verdankt das kleine Dorf dem Silberbergbau, der hier seit dem 14. Jahrhundert betrieben wurde. „Crone" galt damals als Bezeichnung für eine Zeche. Auch der Name des Ortes **Muldenhütten** wenig später zeugt von der Tradition der Silberhütten in der Region. Kurz darauf überqueren Sie auf einem hohen Viadukt die Freiberger Mulde. Wie auch die übrigen Flüsse, die nun folgen, entspringt die Freiberger Mulde im **Erzgebirge**, das in der Ferne auf der linken Seite zu erahnen ist. Auf weiteren Viadukten überqueren Sie bei Flöha zunächst die Flöha, dann die Zschopau und erreichen anschließend **Chemnitz.** Diesen Namen trägt die Stadt seit 1990 wieder, zu DDR-Zeiten hieß sie Karl-Marx-Stadt. Hinter Hohenstein-Ernstthal ist links der **Sachsenring** zu sehen. 1927 lieferten sich hier Motorräder erste Wettfahrten, heute wird die Rennstrecke auch für Fahrsicherheitstrainings genutzt. Über 200 Bismarcktürme gab es übrigens einst in Deutschland – ein Exemplar können Sie vor **Glauchau** linksseitig auf einem Hügel erblicken. Der dem populären Reichskanzler gewidmete Bau wurde 1910 fertiggestellt. Hinter Glauchau überqueren Sie anschließend die Zwickauer Mulde und folgen dem Fluss in die gleichnamige Stadt, die für ihre Tradition im Automobilbau bekannt ist. So liegt auf der rechten Seite das Presswerk von Tower Automotive, in dem Fahrzeugtüren und Bodenbleche hergestellt werden. **Zwickau** nennt sich auch „Robert-Schumann-Stadt" und würdigt damit den berühmten Sohn, der 1810 hier

Vogtland bei Mehltheuer

Blick auf Reichenbach von der Göltzschtalbrücke

geboren wurde. Die Strecke erreicht nun das **Vogtland.** Bei Neumark liegt rechts am Weg der Betriebshof der Vogtlandbahn, dessen Dachkonstruktion an die Fahrzeuge der Privatbahn erinnert. Über Reichenbach und Plauen erreichen Sie Hof. Bereits vor dem Bahnhof von **Hof** haben Sie zur Linken einen Blick über die Stadt und können auch die Türme der Michaeliskirche und des Rathauses entdecken. Beide Gebäude fielen 1823 einem verheerenden Stadtbrand zum Opfer und wurden später wieder aufgebaut. Vor und nach Hof überqueren Sie den Oberlauf der Saale. Etwa auf halber Strecke zwischen Hof und Marktredwitz in Marktleuthen liegt anschließend links die Porzellanfabrik Winterling, die hier im östlichen Teil des **Fichtelgebirges** Geschirr und Geschenkartikel produziert. Hinter Marktredwitz führt die Strecke zwischen der Kösseine rechts und dem Steinwald linkerseits, deren beide Gipfel etwa 940 Meter hoch sind. Weithin sichtbar ist nun links in der Ferne ein Vulkankegel zu entdecken. Der **Rauhe Kulm** entstand vor etwa 21 Millionen Jahren und prägt seither die oberpfälzische Landschaft. Entlang der Pegnitz fahren Sie jetzt durch den **Veldensteiner Forst** und erreichen schließlich **Nürnberg**, wo Sie bei der Einfahrt auf der linken Seite der 135 Meter hohe Businesstower grüßt *[Weiterfahrt Richtung Regensburg Nr. 44, München Nr. 43, Stuttgart Nr. 41, Würzburg Nr. 35 oder Bamberg Nr. 30]*.

Schnabelwaid – Oberkotzau über Bayreuth

Der Streckenast über Bayreuth zweigt hinter Schnabelwaid nach Norden ab. Der erste Ort ist schließlich **Creussen.** Die Kirche linker Hand über dem Ort steht auf Fundamenten einer alten Burganlage, die im Jahr 1003 Schauplatz einer Belagerung des Markgrafs von Schweinfurt durch König Heinrich II. war. Bald darauf überquert die Strecke den Roten Main, einen der beiden Quellflüsse des Mains. Vor dem Bahnhof von **Bayreuth** passieren Sie den Fluss ein zweites Mal. Dabei sehen Sie zur Linken den 1656 erbauten Schlossturm. Der Glockenturm ist eines der Wahrzeichen der Stadt und gehört zur Hofkirche. Ebenfalls auffällig, aber wesentlich jüngeren Datums sind die drei Türme der Christuskirche direkt

Zwickauer Mulde bei Glauchau

Bismarckturm von Glauchau

hinter dem Bahnhof links. Jetzt führt die Strecke unterhalb des Grünen Hügels entlang, wo links erhöht das von Richard Wagner erbaute Festspielhaus zu sehen ist. Bayreuth ist für die Festspiele mit oftmals prominentem Publikum weit bekannt. Rechter Hand in der Ferne ist eine Zigarettenfabrik von British-American Tobacco zu sehen, in der jährlich rund 40 Milliarden Zigaretten hergestellt werden. Anschließend folgt der Ort **Bindlach** mit seiner barocken Markgrafenkirche. Hinter Trebgast überqueren Sie mit dem Weißen Main den zweiten Quellfluss des Mains. Die Strecke führt nun recht kurvenreich entlang der Ausläufer des Frankenwalds links, rechts in der Ferne erhebt sich das Fichtelgebirge. Dort erblicken Sie auch den **Schneeberg** mit seinem massiven Fernmeldeturm, von wo aus zuzeiten des Kalten Krieges militärische Aufklärung betrieben wurde. Die Verbindung folgt hier nicht nur der A 9, sondern auch der historischen Handelsstraße **Via Imperii** von Venedig nach Norden. Ab Münchberg begleitet nun die Saale die Strecke bis nach Oberkotzau, wo sie wieder auf den Streckenast aus Marktredwitz stößt.

Streckendetails:
KBS 512 (Nürnberg – Dresden)
Nürnberg – Reichenbach nicht elektrifiziert, Reichenbach – Dresden elektrifiziert, zweigleisig (mit Ausnahme Strecke über Bayreuth).
Gesamt über Marktredwitz 392 km, Gesamt über Bayreuth 391 km
Nürnberg 125 km Marktredwitz 42 km Hof 93 km Bayreuth 73 km Hof 48 km Plauen 25 km Reichenbach 23 km Zwickau 16 km Glauchau 33 km Chemnitz 40 km Freiberg 40 km Dresden

Die Kirche von Creussen auf dem Fundament der einstigen Herziloburg

Schneeberg im Fichtelgebirge

Koblenz – Frankfurt (Main) 32

über Mainz, Frankfurt Flughafen

Linke Rheinstrecke

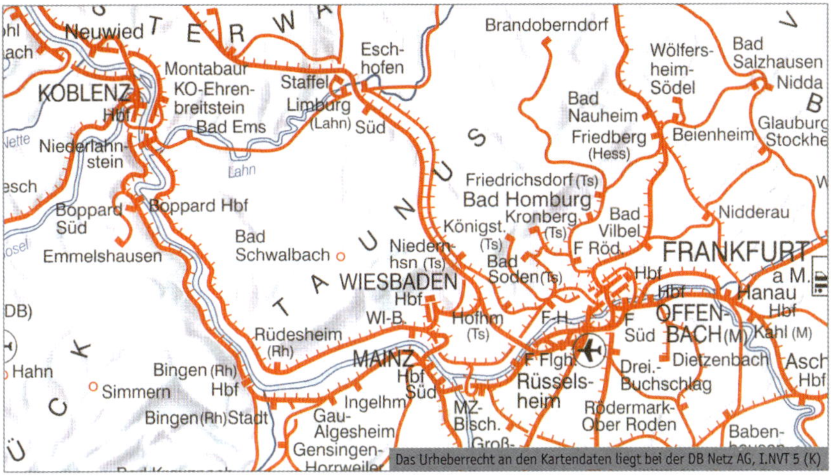

Die Strecke verläuft durch das enge Mittelrheintal, das von Hunsrück im Westen und Taunus im Osten gesäumt wird. Der Abschnitt von Koblenz bis Bingen wurde im Jahr 2002 von der UNESCO zum Weltkulturerbe ernannt. Der Titel wurde dem Oberen Mittelrheintal aufgrund der Vielfalt und Schönheit der Kulturlandschaft verliehen, aber auch als Würdigung des Rheins als wichtiger Verkehrsweg für den kulturellen Austausch. In den zahlreichen Weinbergen, die Sie auf der Fahrt begleiten, ist der Riesling die dominierende Rebsorte. Die Reben profitieren besonders von den mineralreichen Schieferböden. Zudem begünstigt der Rhein den Weinanbau, da er als Wärmespeicher dient und so für ein mildes und ausgeglichenes Klima sorgt. Während das Rheintal heute von zahlreichen Touristen friedlich eingenommen wird, war es früher heftig umstritten. Davon zeugen die zahlreichen Burgen und Festungen über dem Tal, die meist zwischen dem 12. und 14. Jahrhundert erbaut wurden. Neben der Sicherung der eigenen Ländereien dienten die Burgen auch zur Erhebung von Zöllen. Bei Bingen durchbricht der Fluss das Rheinische Schiefergebirge. Diese Engstelle mit dem Namen Binger Loch war einst unter den Schiffern berüchtigt, im 18. Jahrhundert wurde der Rhein an dieser Stelle dann durch Sprengungen verbreitert. An das Mittelrheintal schließt sich am gegenüberliegenden Ufer das Rheingau an. Der Abschnitt von Bingen bis Mainz wird auch Rheinknie genannt, da der Fluss hier einen Bogen nach Westen macht. Bei Mainz verlässt die Strecke schließlich den Rhein und folgt dem Unterlauf des Mains gen Osten nach Frankfurt.

32

Koblenz – Frankfurt

Von Koblenz, mit über zweitausend Jahren übrigens einer der ältesten Städte in Deutschland, führt Sie die Strecke nach Rhens. Hinter dem Ort erhebt sich linkerseits am gegenüberliegenden Ufer die **Marksburg**. Die Burg wurde im Jahr 1231 erstmals erwähnt und ist die einzige nie zerstörte Höhenburg am Mittelrhein. In einer langgezogenen Linkskurve vor **Boppard** bietet sich Ihnen dann ein imposanter Blick auf die Stadt und das Rheintal. Hinter Boppard sehen sie zur Linken zwei Burgen, die „**Feindlichen Brüder**" Burg Liebenstein und Burg Sterrenberg. Der Sage nach sollen sich hier zwei Brüder von ihren benachbarten Burgen aus bekriegt haben. Über St. Goar gelangen Sie anschließend nach **Oberwesel**. Das Städtchen zeigt sich als äußerst wehrhaft, von ehemals 21 Wehrtürmen stehen noch 16 Exemplare, darunter der Ochsenturm an der Bahnlinie. Zwischen Oberwesel und Bacharach passieren Sie die **Burg Pfalzgrafenstein**, die auf einer Felsinsel mitten im Rhein steht. König Ludwig der Bayer ließ die Burg 1327 erbauen, um Rheinzoll zu kassieren. Zwischen Köln und Mainz gab es bis zu zwölf solcher Zollstellen. Erst nachdem das Rheintal im 19. Jahrhundert preußisch wurde, fand die Zollerhebung ein Ende. Mit der Überquerung der Nahe in Bingen endet das Obere Mittelrheintal. Am gegenüberliegenden Rheinufer liegt Rüdesheim. Über dem Ort erhebt sich das 38 Meter hohe **Niederwalddenkmal**, das zum Gedenken an die Gefallenen des Dreißigjährigen Kriegs errichtet wurde. Eine Kabinenseilbahn bringt heute Touristen auf die Anhöhe. Rechts davon in den Weinbergen sehen Sie die **Benediktinerinnen-Abtei St. Hildegard** mit ihren Doppeltürmen. Das Kloster, das von 1900 bis 1904 erbaut wurde, steht in der Tradition des durch die Heilige Hildegard im Mittelalter errichteten Frauenklosters bei Bingen. Wenig später kommen Sie durch den Ort **Ingelheim**, der durch den Pharmakonzern Boehringer Ingelheim bekannt ist. Das 1885 hier von Albert Boehringer gegründete Unternehmen liegt auf der linken Seite der Strecke. Die Einfahrt nach **Mainz** ist ebenfalls von Industrieanlagen geprägt. So erblicken Sie linker Hand etwa das Nestlé-Werk, in dem Nescafé und kakaohaltige Getränke hergestellt werden *[Weiterfahrt Richtung Wiesbaden*

Burg Lahneck bei Lahnstein

Die „Feindlichen Brüder"

oder Mannheim Nr. 33]. Bei **Rüsselsheim** passieren Sie anschließend das Opel-Werk, wo Familie Opel 1899 ihr erstes Automobil baute, nachdem sie zuvor Nähmaschinen und Fahrrädern produziert hatte. Heute stellen etwa 18 000 Mitarbeiter im Werk Rüsselsheim jährlich 270 000 Autos her. Über den **Frankfurter Flughafen** *[Weiterfahrt Richtung Köln oder Mannheim Nr. 28]* führt die Strecke zum Hauptbahnhof *[Weiterfahrt Richtung Gießen Nr. 29, Fulda Nr. 20, Würzburg Nr. 35, Darmstadt Nr. 34]*.

Frankfurt – Koblenz

Vom Hauptbahnhof führt die Route über den Main nach Frankfurt Sportfeld, wo Sie linksseitig die Commerzbank-Arena, das frühere Waldstadion, sehen. Vorbei am **Flughafen** *[Weiterfahrt Richtung Köln oder Mannheim Nr. 28]* erreichen Sie **Mainz**. Von der Rheinbrücke, die an der Mündung des Mains in den Rhein liegt, bietet sich Ihnen rechtsseitig ein Blick über die Stadt mit dem Dom. Baubeginn für den Dom war im Jahr 975, am Tag der Einweihung im Jahr 1009 vernichtete jedoch ein Brand den Bau, der später noch mehrfach neu- und umgebaut wurde. Bei der Ausfahrt aus **Mainz** *[Weiterfahrt Richtung Wiesbaden oder Mannheim Nr. 33]* passieren Sie rechts mehrere Industrieanlagen, darunter das Glaswerk der Schott AG. Neben technischen Gläsern und Glasartikeln werden hier auch Cerankochfelder produziert. Hinter dem Bahnhof Bingen können Sie zur Rechten den **Mäuseturm** entdecken, der im 14. Jahrhunderts auf einer Rheininsel als Zollwachturm erbaut wurde. Nach der Sage hatte sich der hartherzige Mainzer Erzbischof Hatto II. auf der Insel verschanzt, nachdem er während einer Hungersnot Bettler abgewiesen und umbringen ließ. Zur Strafe wurde er dort jedoch von Tausenden von Mäusen aufgefressen. Gegenüber erhebt sich an den Hängen des Rheingaus die **Burgruine Ehrenfels**, die um das Jahr 1210 erbaut wurde, um das Bistum Mainz gegen Angriffe aus dem Norden zu sichern. Die Burg gehört heute dem Land Hessen. Als nächstes grüßt hinter Bacharach die **Burg Gutenfels**. Napoleon ließ die Burg 1806 sprengen, der heutige Ruinencharakter wurde später wiederhergestellt. Nach einem kurzen Tunnel passieren Sie den **Loreley**-Felsen. Flaggen auf der Spitze und ein gut lesbares Schild am Ufer mar-

Burg Maus

Pfalzgrafenstein im Rhein

32 kieren den Felsen mit seinen gefürchteten Stromschnellen, von dem aus die sagenhafte Nixe Loreley mit ihrem Gesang die Seefahrer anlockte und ins Verderben führte. Kurz darauf folgt die Stadt **St. Goar** mit ihrer Schwesterstadt St. Goarshausen am gegenüberliegenden Ufer. Dort sehen Sie auch die **Burg Maus** thronen. Die Burg hieß ursprünglich Peterseck, wurde vom Volksmund jedoch Burg Maus genannt in Anlehnung an die benachbarte Burg Katz. Bei Rhens sehen Sie rechter Hand eine weitere Burg, nämlich **Lahneck**. Am Fuße der Burg liegen die Stadt **Lahnstein** sowie die Mündung der Lahn in den Rhein. Von der Quelle im Rothaargebirge hat die Lahn in ihrem meist gewundenen Lauf bis zur Mündung etwa 240 Kilometer zurückgelegt. Der Ortsteil Stolzenfels, durch den Sie nun fahren, gehört bereits zu **Koblenz**. Links über dem Ort erhebt sich das gleichnamige Schloss. Ursprünglich befand sich hier eine Zollburg, die 1688 zerstört und im 19. Jahrhundert wieder aufgebaut wurde. Entlang des Fußes des Maulbeerkopfes, so der Name der Erhebung auf der linken Seite, erreichen Sie Koblenz *[Weiterfahrt Richtung Trier Nr. 27, Köln Nr. 26]*.

Streckendetails:
KBS 471 (Koblenz – Frankfurt)
Strecke elektrifiziert und zweigleisig.
Gesamt 131 km
Koblenz 19 km Boppard 42 km Bingen 30 km Mainz 29 km Frankfurt Flughafen 11 km Frankfurt Hbf

Burg Gutenfels

Rheinbrücke bei Mainz

Wiesbaden – Ubstadt 33

über Mainz, Worms, Mannheim, Heidelberg

Main-Rhein-Bahn (Wiesbaden – Mainz), Baden-Kurpfalz-Bahn (Heidelberg – Ubstadt)

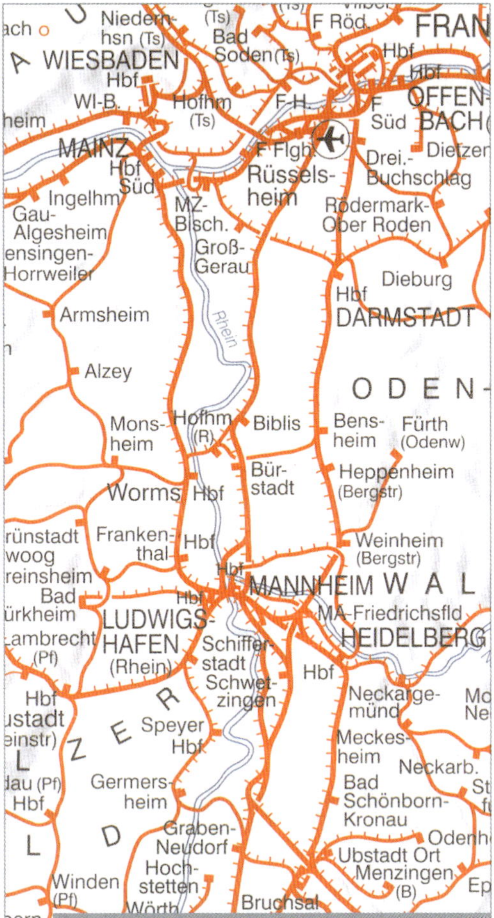

Das Urheberrecht an den Kartendaten liegt bei der DB Netz AG, I.NVT 5 (K)

Auf der Höhe von Wiesbaden zweigt diese Verbindung von der Schnellfahrtstrecke aus Köln ab. Wiesbaden ist die größte Stadt des Rheingaus. Die Landschaft zwischen Taunus und Mittelrhein ist als Weinanbaugebiet bekannt. Nach dem Fahrtrichtungswechsel in Wiesbaden führt Sie die Reise nach Süden und erreicht mit Mainz die Region Rheinhessen. Entgegen seines Namens liegt Rheinhessen in Rheinland-Pfalz, bis 1945 gehörte die Region jedoch noch zu Hessen beziehungsweise zum damaligen Großherzogtum Hessen-Darmstadt. Der in der Region gesprochene Dialekt erinnert noch heute an das hessische Erbe. Im Schutze der umgebenden Mittelgebirge herrscht hier ein warmes und trockenes Klima, das den Weinbau begünstigt. Schon die Römer legten den Grundstein für den Weinbau, der heute 20 Prozent der Fläche Rheinhessens einnimmt. Rheinhessen ist damit das größte deutsche Weinanbaugebiet. Neben Müller-Thurgau-Reben werden hier Silvaner und Riesling angebaut. Die Route führt Sie durch zahlreiche Weinorte und wechselt anschließend zwischen Mannheim und Heidelberg vom westlichen zum östlichen Rand der Oberrheinischen Tiefebene. Während Sie bisher in Fahrtrichtung rechts die Ausläufer des Pfälzer Waldes begleitet haben, erheben sich nun links die Ausläufer des Odenwalds. Dieser Teil südlich des Neckars wird Kleiner Odenwald genannt. Die flache Landschaft des Rheintals liegt nun rechtsseitig. Von Heidelberg folgt die Route der Bergstraße bis zu dem Ort Wiesloch, der als südlicher Endpunkt der Bergstraße gilt. Bei Ubstadt trifft die Strecke auf die Schnellfahrstrecke von Mannheim nach Stuttgart.

33

Wiesbaden – Ubstadt

Nachdem Sie den Hauptbahnhof von Wiesbaden verlassen haben, führt Sie die Strecke durch das Stadtgebiet nach Mainz. Zwischen zahlreichen Industrieanlagen prangt das Logo von Henkell Trocken. Die Sektkellerei Henkell & Söhnlein hat ihren Firmensitz in **Wiesbaden** und liefert von hier aus jährlich etwa 20 Millionen Flaschen der bekannten Sektmarke in alle Welt. Nur zehn Bahnkilometer trennen die Landeshauptstädte von Hessen und Rheinland-Pfalz. Grenze zwischen den Bundesländern ist der Rhein, den die Bahn auf der Kaiserbrücke überquert. Im Fluss liegt die Rheininsel Petersaue, die noch zu Hessen gehört. Erst mit dem zweiten Rheinarm überfahren Sie die Landesgrenze. Nach dem Halt im **Mainzer** Hauptbahnhof *[Weiterfahrt Richtung Koblenz oder Frankfurt Nr. 32]* verschwindet die Stadt aus dem Blickfeld, denn die Bahnlinie wird in einem Tunnel unter der Innenstadt hindurchgeführt. Wenig später ist der Rhein wieder zu sehen, dessen Westufer die Bahn nun folgt. Eingebettet zwischen Rhein und Weinbergen folgen mehrere Weinorte wie zunächst **Nackenheim**, über dem gut sichtbar die barocke Kirche St. Gereon thront. Dem Schriftsteller Carl Zuckmayer, der 1896 hier geboren wurde, verdankt der Ort den Zusatz „im fröhlichen Weinberg“ in Anlehnung an das gleichnamige Werk des Autors. Auch in der „Riesling City“ **Nierstein** wenig später grüßt eine höhergelegene Kirche, diesmal die Kilianskirche. Die Bahnlinie verlässt nun den Rhein durch das **Wonnegau** Richtung **Worms**. Bei der Einfahrt in die Nibelungenstadt erblicken Sie zur Linken die Doppeltürme der Liebfrauenkirche. Der spätgotische Bau, der 1465 fertiggestellt wurde, steht inmitten eines Weinbergs. Liebfrauenmilch heißt deshalb auch der Wein, der rund um die Kirche angebaut wird. In **Ludwigshafen** passiert die Strecke den Stadtteil Oggersheim, bundesweit bekannt als Heimat Helmut Kohls. Über die Konrad-Adenauer-Brücke quert die Strecke dann den Rhein, der gleichzeitig auch die Stadtgrenze zu **Mannheim** *[Weiterfahrt Richtung Darmstadt oder Saarbrücken Nr. 34, Karlsruhe Nr. 36, Stuttgart Nr. 38]* und die Landesgrenze zu Baden-Württemberg bildet. Von Mannheim geht es weiter nach **Heidelberg**, von dessen Bahnhof aus Sie linker Hand einen imposanten Bau aus Stahl und Glas sehen. Er beherbergt die Print Media Academy, eine Einrichtung der Heidelberger Druckmaschinen AG. In dem Gebäude sind Druckzylindertürme ange-

US-Airbase bei Wiesbaden

Bei Mainz über den Rhein

deutet, in denen die Seminarräume untergebracht sind. Bei Bad Schönborn führt die Strecke dann rechts am **Schloss Kislau** vorbei. Das Gebäude hat eine sehr wechselvolle Geschichte. Zunächst war es ein Jagdschloss der Bischöfe aus Bruchsal, nach 1933 wurde es von den Nationalsozialisten als Konzentrationslager genutzt, heute beherbergt es eine Außenstelle der Justizvollzugsanstalt Bruchsal. Bei Bruchsal schwenkt die Strecke auf die Schnellfahrstrecke Richtung Stuttgart ein *[Weiterfahrt Richtung Stuttgart oder Karlsruhe Nr. 38]*.

Ubstadt – Wiesbaden

Nachdem der Zug den Kreuzungsbereich bei Ubstadt verlassen hat, führt die Strecke zwischen den Orten Wiesloch und Walldorf nach Heidelberg. **Walldorf** ist überregional bekannt durch die dort ansässige Softwarefirma SAP. Aber auch durch den Waldorfsalat, der in den USA von einem Auswanderer aus Walldorf kreiert wurde, ist der Ort in vieler Munde. In **Wiesloch** sehen Sie auf der linken Seite ein Werk der Heidelberger Druckmaschinen AG. Etwa 6 000 Mitarbeiter arbeiten hier in der größten und modernsten Druckmaschinenfabrik der Welt. In **Heidelberg** *[Weiterfahrt Richtung Frankfurt oder Saarbrücken Nr. 34]* erblicken Sie anschließend linksseitig den Hauptsitz des weltweit führenden Druckmaschinenherstellers. Hinter **Mannheim** *[Weiterfahrt Richtung Frankfurt Nr. 28, Karlsruhe Nr. 36, Stuttgart Nr. 38]* sehen Sie schließlich von der Rheinbrücke aus zur Linken am Rheinufer ein modernes Gebäude, das das Ostasieninstitut der Fachhochschule Ludwigshafen beherbergt. Flussabwärts liegt auf der rechten Seite der Stammsitz von BASF. Das Werk ist der größte zusammenhängenden Chemiestandort der Welt. In **Ludwigshafen** lohnt ein Blick nach oben auf die imposante Brückenkonstruktion, die den Hauptbahnhof überspannt. Bei der Einfahrt nach **Worms** sind rechter Hand die Türme des Doms St. Peter zu sehen. Der Bau aus dem 11. und 12. Jahrhundert zählt zusammen mit den Domen in Mainz und Speyer zu den bedeutendsten romanischen Bauwerken in Deutschland. Hinter Worms können Sie dann zur Rechten in der Ferne mehrere Kühltürme erkennen. Sie gehören zum Kernkraftwerk Biblis jenseits des Rheins. Die bisher offene Landschaft ändert sich unterdessen und linkerseits begleiten nun Weinberge die Strecke. Bereits bevor Sie den Weinort **Oppenheim** erreichen, können

Weinberge bei Nierstein

Entlang des Rheins

Sie links die imposante Katharinenkirche sehen, die über dem Ort thront. Mit dem Straßburger Münster und dem Kölner Dom steht die evangelische Kirche in der Reihe der schönsten gotischen Kirchen am Rhein. Erbaut wurde sie in den Jahren 1220 bis 1439. Auf Höhe des Bahnhofs erblicken Sie links zudem den Uhrturm. Er wurde im 13. Jahrhundert ursprünglich als Zollturm erbaut und erst im 19. Jahrhundert zum Glocken- und Uhrturm umfunktioniert. Rechts verläuft parallel zur Bahnlinie der Rhein, das gegenüberliegende Rheinufer gehört übrigens zu Hessen. Bevor die Strecke hinter dem Hauptbahnhof **Mainz** *[Weiterfahrt Richtung Koblenz oder Frankfurt Nr. 32]* den Rhein überquert, sehen Sie linksseitig Industrieanlagen, die von mehreren Froschfiguren geziert werden. Die Werner & Mertz GmbH produziert hier Reinigungs- und Pflegeprodukte, die unter den Marken Erdal und Frosch vertrieben werden. Hinter **Wiesbaden** schwenkt die Verbindung auf die Schnellfahrstrecke Richtung Köln *[Weiterfahrt Nr. 28]*. Dabei sehen Sie rechtsseitig den US-Militärflugplatz Wiesbaden-Erbenheim.

Streckendetails:
KBS 651 (Wiesbaden – Mainz),
660 (Mainz – Mannheim),
665 (Mannheim – Heidelberg),
701 (Heidelberg – Bruchsal)
Strecke elektrifiziert und zweigleisig.
Gesamt Limburg – Bruchsal 204 km
Limburg 55 km Wiesbaden 10 km Mainz 46 km Worms 24 km Mannheim 18 km Heidelberg 51 km Bruchsal / 63 km Vaihingen (Enz)

Katharinenkirche in Oppenheim

Schloss Kislau – früher Jagdschloss, heute Gefängnis

Saarbrücken – Frankfurt (Main) 34

über Kaiserslautern, Neustadt (Weinstraße), Mannheim, Darmstadt

Pfälzische Ludwigsbahn (Saarbrücken – Ludwigshafen), Main-Neckar-Bahn (Mannheim – Frankfurt)

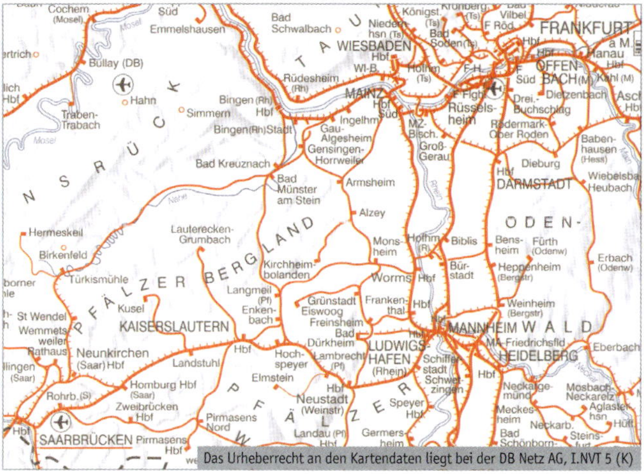

Das Urheberrecht an den Kartendaten liegt bei der DB Netz AG, I.NVT 5 (K)

Die Strecke Saarbrücken – Frankfurt ist Teil der internationalen Fernverkehrsverbindung von Paris nach Frankfurt. Aus Metz kommend quert die Verbindung zwischen dem französischen Forbach und dem Hauptbahnhof von Saarbrücken zunächst die Landesgrenze zu Deutschland und wenig später die Saar. Dieser Teil des Saarlandes ist recht dicht besiedelt und verdankt seine industrielle Entwicklung auch dieser Eisenbahnverbindung. Landschaftlich interessant auf der Fahrt Richtung Westen ist zunächst der Pfälzerwald. Das auf Buntsandstein aufgebaute Mittelgebirge gilt als größtes deutsches Waldgebiet. Der Naturpark ist Teil des UNESCO-Biosphärenreservats Pfälzerwald-Nordvogesen und ist auch bekannt für viele Burgen und Felsformationen. Der weitere Abschnitt dürfte insbesondere Weinliebhaber ansprechen. Denn sowohl die Deutsche Weinstraße als auch wenig später die Bergstraße sind dank ihres milden Klimas als Weinanbaugebiete bekannt. Zwischen diesen beiden Gebieten quert die Strecke den Rhein und führt durch das industrielle Zentrum des Rhein-Neckar-Raums. Entlang der Westhänge des Odenwaldes geht die Reise weiter gen Norden. Die Strecke folgt bis zur Wissenschaftsstadt Darmstadt der historischen Strata Montana. Diese Handelsroute wurde von den Römern angelegt und ist heute als Bergstraße bekannt. Mit dem Rhein-Main-Gebiet erreicht die Route dann eine weiteres wirtschaftliches Zentrum. Mit über fünf Millionen Einwohnern ist der Ballungsraum Rhein-Main mehr als doppelt so groß wie das Rhein-Neckar-Dreieck. Seit dem Mittelalter zählt Frankfurt zu den wichtigen Zentren in Deutschland, erstmals erwähnt wurde „Franconofurd" in einer Urkunde Karls des Großen aus dem Jahre 794. Mit Saar, Rhein, Neckar und Main quert die Linie die vier Flüsse, die auch für die vier befahrenen Bundesländer Saarland, Rheinland-Pfalz, Baden-Württemberg und Hessen charakteristisch sind.

34

Saarbrücken – Frankfurt

Ab Saarbrücken führt die Strecke zunächst durch das Stadtgebiet der Landeshauptstadt. Bald machen sich erste Ausläufer des Pfälzerwaldes bemerkbar. Vom Bahnhof Homburg aus erblicken Sie rechts erhöht die **Festung Hohenburg**, die im 12. Jahrhundert Sitz der Grafen von Homburg war. Südlich der Moorniederung des Landstuhler Bruchs führt die Strecke weiter nach Kaiserslautern. Unweit von hier befindet sich zur Linken die US-Airbase Ramstein. Zwischen Kaiserslautern und Neustadt überwindet die Bahn nun den nördlichen **Pfälzerwald**, wovon zahlreiche Tunnel, Kurven und Brücken künden. Immer wieder fällt der Blick auf den rötlichen Sandstein, der die Mittelgebirgslandschaft prägt. Davon zeugen auch die charakteristischen Sandsteingebäude in den Pfalzgemeinden an der Strecke wie die beiden Kirchen in Weidenthal. Durch einen Tunnel führt die Bahnlinie auch unter der **Burg Frankenstein** hindurch, an deren Fuße der gleichnamige Ort liegt. Entlang des Hochspeyerbachs bleibt dies nicht die einzige Burgruine im Pfalzdurchbruch. So haben Sie wenig später auf der linken Seite einen Blick auf die **Ruine Neidenfels**. Die Route erreicht dann **Neustadt**. Der Tourismus und eben auch der Weinbau haben der Stadt den Zusatz „an der Weinstraße" eingebracht. Durch die Vorderpfalz verläuft die Strecke weiter nach Ludwigshafen und über den Rhein nach **Mannheim** *[Weiterfahrt Richtung Karlsruhe 36, Mainz Nr. 33, Frankfurt Nr. 28, Stuttgart Nr. 38]*. Kurz darauf zweigt die Strecke Richtung Heidelberg ab *[Weiterfahrt Nr. 33]*. Auf der Fahrt durch die **Kurpfalz** queren Sie nun den Neckar. Zwischen den Orten Weinheim und Bensheim verlassen Sie Baden-Württemberg. Entlang den Westhängen des **Odenwaldes** folgt die Strecke dem hessischen Teil der Bergstraße bis nach Darmstadt. Die Regionen um die Wein- und Bergstraße zeichnen sich durch ein mildes, beinahe mediterranes Klima aus, in dem Wein und Tabak gut gedeihen. Über den Weinbergen thronen mehrere Burgen und Schlösser. Zunächst bei Heppenheim die **Starkenburg**, dann bei Bensheim das **Auerbacher Schloss**, eine Burganlage aus dem 13. Jahrhundert. Wenig später folgt die **Burg Frankenstein**, übrigens schon die zweite Burg diesen Namens auf Ihrer Reise.

Blick über den Landstuhler Bruch

Bei Neustadt erhebt sich der Pfälzer Wald über die Rheinebene

Als Namensgeberin für den Roman „Frankenstein oder der moderne Prometheus" ist diese Burg bekannter als die im Pfälzer Wald. Mit der Wissenschaftsstadt **Darmstadt** verlässt die Bahn die Bergstraße und den Odenwald und erreicht das Rhein-Main-Gebiet. „Dribbdebach", also südlich des Mains führt die Strecke durch den Frankfurter Stadtteil Sachsenhausen und dann über die Main-Neckar-Brücke zum Hauptbahnhof *[Weiterfahrt Richtung Gießen Nr. 29, Fulda Nr. 20, Würzburg. 35, Frankfurt Flughafen/Mannheim Nr. 32]*.

Frankfurt – Saarbrücken

Nach der Ausfahrt aus Frankfurt bietet sich von der Mainbrücke links flussaufwärts ein Blick auf den Westhafen sowie die Innenstadt von „Mainhatten". Etwa auf halber Strecke nach Darmstadt passiert der Zug den Haltepunkt **Langen** Flugsicherung. Die Deutsche Flugsicherung unterhält hier Europas größte Radarkontrollzentrale für den Flugverkehr. Bis Darmstadt verläuft die Strecke eher unspektakulär, bis anschließend hinter Darmstadt linker Hand schon bald die ersten Hänge des Odenwaldes auftauchen, während sich rechter Hand das Hessische Ried, der nördliche Teil der Oberrheinischen Tiefebene, erstreckt. In **Weinheim** liegt rechts an der Strecke der Stammsitz der Unternehmensgruppe Freudenberg. Das Familienunternehmen mit internationaler Ausrichtung stellt neben Dichtungs- und Schwingungstechnik auch Vliesstoffe her, die als Reinigungsartikel unter der Marke Vileda bekannt sind. In **Ladenburg** grüßen dann zahlreiche Türme der spätmittelalterlichen Altstadt, bevor die Strecke den Neckar quert. Links fällt der Blick flussaufwärts auf den Wasserturm der Stadt. Die Strecke zweigt nun nach Westen ab *[Weiterfahrt in Richtung Heidelberg Nr. 33]* und erreicht **Mannheim** *[Weiterfahrt in Richtung Stuttgart Nr. 38, Karlsruhe Nr. 36, Mainz Nr. 33, Frankfurt Nr. 28]*. Kurz hinter dem Hauptbahnhof Mannheim führt die Route auf der Konrad-Adenauer-Brücke ins rheinland-pfälzische Ludwigshafen. Bis Neustadt verläuft die Bahnlinie nun zunächst durch die oberrheinische Tiefebene, die eher landwirtschaftlich geprägt ist. Bald tauchen dann in der Ferne die Hügel der **Haardt** auf. Die Höhenstufe kennzeichnet das Ende des Rheingrabens und den Beginn des Pfälzerwaldes. Vom Zug aus haben Sie zur Rechten

Blick von der Konrad-Adenauer-Brücke bei Mannheim rheinaufwärts

Der Neckar mit dem Wasserturm von Ladenburg

einen guten Blick über **Neustadt** an der Weinstraße und deren Türme, darunter das Wahrzeichen der Stadt, die gotische Stiftskirche mit ihren zwei ungleichen Türmen. Bis Kaiserslautern folgt nun landschaftlich sehr reizvoll die Querung des Pfälzerwaldes. **Kaiserslautern** ist nicht nur als Industrie- und Universitätsstadt bekannt, sondern auch durch die Stützpunkte der US-Armee und seinen Fußballclub. Vor dem Hauptbahnhof liegt zur Linken der Betzenberg mit dem Fritz-Walter-Stadion. Rechts der Bahnlinie folgt anschließend das Gelände der Firma Pfaff. 1862 entwickelte der Instrumentenmacher Georg Michael Pfaff in Kaiserslautern seine erste Nähmaschine und gründete die gleichnamige Firma. Ebenfalls auf der rechten Seite an der Strecke liegt etwas später auch das Opelwerk Kaiserlautern. Weiter durch den Landstrich **Westrich** quert die Strecke vor Homburg die Landesgrenze zum Saarland. Früher gehörten Homburg und St. Ingbert noch zur Pfalz, erst durch den Versailler Vertrag kamen beide Städte 1919 zum damaligen „Saargebiet“. In **St. Ingbert** bietet sich schließlich rechtsseitig ein Blick über die Stadt mit der neugotischen Kirche St. Josef. Nach dem Halt in **Saarbrücken** führt die Strecke über Metz nach Paris.

Streckendetails:
KBS 670 (Saarbrücken – Mannheim), 650 (Mannheim – Frankfurt)
Strecke elektrifiziert und zweigleisig.
Gesamt 219 km
Saarbrücken 31 km Homburg 36 km Kaiserslautern 33 km Neustadt 31 km Mannheim 24 km Weinheim 14 km Bensheim 22 km Darmstadt 28 km Frankfurt

Auf der Bergstraße entlang der Hänge des Odenwaldes

Blick mainaufwärts mit der Frankfurter Innenstadt

Frankfurt (Main) – Nürnberg 35

über Aschaffenburg, Würzburg

Main-Spessart-Bahn (Aschaffenburg – Würzburg)

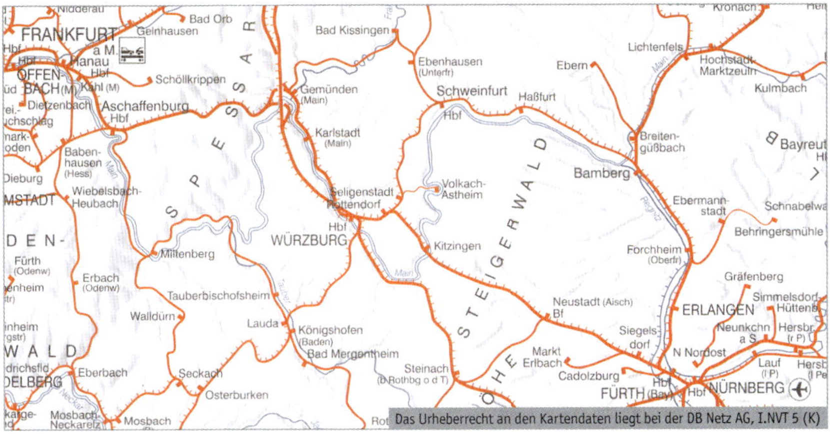

Von Frankfurt bis Aschaffenburg folgt die Strecke dem Main, verlässt schließlich den Fluss und quert den Spessart auf direktem Weg. Bei Lohr treffen Eisenbahnstrecke und Fluss dann wieder aufeinander. Mit seinem auf einer Sage beruhenden Märchen vom „Wirtshaus im Spessart“ zeichnete der Schriftsteller Wilhelm Hauff 1827 ein düsteres Bild des Mittelgebirges, in dessen Wäldern Räuberbanden ihr Unwesen trieben. Die Handlung wurde 1958 auch verfilmt. Die dichten Eichen- und Buchenwälder sind heute noch im Spessart zu finden. Sie waren im Mittelalter kaiserlicher Bannwald, in dem die Jagd dem Adel vorbehalten war. Der Name Spessart leitet sich aus „Spechtshard“ ab, dem Wald der Spechte. Zwischen Lohr und Gemünden trifft die Linie auf die Schnellfahrstrecke von Hannover nach Würzburg, während die Altbaustrecke durch das Maintal führt. Beiderseits des Mains gedeiht der Fränkische Wein, der in den typischen Bocksbeutel-Flaschen angeboten wird. Die Form der Flachkugelflasche, die schon den Kelten bekannt war, ist heute geschützt und darf bis auf wenige Ausnahmen nur für fränkische Weine verwendet werden. Der Steigerwald, den die Strecke zwischen Würzburg und Nürnberg quert, gehört ebenfalls zur fränkischen Weinlandschaft. Aber auch die Braukunst ist hier zu Hause. Eine hohe Brauereidichte und viele lokale Biersorten zeugen von der jahrhundertealten Brautradition Frankens. Mit Erhebungen bis etwa 500 Meter über dem Meeresspiegel erreicht der Steigerwald nicht ganz die Höhen des Spessarts. Von Fürth bis Nürnberg folgt die Strecke, wenn auch mit anderer Streckenführung, der Bayerischen Ludwigsbahn. 1835 begann mit der Dampflok Adler auf dieser Strecke die Geschichte der Eisenbahn in Deutschland.

35

Frankfurt (Main) – Nürnberg

Von Frankfurt bis Hanau fahren Sie auf der gleichen Strecke, die auch die Züge gen Norden nutzen *[siehe Nr. 20]*. Auf der Fahrt durch das weite Maintal passieren Sie kurz nach **Hanau** die hessisch-bayerische Grenze. Etwa auf halbem Weg zwischen Hanau und Aschaffenburg liegt der Ort Dettingen. Im österreichischen Erbfolgekrieg fand hier am 27. Juni 1743 eine Schlacht statt, bei der einer Heer von rund 70 000 Franzosen von einer Truppe bestehend aus 35 000 Engländern, Hannoveranern, Österreichern und Hessen besiegt wurde. Hinter Aschaffenburg beginnt anschließend der Aufstieg über den Höhenzug des **Spessarts**. Mit dem Tunnel vor Heigenbrücken ist der Scheitelpunkt erreicht und die Bahn folgt dem Tal des Flüsschens Lohr wieder hinab ins Maintal. Die Orte entlang der Strecke waren einst geprägt von Bergwerken und Glashütten. Auch Eisenhämmer, in denen Schmiedeeisen hergestellt wurden, waren in der Gegend zu finden. Bei **Lohr** trifft die Strecke dann auf den Main. Rechter Hand sehen Sie den Turm der Stadtpfarrkirche, eine spätgotische Pfeilerbasilika, die zwischen 1460 und 1549 erbaut wurde. Die Reise führt Sie nun ein kurzes Stück entlang des Mains flussaufwärts, bevor die meisten Züge den Main überqueren und durch einen Tunnel auf die Schnellfahrstrecke aus dem Norden stoßen. Einige Züge fahren auch entlang des Mains über die mainfränkischen Städte Gemünden und Karlstadt weiter bis Würzburg. Die Fahrt über die Schnellfahrstrecke ist durch zahlreiche Tunnel geprägt. Kurz vor Würzburg überqueren Sie nochmals den Main und haben nach dem nächsten Tunnel rechts einen schönen Blick über **Würzburg**. Über der Brücke der deutschen Einheit thront die Festung Marienberg, ferner sind die vielen Türme der Stadt zu sehen. Linkerseits der Strecke liegt der Würzburger Stein. Die Weinlage, eine der berühmtesten in Deutschland, erstreckt sich oberhalb der Stadt. Die Südlage, der Muschelkalkboden und die Hangneigung begünstigen den Weinbau in besonderer Weise. Schon Goethe wusste den Wein zu schätzen, über den er schrieb: „Kein anderer Wein will mir schmecken und ich bin verdrießlich, wenn mir mein Lieblingsgetränk abgeht". Die

Am Rande des Vorspessart bei Laufach

Fahrt durch den Hochspessart

Strecke verlässt mit Würzburg *[Weiterfahrt Richtung Ansbach Nr. 42]* zunächst den Main und trifft dann bei Kitzingen wieder auf den Fluss. Bei **Iphofen** passieren Sie ein Gipswerk der Firma Knauf. Das Unternehmen wurde 1932 hier gegründet und ist noch heute im Besitz der Familie Knauf, die den internationale Konzern von Iphofen aus lenkt. Weltweit etwa 22 000 Mitarbeiter sind mit der Produktion von Gips und anderen Baustoffen beschäftigt. Hinter **Neustadt** an der Aisch, wo Sie links das mittelalterliche Nürnberger Tor erblicken, führt die Strecke oberhalb des Ortes **Emskirchen** vorbei. Dabei sehen Sie zur Rechten die Kirche, die dem heiligen Kilian geweiht ist. Der iro-schottischer Missionsbischof kam im Jahr 686 nach Würzburg und soll durch die Frau des fränkischen Herzogs ermordet worden sein. Er ist der Schutzpatron der Franken. Eine weitere interessante Kirche sehen Sie in **Fürth**-Burgfarrnbach ebenfalls auf der rechten Seite. Die Kirche St. Johannis ist an ihrem hoch aufragenden Turm mit seinen vier Ecktürmchen, den so genannten Scharwachttürmchen, zu erkennen. Sie wurde im Jahr 1287 erstmals erwähnt und gilt damit als eine der ältesten Kirchen der Gegend. Die Strecke quert nun den Main-Donau-Kanal und erreicht Fürth. Linker Hand hat Quelle, das größte Versandhaus Europas, seinen Hauptsitz. Bei der Einfahrt nach **Nürnberg** erblicken Sie nun auf der linken Seite die Doppeltürme von St. Lorenz, der größten Kirche Nürnbergs. Die gotische Kirche wurde im 14. Jahrhundert vollendet und im Zweiten Weltkrieg stark beschädigt *[ab Nürnberg Weiterfahrt Richtung Bamberg Nr. 30, Hof Nr. 31, Regensburg Nr. 44, München Nr. 43, Stuttgart Nr. 41]*.

Auf der Schnellfahrtstrecke durch Unterfranken

Die Festung Marienberg über dem Main bei der Einfahrt nach Würzburg

35

Nürnberg – Frankfurt (Main)

Bei der Ausfahrt aus dem Bahnhof Nürnberg sehen Sie rechts die Kuppel des Opernhauses. Das Gebäude wurde 1905 errichtet und diente während der Nazizeit als einer der Schauplätze der alljährlichen Reichsparteitage. Später wurden hier für die GI's der amerikanischen Besatzungsmacht Shows und Kinovorstellungen gegeben. Heute gehört der Bau zum Staatstheater Nürnberg. Neben Nürnberg mit seiner Spielwarenmesse ist auch **Fürth** ein Zentrum der Spielwarenindustrie. So passieren Sie etwas später linksseitig das Werk der Firma Bruder, in dem vorbildgetreue Spielzeugfahrzeuge wie Bagger, Laster und Traktoren hergestellt werden. Bei der Fahrt durch den Steigerwald sehen Sie vor Markt Bibart in der Ferne rechter Hand an einem Hang das **Schloss Schwarzenberg**. Es handelt sich um ein ehemaliges Herrschaftsgebäude im Renaissancestil. Einst war dort das gleichnamigen Fürstenhaus beheimatet, heute ist im Schloss eine Realschule mit Internat untergebracht. In **Kitzingen** quert die Strecke nun den Main, wobei Sie rechtsseitig einen schönen Blick auf die Stadt und auf die Türme der beiden Stadtkirchen haben. Die evangelische Stadtkirche mit dem gelben Turm stammt aus dem 17. Jahrhundert und war einst die Klosterkirche eines Ursulinerinnenklosters. Dahinter liegt das älteste Bauwerk der Stadt, die katholische Stadtkirche aus dem 15. Jahrhundert im spätgotischen Stil. Die Strecke verläuft jetzt ein Stück parallel flussaufwärts zum Main und bietet zur Rechten einen schönen Ausblick über den Fluss. Weniger ansprechend kündet anschließend ein Müllheizkraftwerk auf der rechten Seite **Würzburg** an. Dort erblicken Sie direkt am Bahnhof *[Weiterfahrt Richtung Ansbach Nr. 42]* zur Linken die Türme und die Kuppel von Stift Haug. Die Stiftskirche wurde in den Jahren 1670 bis 1691 als erster großer Barockbau in Franken erbaut. Bei der Ausfahrt haben Sie links nochmals einen Blick über die Stadt und die **Festung Marienberg** am gegenüberliegenden Mainufer. Bereits die Kelten nutzten des Felsplateau für eine Fliehburg, später beherbergte die Festung die Fürstbischöfe von Würzburg. Nach kurzer Fahrt auf der Schnellfahrstrecke *[Weiterfahrt Richtung Fulda Nr. 20]* zweigt

Weinlage Würzburger Stern

Der Main bei Kitzingen

die Linie ins Maintal ab. Nachdem Sie eine Mainstaustufe passiert haben, sehen Sie am gegenüberliegenden Ufer die Barockkirche von Steinbach. Der nächste Ort soll übrigens die Heimat Schneewittchens gewesen sein, denn einige Fakten sprechen dafür, dass die Märchenfigur in **Lohr** ein reales Vorbild hatte. Nun beginnt die „Spessartrampe". Für die steile Bergstrecke mussten früher zusätzliche Lokomotiven vorgespannt werden oder den Zug schieben, selbst heute ist dies noch bei schweren Güterzügen nötig. Am anderen Fuße des Spessarts liegt anschließend **Aschaffenburg**. Hinter dem Bahnhof können Sie links die Türme von Schloss Johannisburg sehen. Es handelt sich um einen Spätrenaissancebau aus den Jahren 1605 bis 1614, der den Mainzer Kurfürsten als zweite Residenz diente. Wenig später künden rund um den Ort **Kahl** zahlreiche Seen von einem einst florierenden Braunkohle-Tagebau. Der Ort wurde auch bundesweit bekannt durch das Versuchsatomkraftwerk Kahl, dem ersten und mittlerweile wieder demontierten Kernkraftwerk der Bundesrepublik. Linker Hand in der Ferne ist wenig später das Kraftwerk Staudinger zu sehen. Aus Kohle und Gas erzeugt das E.ON-Kraftwerk hier eine Gesamtleistung von etwa 1 700 Megawatt. Bei **Hanau** trifft die Strecke auf die Verbindung Fulda-Frankfurt *[Weiterfahrt Nr. 20]*.

Blick auf Kitzingen

Fahrt durch den Steigerwald

35

Streckendetails:

KBS 640 (Frankfurt – Aschaffenburg), 800/351 (Aschaffenburg – Würzburg), 805 (Würzburg – Nürnberg)

Strecke elektrifiziert und zweigleisig.

Gesamt 226 km

Frankfurt Hbf 4 km Frankfurt Süd 20 km Hanau 22 km Aschaffenburg 38 km Lohr 40 km Würzburg 102 km Nürnberg

Altbaustrecke über Gemünden:

Lohr 14 km Gemünden 38 km Würzburg

Kirche St. Kilian in Emskirchen

Schauspielhaus und Opernhaus Nürnberg

Mannheim – Basel / Strasbourg 36

über Karlsruhe, Offenburg, Freiburg

Rheinbahn (Mannheim – Karlsruhe), Rheintalbahn (Karlsruhe – Basel), Europabahn (Appenweier – Strasbourg)

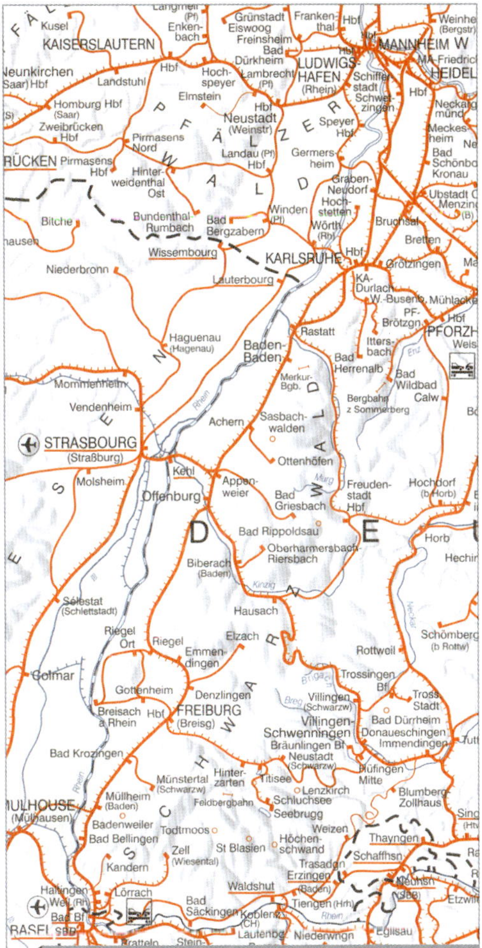

Das Urheberrecht an den Kartendaten liegt bei der DB Netz AG, I.NVT 5 (K)

Die Strecke von Mannheim nach Basel gehört zu den wichtigsten Nord-Süd-Verbindungen und ist Hauptzufahrtstrecke zu den Schweizer Alpentunneln. Die Route ist damit auch für den Güterverkehr von und nach Italien von großer Bedeutung. Der Ausgangspunkt der Strecke liegt in der Kurpfalz. Die einst von den Pfalzgrafen beherrschte Region beiderseits des Rheins ist heute durch die Landesgrenze von Baden-Württemberg und Rheinland-Pfalz getrennt. Bis Basel führt Sie die Reise am östlichen Rand der Oberrheinebene entlang. Geologisch handelt es sich bei der Talform um einen Grabenbruch, bei dem die Erdkruste absinkt. Auf französischer Seite erheben sich im Osten die Vogesen, auf deutscher Seite der Schwarzwald. Geschützt durch diese Mittelgebirge herrscht in der Ebene ein sehr mildes Klima. Sie passieren anschließend die Ortenau, wo die Linie Richtung Strasbourg abzweigt, und später das Breisgau. Im Osten liegt der Kaiserstuhl, der sich rund 300 Meter aus der Oberrheinebene erhebt. Lößböden, die der Kaiserstuhl seinem vulkanischen Ursprung verdankt, machen die Gegend zu einem geschätzten Weinanbaugebiet. Ein weiteres bekanntes Weinanbaugebiet ist auch das Markgräflerland wenig später, das sich vom Breisgau bis zur Schweizer Grenze erstreckt. Bevor Sie Basel erreichen, passiert die Strecke den Isteiner Klotz. Der Jurafelsen zwischen Rheingraben und Schwarzwald war aufgrund der grenznahen Lage zu Kriegszeiten strategisch interessant und als Teil des Westwalls militärisch stark befestigt. Mit Basel erreichen Sie das Zentrum der „Regio TriRhena“, dem Dreiländereck am Rheinknie.

36

Mannheim – Basel

Von Mannheim bis Phillipsburg teilen sich die Züge die Trasse mit der Strecke nach Stuttgart *[Nr. 38]*. Bei der Einfahrt nach **Karlsruhe** erblicken Sie auf der rechten Seite in Orangetönen das Schloss Gottesaue mit seinen zahlreichen runden Türmen. An der Stelle einer früheren Benediktinerabtei ließ Markgraf Karl II. 1553 ein Schloss errichten, das mehrmals durch Kriege und einen Brand zerstört und wiederaufgebaut wurde. Genutzt wurde es während dieser Zeit als Abtei, landwirtschaftliches Gut, Kaserne, Mietsgebäude und Polizeischule; heute beherbergt es die Staatliche Hochschule für Musik. Ab Karlsruhe *[Weiterfahrt Richtung Stuttgart Nr. 38]* begleitet Sie der **Schwarzwald**, dessen Höhen Sie auf der linken Seite sehen. Weiter geht es über Baden-Baden nach Bühl, das für seine Bühler Zwetschgen bekannt ist. Neben dieser Pflaumenart wird in der Region auch Wein angebaut. Zur Linken sehen Sie anschließend einen Berggipfel mit einer Sendeanlage. Es ist die **Hornisgrinde**, mit 1164 Metern der höchste Berg des Nordschwarzwalds. Zwischen **Offenburg** *[Weiterfahrt Richtung Konstanz Nr. 37]* und Lahr ist bald rechts ein Kirchturm zu sehen. Er gehört zum ehemaligen **Benediktinerkloster** in **Schuttern**. Das Kloster wurde im Jahr 603 von dem iro-schottischen Pilgermönch Offo gegründet, im 8. Jahrhundert führte schließlich der Wandermönch Pirmin die Ordensregeln der Benediktiner „Ora et labora" ein. Mit der Säkularisation zu Beginn des 19. Jahrhunderts wurde das Kloster aufgelöst. Ebenfalls rechter Hand lassen sich am Horizont immer wieder die **Vogesen** erahnen. Etwa auf halber Strecke zwischen Lahr und Freiburg verlässt die Bahn die Rheinebene. Rechts erhebt sich nun in der Ferne der **Kaiserstuhl**. Zudem bietet sich schräg nach vorn zu beiden Seiten ein Blick auf die Schwarzwaldhöhen. Die Strecke führt nun durch **Freiburg** und quert hinter dem Bahnhof die Dreisam. Im weiteren Verlauf kehrt die Strecke in die Rheinebene zurück. Hinter dem Kurort Bad Krozingen folgt der kleine Ort **Eschbach**. Dort erblicken Sie rechts die alte Kirche St. Agnes mit ihrem freistehenden Kirchturm sowie das Eschbacher Castell, ein hochaufragendes Herrschaftshaus aus dem 15. Jahrhundert. Entlang der Hänge auf der linken Seite erstrecken sich Weinberge, in denen die für das **Markgräflerland** typischen Gutedel-Weine angebaut werden. Kurz hinter Weil quert die Strecke die Schweizer

Blick auf den Schwarzwald

Ortenau – Fahrt durch die Rheinebe

Grenze und erreicht den Badischen Bahnhof in **Basel**, ein exterritorialer deutscher Bahnhof auf Schweizer Gebiet. Nach dem Halt im Badischen Bahnhof führt die Route über den Rhein zum Schweizer Bahnhof.

Basel – Mannheim

Kurz hinter dem badischen Bahnhof in Basel quert die Strecke die Wiese. Der Fluss entspringt am Feldberg im Schwarzwald und mündet bei Basel in den Rhein. Bald darauf geht es bergauf und die Strecke passiert kurvenreich und durch Tunnel den **Isteiner Klotz.** Linkerseits haben Sie jetzt einen schönen Blick über das Rheintal und die Auwälder an Rhein und Rhein-Seitenkanal. Vor 160 Millionen Jahren, als Europa von einem Schelfmeer bedeckt war, bildeten Korallen und Muscheln Riffe. Diese Riffe finden sich heute als Kalksedimente, die von der HeidelbergCement AG hier am Isteiner Klotz abgebaut werden. Wenig später folgt der Ort **Auggen**, dessen Weinlage „Auggener Schäf" von Weinkennern besonders geschätzt wird. Die weitere Fahrt ist stets von den Schwarzwaldhängen auf der rechten Seite und der Oberrheinischen Tiefebene links geprägt. Kurz hinter Freiburg fällt in **Denzlingen** zur Rechten der Blick auf den außergewöhnlichen Turm der evangelischen Georgskirche. Im Auftrag des Markgrafen von Baden bekam der Kirchturm im Jahr 1547 als Besonderheit statt eines Dachs eine offene Spiraltreppe als Turmspitze. Hinter Emmendingen ist bald rechtsseitig die **Burgruine Lichteneck** auf einem Hügel zu sehen. Sie wurde um 1250 erbaut und war stets umkämpft, bis sie 1675 endgültig niedergebrannt wurde. Neben Wein gedeihen hier auch Erdbeeren oder Spargel. Felder beider Kulturen sind linksseitig der Strecke zu sehen. Je nach Jahreszeit werden auf den Spargelfeldern Folien eingesetzt. Mit transparenten Thermofolien kann der Erntebeginn verfrüht werden, weiß-schwarze Folien verhindern Verfärbungen des Spargels durch Sonneneinstrahlung. Hinter den Feldern etwas weiter westlich liegt der Europa-Park, Deutschlands größter Freizeitpark. Kurz vor **Offenburg** *[Weiterfahrt Richtung Konstanz Nr. 37]* quert die Strecke die Kinzig. Etwa auf halber Strecke bis Rastatt sehen Sie auf der rechten Seite die Doppeltürme der neugotischen Pfarrkirche St. Johannes in **Ottersweier**. Die Pfarrgemeinde selbst zählt zu den ältesten im Land, Grundsteinlegung für den mächtigen Kirchenbau war jedoch erst 1906. Vor dem Bahnhof **Rastatt** überquert die Bahn die Murg, dabei haben Sie

Am Horizont erhebt sich der Kaiserstuhl aus der Oberrheinischen Tiefebene

Georgskirche in Denzlingen mit Spiraltreppe als Turmspitze

links einen Blick auf die Obere Stauschleusenbrücke und dahinter den Wasserturm. Von Rastatt führen zwei Trassen nach Karlsruhe. Sie umschließen den Hardtwald, der als grüne Lunge Karlsruhes gilt. Zwischen **Karlsruhe** *[Weiterfahrt Richtung Stuttgart oder Heidelberg Nr. 38]* und Mannheim sind auf halber Strecke zur Linken in der Ferne zwei Kühltürme zu sehen. Sie gehören zum Kernkraftwerk **Philippsburg**. Dort werden jährlich rund 18 Milliarden Kilowattstunden Strom erzeugt – etwa ein Drittel der in Baden-Württemberg benötigten Elektrizität. Endpunkt der Strecke ist **Mannheim** *[Weiterfahrt Richtung Saarbrücken oder Darmstadt Nr. 34, Frankfurt Nr. 28, Mainz oder Heidelberg Nr. 33, Stuttgart Nr. 38]*.

Abzweig Richtung Strasbourg

In Appenweier zweigt die Strecke ins französische Strasbourg ab. Bis Kehl führt Sie die Reise durch die Ortenau, die wegen Klima, Lebensqualität und Mentalität von den Touristikern „Toskana Deutschlands" getauft wurde. In Kehl passieren Sie zunächst den Vorort Kork, der bundesweit durch die Recyclingaktion „Korken für Kork" bekannt ist. Millionen von gesammelten Flaschenkorken werden in einer Behinderteneinrichtung im Ort zu Dämmstoffgranulat verarbeitet. Über die Kinzig erreichen Sie **Kehl**, wo Sie linker Hand einen Blick über die Innenstadt haben. Die Stadt ist die letzte Station auf deutscher Seite, bevor die Bahn den Rhein quert und vorbei an den Hafenanlagen rechter Hand die elsässische Metropole **Strasbourg** erreicht. Bei der Fahrt durch das Stadtgebiet von Strasbourg sehen Sie zur Rechten den Turm des berühmten Münsters aufragen. Der Turm der gotischen Kathedrale aus Sandstein ist 142 Meter hoch. Die Strecke führt weiter bis Paris.

Streckendetails:
KBS 700 (Mannheim – Karlsruhe),
702 (Karlsruhe – Basel);
719 (Appenweier – Strasbourg)
Strecke elektrifiziert und zweigleisig/ teilweise viergleisig
(Rheinbrücke bei Kehl eingleisig).
Gesamt Mannheim – Basel 263 km / Baden-Baden – Strasbourg 54 km
Mannheim 61 km Karlsruhe 24 km Rastatt 8 km Baden-Baden 41 km Offenburg 62 km Freiburg 62 km Basel Bad Bf. 5 km Basel SBB
Baden-Baden 45 km Kehl 9 km Strasbourg

Blick vom Isteiner Klotz über die Auwälder

Weinanbau im Markgräfler Land

Offenburg – Konstanz 37

über St. Georgen, Villingen, Singen
Schwarzwaldbahn

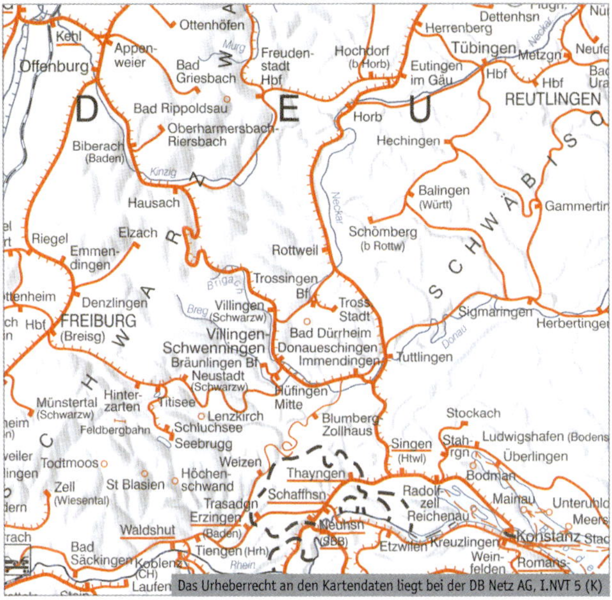

Das Urheberrecht an den Kartendaten liegt bei der DB Netz AG, I.NVT 5 (K)

Kirschtorte, Schinken, Kuckucksuhr und Bollenhut – auf der Fahrt von der Rheinebene zum Bodensee stehen weniger die Köstlichkeiten und Bräuche der Region als die landschaftlichen Höhepunkte der Strecke im Mittelpunkt. Die Schwarzwaldbahn gilt als eine der schönsten deutschen Mittelgebirgsstrecken und verbindet die Rheinebene mit den baden-württembergischen Urlaubsregionen Schwarzwald und Bodensee. An der Strecke liegen viele Schwarzwaldhäuser in der traditionellen und für diesen Landstrich typischen Bauweise. Als so genannte Einhäuser vereinen die Holzhäuser Wohnung, Stall und Speicherraum unter dem heruntergezogenen Walmdach. Über einen Steg oder eine Erdrampe kann die Ernte direkt in den Dachspeicher eingefahren werden. Ursprünglich wurden nur die Küche und die Stube beheizt, zudem wurde das Haus durch den Stall gewärmt. Weiter führt die Strecke bei Villingen über die Hochebene der Baar und schließlich durch den Hegau. Zahlreiche kegelförmige Schlote erloschener Vulkane zeugen von der bewegten Erdgeschichte dieser Region. Auf den meisten dieser Phonolithberge können Sie auch Burgruinen aus dem Mittelalter entdecken. In der Ferne ist dann schon bald mit dem Untersee der westliche Teil des Bodensees auszumachen. In Konstanz erreicht die Linie schließlich auch den größeren Seeteil, den Obersee. Beide Seeteile sind durch den etwa vier Kilometer langen Seerhein miteinander verbunden. Da die Strecke aus politischen Gründen nur über badisches Gebiet und nicht durch Württemberg verlaufen sollte, müssen die Höhen des Schwarzwaldes mit zwei Kehrschleifen und insgesamt 39 Tunnels überwunden werden.

37

Offenburg – Konstanz

Von Offenburg folgt die Strecke dem Fluss Kinzig in den Schwarzwald. Schon bald erreichen Sie **Gengenbach**, wo Sie auf der linken Seite einen Blick in die historische Altstadt haben. Zunächst sehen Sie den Kinzigtorturm. Der Wehrturm diente auch zur Überwachung der Kinzig, um von den Flößern Zölle einzufordern. Die Aufschrift auf dem Turm kündet noch heute von der Geschichte Gengenbachs als „Reichsstadt". Wenig später folgt der Niggelturm, der als Wach- und Gefängnisturm erbaut wurde. Bei **Biberach** sehen Sie anschließend rechts ein abgestelltes Tupolev-Flugzeug. Es gehört der Firma Hydro, die Wartungs- und Produktionsgeräte für die Luftfahrtindustrie liefert. Ab Hausach folgt die Strecke nun dem Lauf des Flusses Gutach in ein Seitental. Auf einem Viadukt geht es weiter über die Dächer der Stadt **Hornberg**. Rechts erblicken sie den Schlossberg mit dem Pulverturm, Schauplatz des berühmten Hornberger Schießens. Die Bürger der Stadt wollten damals den Herzog von Württemberg mit Kanonendonner begrüßen, verschossen aber alles Pulver, als sie irrtümlich erst eine Rinderherde, dann einen fahrenden Händler für den Tross des Herzogs hielten und so beim Eintreffen des Herzogs nur noch aus vollen Kehlen „Piff-Paff" rufen konnten. Zwischen Hornberg und St. Georgen folgt nun der spektakulärste Abschnitt der Strecke. Um einen Höhenunterschied von 540 Metern zu überwinden, durchfährt die Bahn **Kehrschleifen und Tunnels**. Robert Gerwig, der Erbauer der Strecke, war später auch am Bau der Gotthard-Bahn beteiligt. An ihn erinnert ein Denkmal, das Sie nach der Ausfahrt aus dem Bahnhof Triberg links sehen. Zwischen den Tunnelabschnitten eröffnen sich immer wieder spektakuläre Ausblicke auf Schwarzwaldtäler, bewaldete Höhen und typische Schwarzwaldhöfe, zudem ist an den gegenüberliegenden Hängen hin und wieder die Bahnstrecke zu sehen. Links unten im Tal ist dann für einen kurzen Augenblick die derweil **weltgrößte Kuckucksuhr** im Maßstab 60:1 zu erkennen. Mit dem Merkspruch „Brigach und Breg bringen die Donau zuweg" erklärt der Volksmund die Entstehung der Donau. So folgt der Streckenverlauf zwischen St. Georgen und Donaueschingen zunächst dem Flüsschen Brigach, das sich in der Nähe von **Donaueschingen** mit der Breg vereinigt und als Donau die Bahnreisenden bis über Immendingen

Niggelturm in Gengenbach

Im Schwarzwald bei Hornberg

hinaus begleitet. Die Landschaft wird nun wieder hügeliger und führt durch den **Hegau** und entlang der Radolfzeller Aach auf der linken Seite nach **Singen** *[Weiterfahrt Richtung Stuttgart oder Schaffhausen Nr. 40]*. Mit Radolfzell erreichen Sie den Untersee. Die Strecke führt nun am Seeufer entlang und gibt anschließend rechts einen Blick frei auf die Gemüse-Insel **Reichenau** mit der Kirche St. Peter und Paul am Westende der Insel. Sie ist eine von drei mittelalterlichen Kirchen, denen die Insel den Titel als UNESCO-Weltkulturerbe verdankt. Bei der Einfahrt nach **Konstanz** über die alte Rheinbrücke fällt der Blick linkerseits auf den Bodensee, rechter Hand auf den Seerhein, den Rheintorturm und den Pulverturm sowie die historische Altstadt mit dem Münsterturm. Zwischen dem ehemaligen Dominikanerkloster auf einer kleinen Insel zur Linken und dem Stadttheater rechtsseitig erreicht die Strecke den Konstanzer Bahnhof, der aus einem deutschem und einem schweizer Teil besteht.

Konstanz – Offenburg

Bei der Ausfahrt aus dem Konstanzer Bahnhof fällt der Blick linker Hand in die Innenstadt mit der Marktstätte, einem der zentralen Plätze der Universitätsstadt. Rechts erblicken Sie den Hafen, wo die Bodenseeschiffe und die Katamarane nach Friedrichshafen ablegen. Direkt an den Gleisen liegt zur Rechten das Konzilgebäude, ein Kauf- und Lagerhaus aus dem Jahr 1388. Nachdem der Zug das Stadtgebiet verlassen hat, passiert die Strecke linksseitig das **Wollmatinger Ried**, ein bedeutendes Naturschutzgebiet am Seeufer. Rechts sehen Sie dann das Kloster der Barmherzigen Schwestern vom Heiligen Kreuz in Hegne. Sie fahren kurz darauf durch **Allensbach** – bekannt durch das Institut für Demoskopie – und erreichen **Radolfzell**, wo rechts der Turm des Münsters Unser Lieben Frau zu sehen ist. Vorbei am Werk des Aluminiumverarbeiters Alcan rechts erreicht die Strecke **Singen** *[Weiterfahrt Richtung Stuttgart oder Schaffhausen Nr. 40]*. Rechter Hand sehen Sie schon den Hohentwiel. Hinter dem Bahnhof führt die Strecke direkt unterhalb des Vulkankegels entlang, sodass Sie jetzt auf der linken Seite die Ruinen der im Jahr 914 gegründeten Festungsanlage erblicken können. Auch auf den folgenden Vulkanbergen gibt es Burgruinen, die den Hegau zu einer der

Fahrt durch den Schwarzwald

Rapsblüte auf der Baar

burgenreichsten Landschaften machen. Rechts folgt anschließend die mittelalterliche und schmuck sanierte Altstadt von **Engen** mit der Stadtkirche Mariä Himmelfahrt aus dem 13. Jahrhundert. Vorbei am ehemaligen Zementwerk in Geisingen führt die Strecke über Donaueschingen, Villingen und St. Georgen durch das Brigachtal in den Schwarzwald. Hinter St. Georgen erreicht die Strecke mit 832 Höhenmetern den höchsten Punkt und verschwindet im ersten Tunnel, der mit fast 1,7 Kilometern auch der längste der Strecke ist. Ab Triberg folgen Sie nun dem Flüsschen Gutach, das bei Triberg die höchsten Wasserfälle Deutschlands bildet. Rechts fällt der Blick in das tiefe Tal des Flusses. Vor **Hornberg** lohnt der Blick links ins Tal auf das sehenswerte Gebäude der Firma Duravit, deren Produkte bei diesem Anblick unschwer zu erraten sind. Zwischen Hornberg und Hausach sind zur Linken der fast 400 Jahre alte **Vogtsbauernhof** sowie weitere hierher versetzte Schwarzwaldhöfe zu sehen, die zu einem Freilichtmuseum gehören. In Hausach selbst erhebt sich links die **Burg Husen**, die seit dem 13. Jahrhundert über Handelsstraßen und den damaligen Silberbergbau im Tal wacht. Bei Biberach ist links in der Ferne dann eine weitere Burgruine zu sehen. **Hohengeroldseck** wurde um 1260 auf dem Schönberg errichtet und wacht seither über das Kinzig- und Schuttertal. Bevor die Strecke Offenburg erreicht, führt Sie hinter dem Ort Gengenbach unterhalb von **Schloss Ortenberg** vorbei. Die Anlage wurde von 1838 bis 1843 aus der Ruine einer ehemaligen Reichsburg erbaut und wird heute als Jugendherberge genutzt. Endpunkt der Schwarzwaldbahn ist **Offenburg** *[Weiterfahrt Richtung Basel oder Karlsruhe Nr. 36]*.

Streckendetails:
KBS 720 (Offenburg – Konstanz)
Strecke elektrifiziert und zweigleisig.
Gesamt 179 km
Offenburg 33 km *Hausach* 10 km *Hornberg* 13 km *Triberg* 15 km *St. Georgen* 15 km *Villingen* 14 km *Donaueschingen* 49 km *Singen* 10 km *Radolfzell* 20 km *Konstanz*

Hohentwiel mit Festung

Blick über den Gnadensee zur Halbinsel Mettnau vor Radolfzell

Karlsruhe / Mannheim – Stuttgart **38**

über Pforzheim, Bruchsal, Vaihingen
Baden-Kurpfalz-Bahn (Karlsruhe – Ubstadt)

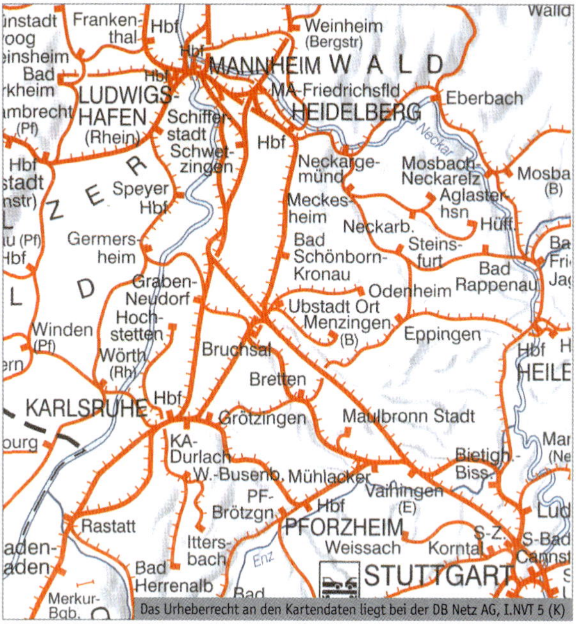

Das Urheberrecht an den Kartendaten liegt bei der DB Netz AG, I.NVT 5 (K)

Das Dreieck zwischen Karlsruhe, Mannheim und Stuttgart verbindet die drei größten Städte in Baden-Württemberg. Es besteht aus der Schnellfahrstrecke von Mannheim nach Stuttgart sowie aus den Verbindungen von Karlsruhe über Bruchsal oder Pforzheim an den Neckar. Gemeinsam haben die drei Strecken, dass sie den badischen Landesteil mit der Landeshauptstadt verbinden. Das historische Baden erstreckt sich entlang des Rheins von Mannheim bis zum Bodensee, im Ostteil des Landes liegt Württemberg. Gegen den damaligen Willen der Südbadener sind die Landesteile seit 1952 im Bundesland Baden-Württemberg vereint. Zwischen dem Odenwald im Norden und dem Schwarzwald im Süden führen die Strecken durch den Kraichgau, eine sanfte Hügellandschaft mit mildem Klima. Landschaftlich interessant ist besonders die Strecke über Pforzheim durch das Enztal. Hier treffen die Ausläufer des Nordschwarzwaldes auf das Kraichgauer Hügelland. Entlang der Enz führt Sie die Reise vorbei an Felsen und ehemaligen Weinbergen nach Mühlacker und schwenkt bei Vaihingen auf die Schnellfahrstrecke Richtung Stuttgart ein. Vom Ende des 17. Jahrhunderts bis zum Beginn des Eisenbahnzeitalters im 19. Jahrhundert war die Enz wie andere Schwarzwaldflüsse ein wichtiger Wasserweg. Das Herzogtum Württemberg betrieb einen schwunghaften Holzhandel mit den Niederlanden und setzte dabei auf die Flößerei im Schwarzwald. Heute sind auf der Enz jedoch nur noch Kanuten und andere Wassersportler unterwegs. Auch Fliegenfischer, die es auf Forellen abgesehen haben, schätzen den Fluss.

38

Mannheim – Stuttgart

Die Strecke verläuft ab Mannheim zunächst durch die Oberrheinebene Richtung Süden. Nach der Ausfahrt aus dem Hauptbahnhof **Mannheim** sehen Sie linker Hand in der Ferne den Fernsehturm mit seinen 204 Metern aufragen. Ebenfalls linkerseits hinter den Gleisen des Rangierbahnhofs, der übrigens zu den größten Rangierbahnhöfen in Deutschland gehört, ist die SAP-Arena zu sehen. Die im Jahr 2005 eröffnete Sport- und Veranstaltungshalle ist auch Heimat des Eishockey-Rekordmeisters Mannheimer Adler. Wie für eine Schnellfahrstrecke typisch, prägen zahlreiche Brücken und Tunnel die Reise. So verschwindet die Strecke kurz nach Mannheim im über fünf Kilometer langen Pfingstberg-Tunnel. In dem nun folgenden Waldstück verbirgt sich zur Linken der **Hockenheimring**, der Motorsportfreunden sicherlich bekannter ist als der namensgebende Ort wenig später. Hier verlässt die Strecke die Oberrheinebene in Richtung Südosten *[Weiterfahrt Richtung Heidelberg Nr. 33 oder Karlsruhe siehe unten]*. Abseits von Ortschaften führt die Route nun in fast schnurgerader Fahrt Richtung Stuttgart. Nach der Ausfahrt aus dem Freudenstein-Tunnel, der mit 6,8 km der längste Tunnel der Strecke ist, durchfahren Sie den **Naturpark Stromberg-Heuchelberg**. Charakteristisch für das Naherholungsgebiet sind bewaldete Nordhänge und Weinberge an den Südlagen, an denen Lemberger, Trollinger und Riesling gedeihen. Angelehnt an die Weinbautradition der Region nennt sich **Vaihingen** auch „internationale Stadt der Rebe und des Weins" *[Abzweig von Pforzheim siehe unten]*. Zwischen zwei weiteren Tunneln überquert die Strecke die Enz. Im Anschluss passieren Sie drei Stuttgarter Stadtbezirke, die besondere Bekanntheit haben. Zunächst ist dies Stammheim mit dem durch die RAF-Prozesse bekannten Gefängnis. Darauf folgt Zuffenhausen mit dem Standort des Autobauers Porsche und schließlich Feuerbach mit dem Bosch-Konzern. Schließlich führt die Verbindung durch den Pragtunnel zum Hauptbahnhof *[Weiterfahrt Richtung Nürnberg Nr. 41, München Nr. 39 oder Singen Nr. 40]*.

Karlsruhe – Bruchsal – Stuttgart

Vom Karlsruher Hauptbahnhof führt die Strecke in den Stadtteil **Durlach**, der ehemals eine selbstständige Residenzstadt war.

Blick über das Kraichgau

Vaihingen an der Enz im Strohgäu

Auf der linken Seite erhebt sich der Turm der St. Bernhardkirche. Sie wurde von 1896 bis 1901 nach Plänen des Architekten Max Meckel gebaut und gilt als bedeutendster neugotischer Kirchenbau in Baden. Hinter Durlach zweigt die Strecke Richtung Pforzheim ab *[siehe unten]*. Auf dem Durlacher Turmberg können Sie dann zur Rechten einen Turm ausmachen. Der Wehrturm wurde in der Stauferzeit zwischen 1230 und 1250 erbaut. Zwischen dem Oberrheingraben links und dem Kraichgau rechts führt die Strecke nach Bruchsal. Dabei erblicken Sie bei Untergrombach rechtsseitig eine weiße Kapelle auf dem **Michaelsberg**. Auf dem Berg befindet sich eine archäologisch bedeutende Ausgrabungsstätte, nach der auch die Michelsberger Kultur benannt ist. Die Funde stammen von einer jungsteinzeitliche Kultur zuzeiten des Jungneolithikums im 5. und 4. Jahrtausend vor Christus. Kurz hinter dem Bahnhof **Bruchsal** können Sie dann für einen kurzen Moment rechts einen Blick auf das Barockschloss mit den Schlossanlagen erhaschen. Das Treppenhaus des Schlosses wurde von Balthasar Neumann entworfen und gilt als Meisterwerk der Baukunst. Die Strecke führt nun weiter Richtung Heidelberg *[Weiterfahrt Nr. 33]*, wobei die Linie nach Stuttgart kurz hinter Bruchsal auf die Schnellfahrstrecke nach Südosten einschwenkt.

Kaum von Fernverkehrszügen befahren und deshalb nur am Rande erwähnt, führt in anderer Fahrtrichtung eine weitere Strecke durch das Saalbachtal über Bretten nach Mühlacker und von dort weiter Richtung Stuttgart.

Karlsruhe – Pforzheim – Stuttgart

Ab Karlsruhe-Durlach folgt die Strecke zunächst dem Lauf des Flüsschens Pfinz durch das gleichnamige Tal. Im Norden liegen die Hügel des Kraichgaus, im Süden die Ausläufer des Schwarzwalds. Etwa auf halber Strecke zwischen Karlsruhe und Pforzheim passiert die Bahn den Ort **Königsbach**, wo linker Hand die Dorfkirche zu sehen ist. Im Dreißigjährigen Krieg wurde Königsbach 1622 von kaiserlichen Truppen geplündert. Die protestantische Bevölkerung hatte sich damals in die Kirche geflüchtet, was die Truppen jedoch nicht hinderte, dort ein Blutbad anzurichten und die Kirche in Brand zu stecken. In der Gold- und Schmuckstadt **Pforzheim**, auch Pforte zum Schwarzwald genannt, sehen Sie zur Rechten den Bezirksamtsturm, ein Jugend-

Blick auf das Kraichgau zwischen Karlsruhe und Bruchsal

Fahrt durch die Oberrheinebene

stilbau aus dem Jahr 1903. Daneben steht der aus dieser Perspektive niedrig wirkende Turm der Schloss- und Stiftskirche St. Michael. Die Kirche ist das bedeutendste Baudenkmal der Stadt und hat eine teilweise ungeklärte Baugeschichte. Schließlich folgt die St.-Franziskus-Kirche, ein Buntsandsteinbau aus dem 19. Jahrhundert. Einen ganz anderen Anblick bietet anschließend ein weiteres Gebäude auf der rechten Seite, es handelt sich dabei um die Justizvollzugsanstalt Pforzheim. Rechter Hand begleiten Sie nun die Enz flussabwärts Richtung Neckar, vorbei am Heizkraftwerk Pforzheim. Über den Dächern von **Mühlacker** fällt der Blick ebenfalls auf der rechten Seite dann auf mehrere Bauwerke. Dies sind zum einen die Masten einer Sendeanlage des SWR, deren höchster Stahlrohrmast 273 Meter in den Himmel ragt. Die Anlage war 1930 der erste Großrundfunksender in Deutschland. Ferner erblicken Sie den Wasserturm von Mühlacker. Wie viele weitere Gemeinden bis in den Norden Baden-Württembergs ist auch Mühlacker an die Bodensee-Wasserversorgung angeschlossen. Durch ein Rohrnetz wird das Wasser vom größten Trinkwasserspeicher Europas im Land verteilt. Ursprünglich wurde dieses Netz errichtet, um die wasserarme Schwäbischen Alb und Stuttgart zu versorgen. Mühlacker hatte einst einen badischen und einen württembergischen Bahnhof. Je nach Ziel fuhren die Züge nach Stuttgarter oder Karlsruher Uhrzeit ab, was damals einen Zeitunterschied von 3 Minuten ausmachte. Bei **Vaihingen** fädelt die Strecke in die Schnellfahrstrecke aus Mannheim nach Stuttgart *[siehe oben]* ein.

Streckendetails:

KBS 770 (Karlsruhe/Mannheim – Stuttgart),
701 (Karlsruhe – Bruchsal – Heidelberg),
710.9 (Bruchsal – Mühlacker),
Alle Strecken elektrifiziert und zweigleisig.
Gesamt Karlsruhe – Stuttgart über Ubstadt 87 km / Karlsruhe – Stuttgart über Pforzheim 81 km /
Mannheim – Stuttgart 107 km
Mannheim 79 km Vaihingen 28 km Stuttgart
Karlsruhe 26 km Bruchsal 33 km Mühlacker 9 km Vaihingen
Karlsruhe 31 km Pforzheim 13 km Mühlacker

Bezirksamtsturm in Pforzheim

Wasserturm und Sendeanlage in Mühlacker

Stuttgart – München 39

über Ulm, Augsburg

Filstalbahn (Stuttgart – Ulm), Bayerische Maximiliansbahn (Ulm – München)

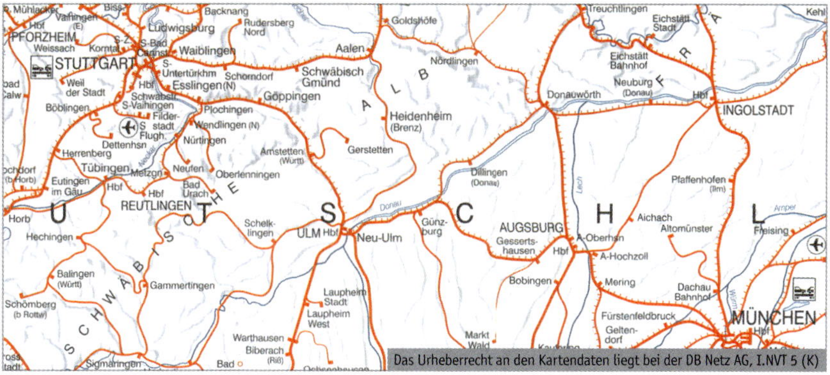

Das Urheberrecht an den Kartendaten liegt bei der DB Netz AG, I.NVT 5 (K)

Unter dem Titel „Magistrale für Europa“ gibt es Pläne, die 1 500 Kilometer lange Verbindung von Paris nach Budapest als zentrale West-Ost-Verbindung auszubauen. Teil dieser Magistrale sollen neben Strasbourg und Wien auch die beiden süddeutschen Landeshauptstädte Stuttgart und München sein. Mit dem industriell geprägten Großraum Stuttgart, dem welthöchsten Kirchturm, den Flüssen Donau und Lech sowie der Fuggerstadt Augsburg bietet Ihnen die Reise ein abwechslungsreiches und interessantes Bild. Höhepunkt der Strecke, landschaftlich als auch geografisch, ist die Überquerung der Schwäbischen Alb. Das höhlenreiche Mittelgebirge, das als Mekka für Geologen und Archäologen gilt, bietet auch vom Zug aus interessante Ausblicke. Das Schichtstufenland der Schwäbischen Alb durchzieht Baden-Württemberg beinahe diagonal vom Hochrhein bis nach Franken. Zahlreiche Fossilien- und steinzeitliche Funde zeugen von der Geschichte der Region. Mit dem Titel Geopark wird die besondere Bedeutung der Alb für das Wissen über die Erdgeschichte ausgezeichnet. Der erste Teil der Strecke von „Stuegert“ bis Ulm gehört zu der in Mundart besungenen Schwäbischen Eisenbahn. Umgangssprachlich liegen Stuttgart und Ulm zwar im Schwabenländle, politisch korrekt heißt der Landesteil jedoch Württemberg. Schwaben und der gleichnamige Regierungsbezirk dagegen liegen jenseits der bayerischen Grenze rund um das Zentrum Augsburg. Das eigentliche Bayern im Sinne Altbaierns erreicht die Strecke erst mit dem Lech zwischen Augsburg und München. Der Donauzufluss gilt schon seit Jahrhunderten als Grenze zwischen Alemannen im Westen und Baiern im Osten. Mit München erreichen Sie anschließend die Hauptstadt aller zwölf Millionen Bayern.

39

Stuttgart – München

Vom Stuttgarter Hauptbahnhof führt die Strecke rechts entlang des Schlossgartens, einer großen Park- und Gartenanlage der Landeshauptstadt. Nach einem kurzen Tunnel quert die Bahn den Neckar, links hinter der Neckarbiegung liegen der Zoo Wilhelma, rechts eine Schleuse mit Flusskraftwerk und dahinter der **Cannstatter Wasen**. Dort findet jährlich das nach dem Münchner Oktoberfest zweitgrößte Volksfest statt. Rechter Hand folgt nun ein Industriegebiet mit dem Daimler-Werk **Untertürkheim.** Der Autobauer fertigt hier Motoren, Achsen und Getriebe für Mercedes-Benz PKW. Die Route verläuft weiter am Necker entlang. Vor **Esslingen** passieren Sie linksseitig das Stammwerk der Firma Hengstenberg, die als traditioneller Hersteller von Sauerkraut und Essiggurken bekannt ist. Unter den zahlreichen Industriebetrieben beiderseits der Strecke sind auch die Allgaier Werke in Uhingen. Hinter Göppingen ist zur Linken in der Ferne auf einer Anhöhe eine Burgruine zu sehen. Es handelt sich um **Burg Staufeneck**, die wohl um das Jahr 1080 von Ludwig von Staufen erbaut wurde. Die Strecke erreicht nun die **Schwäbische Alb**. An das eher industriell geprägten Filstal schließt sich damit eine weitgehend naturbelassene Mittelgebirgslandschaft an. Vor dem Albaufstieg führt die Strecke in einem weiten Bogen um die Stadt **Geislingen**. Rechts sehen Sie dabei die evangelische Stadtkirche mit ihrem 63 Meter hohen Turm. Sie wurde von 1424 bis 1428 von der Ulmer Münsterbauhütte errichtet. Auf der Fahrt entlang des Berghangs hinauf zur Albhochfläche haben Sie zur Rechten einen hervorragenden Blick über das Tal. Die Strecke passiert anschließend mehrere Gemeinden der Ulmer Alb und erreicht schließlich **Ulm** *[Weiterfahrt Richtung Friedrichshafen Nr. 45, Kempten Nr. 47]*. Dort erblicken Sie auf der linken Seite das bekannte Wahrzeichen, den höchsten Kirchturm der Welt. 768 Treppenstufen führen zur Turmspitze in 161,53 Metern Höhe. Der Bau des Ulmer Münsters wurde 1377 begonnen und 1890 mit der Turmspitze vollendet. Mit der Donau quert die Strecke die Landesgrenze zu Bayern und erreicht bald **Günzburg**. Dort erscheint rechtsseitig die Frauenkirche. Der Rokoko-Bau wurde 1736 bis 1741 durch Dominikus Zimmermann errichtet und gilt als bedeutendes Kunstdenkmal. Eine Kirche ganz anderer Bauart passieren Sie später ebenfalls rechts in Diedorf. Da der schlanke,

Neckarkraftwerk in Stuttgart

Der „Regenturm" von Friedensreich Hundertwasser in Plochingen

spitze Turm an eine Rakete erinnert, wird die erst 1967 eingeweihte Kirche Herz Mariä vom Volksmund auch Seelenabschussrampe genannt. Hinter **Augsburg** *[Weiterfahrt Richtung Treuchtlingen Nr. 42 oder Buchloe Nr. 48]* führt die Strecke über den Lech und erreicht dann in schneller Fahrt **München**. Bei der Einfahrt in den Hauptbahnhof sehen Sie links das Funkhaus des Bayerischen Rundfunks, das neben der Hörfunk-Sendezentrale auch Redaktionen und die Intendanz beherbergt *[Weiterfahrt Richtung Nürnberg Nr. 43, Rosenheim Nr. 50, Garmisch-Partenkirchen Nr. 49, Buchloe Nr. 46]*.

München – Stuttgart

Von München führt die Strecke durch Oberbayern nach Westen und passiert etwa auf halbem Weg nach Augsburg den Ort **Haspelmoor**. Der Ort verdankt seine Existenz der Bahnstrecke, für die an dieser Stelle das damalige Hochmoor für den Streckenbau entwässert wurde. Die erhaltenen Reste des Haspelmoores linker Hand der Bahnlinie stehen heute unter Naturschutz. Früher wurde hier noch in großem Umfang Torf gestochen. Mit **Augsburg** *[Weiterfahrt Richtung Treuchtlingen Nr. 42 oder Buchloe Nr. 48]* erreicht die Strecke Schwaben und den **Schwäbischen Barockwinkel** mit zahlreichen Kirchenbauten. Eine dieser barocken Kirchen erblicken Sie wenig später rechts, wenn die Fahrroute in einer leichten Rechtskurve um den Ort **Jettingen** herumführt. Es ist die Pfarrkirche Mariä Himmelfahrt mit dem markanten Satteltturm. Anschließend verläuft die Strecke durch die Auwälder des Donaurieds, ein Stück sogar direkt am Ufer der Donau entlang. Ab **Ulm** *[Weiterfahrt Richtung Friedrichshafen Nr. 45, Kempten Nr. 47]* künden die ersten Hügel von der Schwäbischen Alb. Hinter Amstetten verlangsamt der Zug die Fahrt und rollt über die kurvenreiche Strecke der Geislinger Steige hinunter nach **Geislingen**. Die „Fünftälerstadt" liegt in einem Talkessel, linkerseits bietet sich Ihnen ein interessanter Blick über die Stadt. Im Bahnhof von Geislingen sehen Sie zur Rechten die Wandarbeit „Verkachelte Polster ´00". Das Werk wurde von dem Künstler Manfred Pernice anlässlich des 150-jährigen Jubiläums der Bahnstrecke entworfen und soll dem Betrachter visuelle und assoziative Erfahrungen ermöglichen. Bis Plochingen begleitet nun der Fluss Fils die Strecke, den Sie hin und wieder zur Linken sehen können. In **Eislingen** passieren Sie rechter Hand das

Blick über die Fünftälerstadt Geislingen

Fahrt über die Albhochfläche

39 Werk der Dr. Scheller Cosmetics. Hier werden Haut- und Zahnpflegeprodukte sowie Kosmetik produziert. Bei Plochingen fließt die Fils in den Neckar, der Sie nun bis Stuttgart begleitet. In Plochingen selbst erblicken Sie auf der rechten Seite ein auffälliges Gebäude, dessen Erbauer unschwer zu erraten ist. Der **„Regenturm"** wurde vom Künstler Friedensreich Hundertwasser gestaltet. Bei der Einfahrt in den Bahnhof **Esslingen** passieren Sie anschließend links den Pliensauturm aus dem Jahr 1286, der zur damaligen Stadtbefestigung gehörte. Noch älter ist die Geschichte des Weinanbaus in Esslingen. Vermutlich brachten bereits die Römer den Wein an den Neckar, später war der „Esslinger Eimer" eine im Königreich Württemberg übliche Maßeinheit. Die Strecke führt nun entlang der Weinberge weiter nach **Stuttgart**. Linker Hand sehen Sie dabei das Gottlieb-Daimler-Stadion. Bevor die Bahn im Rosensteintunnel verschwindet, erblicken Sie zur Rechten über dem Neckar das gleichnamige Schloss. In dem klassizistischen Bau ist heute das Staatlichen Museums für Naturkunde untergebracht *[ab Stuttgart Weiterfahrt Richtung Singen Nr. 40, Mannheim oder Karlsruhe Nr. 38, Nürnberg Nr. 41]*.

Streckendetails:
KBS 750 (Stuttgart – Ulm), 980 (Ulm – München)
Strecke elektrifiziert, Stuttgart – Augsburg zweigleisig, Augsburg – München im Ausbau auf vier Gleise.
Gesamt 243 km
Stuttgart 22 km Plochingen 20 km Göppingen 19 km Geislingen 33 km Ulm 24 km Günzburg 62 km Augsburg 54 km München-Pasing 9 km München Hbf

Zwischen Ulm und Augsburg durch Schwaben

Fahrt durch Oberbayern

Stuttgart – Singen

40

über Horb, Rottweil, Tuttlingen
Gäubahn

Das Urheberrecht an den Kartendaten liegt bei der DB Netz AG, I.NVT 5 (K)

Die Gäubahn verbindet die Landeshauptstadt Stuttgart mit dem südlichen Landesteil Baden-Württembergs und ist Teil der Strecke Stuttgart – Zürich. Sie verläuft zwischen dem Schwarzwald im Westen und der Schwäbischen Alb im Osten. Nicht nur landschaftlich ist die Strecke mit Gäuebene, Neckar- und Donautal oder der Vulkanlandschaft im Hegau sehr abwechslungsreich. Auch Kultur und Brauchtum sind vielfältig. Ein schönes Beispiel ist die „Fünfte Jahreszeit" im Südwesten. Während im protestantisch geprägten Stuttgart Karneval nach rheinischem Muster mit Tanzgarden und Prunksitzungen gefeiert wird, dominiert im katholischen Süden die schwäbisch-alemannische Fasnet. Sie beginnt nicht am 11. November, sondern erst mit dem Dreikönigstag am 6. Januar. Eine der Hochburgen ist Rottweil, wo die Straßenfasnacht mit dem Narrensprung ihren Höhepunkt findet. Handgeschnitzte Masken, die so genannten Larven, sowie Schellen und Peitschen prägen hier das traditionelle Brauchtum. Zwischen Necker und Donau überwindet die Strecke dann die europäische Wasserscheide. Südlich von Tuttlingen gibt es mit der Donauversickerung ein außergewöhnliches Phänomen. Große Teile des Donauwassers versickern in den Karstschichten und fließen unterirdisch Richtung Bodensee. Damit mündet ein Teil des Flusses indirekt in die Nordsee und nicht wie für die Donau üblich ins Schwarze Meer. Ein künstlicher Stollen verhindert heute das komplette Trockenfallen des Flusses. Beim schweizerischen Schaffhausen trifft die Strecke auf den Hochrhein, der sich hier noch nicht als Wasserstraße, sondern als natürlicher Flusslauf zeigt.

40

Stuttgart – Singen

Schon bald nach dem Verlassen des Hauptbahnhofs der baden-württembergischen Metropole säumen rechts Weinberge die Strecke. Durch die Kessellage Stuttgarts herrscht hier ein mildes Klima, das traditionell für den Weinbau genutzt wird. Auf der weiteren Fahrt sehen Sie auf der linken Seite eine interessante Brückenkonstruktion. Die Fahrbahn der Nesenbachtalbrücke ist teilweise von einer Lärmschutzkonstruktion umgeben, auf deren Dach ein Fuß- und Radweg verläuft. Die Strecke steigt nun weiter hinauf in den Stadtteil **Vaihingen**, wo links das Colorado-Gebäude aufragt. Es ist das höchste Bürogebäude Stuttgarts. Nach der Fahrt durch den Speckgürtel um Stuttgart erreichen Sie die offene **Gäuebene**. Diese Kulturlandschaft erstreckt sich zwischen Schwarzwald und Schönbuch. Nachdem Sie bei **Horb** den Neckar überquert haben, erblicken Sie rechtsseitig oben einen Kirchturm. Links davon steht der Schurkenturm. Der Turm gehörte zur Stadtbefestigung und wurde mit seinen zweieinhalb Meter starken Außenwänden als Gefängnis genutzt. Flussaufwärts geht es an wechselnden Ufern weiter durch das **Neckartal** bis Rottweil. In **Oberndorf** liegt rechter Hand an der Strecke ein ehemaliges Augustinerkloster. Nach der Säkularisation betrieb die Firma Mauser eine Gewehrfabrik in dem Gebäude, heute ist dort das Rathaus untergebracht. Die Waffenindustrie ist jedoch noch immer in Oberndorf angesiedelt, so befinden sich Werke der Firmen Mauser und Heckler&Koch im Ort. Auf der Fahrt zwischen Schwarzwald im Westen und Schwäbischer Alb im Osten quert die Linie bei Tuttlingen die Donau und verläuft ein Stück entlang des Flusses. Auf halbem Weg zwischen Rottweil und Tuttlingen liegt Spaichingen. Dort erhebt sich zur Linken der **Dreifaltigkeitsberg**, auf dem Sie eine Wallfahrtskirche entdecken können. Bereits in vorchristlicher Zeit soll der Gipfel als Sonnenkultstätte genutzt worden sein. Die Strecke ist hier eingleisig. Das zweite Gleis zwischen Horb und Tuttlingen wurde 1946 von den französischen Besatzern demontiert und bis heute nicht wieder verlegt. Bei Hattingen trifft die Gäubahn auf die Schwarzwaldbahn und folgt dieser bis **Singen** *[Weiterfahrt Richtung Offenburg oder Konstanz Nr. 37]*. Direkt am Hauptbahnhof in Singen liegt das

Panoramablick über Stuttgart

Über dem Stuttgarter Talkessel

Maggi-Werk, indem rund 950 Mitarbeiter Würze, Trockensuppen und Fertiggerichte produzieren. Nach einem Fahrtrichtungswechsel führt die Route zwischen Gottmadingen und Thayngen über die **EU-Außengrenze** in die Schweiz. An der Grenzstation stieg übrigens die Reisegruppe um Wladimir I. Uljanow, genannt Lenin, am 9. April 1917 auf dem Weg von Zürich Richtung Russland in deutsche Wagen um. Nach einem Halt in **Schaffhausen** führt die Strecke direkt beim Rheinfall über den Hochrhein, der größte Wasserfall Europas liegt rechts der Linie.

Singen – Stuttgart

Aus der Schweiz kommend wechselt der Zug in Singen die Fahrtrichtung und teilt sich die Gleise mit der Schwarzwaldbahn Richtung Offenburg *[siehe Nr. 37]* bis zum Donautal. Bis Tuttlingen folgt die Strecke dann der Donau und quert diese kurz hinter dem Bahnhof. In **Tuttlingen** tauchen rechts die Gebäude der Firma Aesculap auf. Das Tochterunternehmen der Braun Melsungen AG stellt chirurgische und medizintechnische Produkte her. Entlang von Ausläufern der Schwäbischen Alb führt die Linie weiter nach **Rottweil**, wo Sie vom Bahnhof aus nach rechts vorne einen Blick auf die Altstadt mit dem gotischen Kapellenturm haben. Der Turm wurde im 14. Jahrhundert bei einer später versiegten Heilquelle für Augenleiden erbaut. Bis Horb folgt der Zug nun dem Neckar im teilweise engen Neckartal. In **Horb** bietet sich linksseitig ein Blick auf die spätmittelalterliche Altstadt mit vielen Fachwerkhäusern und der barocken Stiftskirche zum Heiligen Kreuz. Jetzt verlässt die Strecke den Neckar und führt hinauf auf die Gäuebene. In der Ferne taucht bald auf der rechten Seite weithin sichtbar das Wahrzeichen **Herrenbergs**, die Stiftskirche mit der markanten Lage über dem Ort auf. Das Gotteshaus hatte zunächst zwei gotische Türme, die 1749 durch die barocke Zwiebelhaube ersetzt wurden. Beim Baubeginn 1276 lag die Kirche übrigens noch etwas höher, denn sie rutscht mit der Geschwindigkeit von einem Millimeter pro Jahr ins Tal. Auch in Herrenberg fällt der Blick zur Rechten wieder auf eine historische Altstadt mit vielen Fachwerkhäusern. Am Rande des **Naturparks Schönbuch** führt die Route weiter nach Nordosten und in den Ballungsraum Stuttgart. Die Region ist

Herrenberg mit seinem Wahrzeichen, der Stiftskirche

Horb mit der Stiftskirche

wirtschaftlich geprägt durch internationale Konzerne wie Bosch, Daimler, Hewlett-Packard, IBM oder Porsche. Einen ersten Eindruck bekommen Sie bei der Einfahrt nach **Böblingen**. Links der Bahnstrecke liegt dort das Gewerbegebiet Hulb, wo einige dieser Firmen Standorte haben. Auf dem Gelände am Bahnhof links befand sich einst der Landesflughafen, der 1936 nach Echterdingen verlegt wurde. Ein Höhepunkt der Strecke ist nun die Einfahrt nach **Stuttgart**. Die Landeshauptstadt befindet sich in einer Tallage, dem so genannten Stuttgarter Kessel. Zwischen höchstem und tiefsten Punkt des Stadtgebiets liegen über 340 Meter Höhenunterschied. Bis zum Hauptbahnhof windet sich die Bahnlinie in einem weiten 180°-Bogen an den Hängen ins Tal. Dabei bieten sich Ihnen rechtsseitig viele **Panoramablicke** über die Stadt. Am gegenüberliegenden Hang auf dem Hohen Bopser sehen Sie den Stuttgarter Fernsehturm. Die Betonnadel wurde 1956 als erster Fernsehturm der Welt in Betrieb genommen und ist mit dem Sendemast 217 Meter hoch *[Weiterfahrt Richtung Mannheim oder Karlsruhe Nr. 38, Nürnberg Nr. 41, München Nr. 39]*.

Streckendetails:
KBS 740 (Stuttgart – Singen)
Strecke elektrifiziert,
zwischen Horb und Hattingen eingleisig,
sonst zweigleisig.
Gesamt 172 km
Stuttgart 67 km Horb 43 km Rottweil 28 km Tuttlingen 34 km Singen

Mittelalterliche Altstadt von Engen

Rheinfall bei Schaffhausen

Stuttgart – Nürnberg 41

über Schwäbisch Gmünd, Aalen, Crailsheim, Ansbach

Rems/Jagst-Bahn

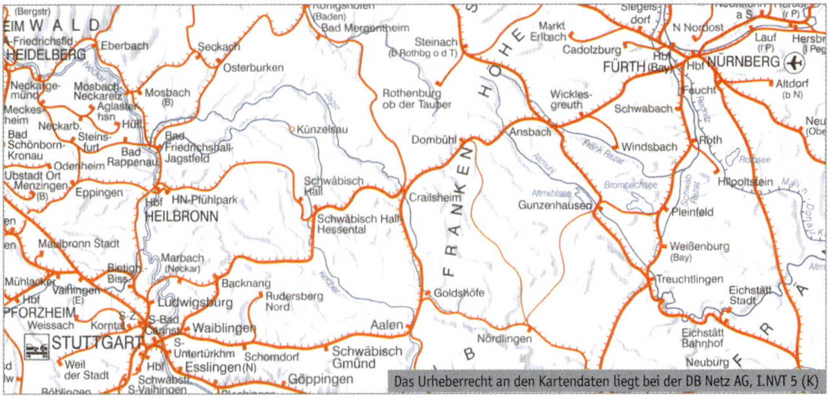

Von Stuttgart aus folgt die Strecke zunächst der Rems, dann der Kocher und der Jagst gen Nordosten. Alle drei Flüsse münden übrigens in den Neckar. Mit Schwäbisch Gmünd und Aalen passieren Sie die nördlichen Ausläufer der Schwäbischen Alb. Dieser Teil Ostwürttembergs rund um Aalen wird in der Landeshauptstadt unschmeichelhaft auch Schwäbisch-Sibirien genannt, ist er doch recht karg und rau und im Gegensatz zum Ballungsraum am Neckar eher landwirtschaftlich geprägt. Dabei führte gerade der Erfindergeist der Württemberger zum Aufschwung des „Musterländles", begünstigt durch die Rohstoffarmut in der Region und den Pietismus, eine strenge Bewegung innerhalb des protestantischen Glaubens. Bei Crailsheim erreicht die Strecke die Hohenloher Ebene. Die Region unterscheidet sich durch größere Landwirtschaftsbetriebe vom restlichen Württemberg, das sonst eher kleinstrukturiert geprägt ist. Der Dialekt der Region erinnert übrigens eher an die fränkischen Nachbarn als an das württembergische Schwäbisch. Hier sind auch noch alte Nutztierrassen wie das Fränkisch-Hohenlohische Fleckvieh oder das Schwäbisch-Hällische Hausschwein anzutreffen. Mit der Frankenhöhe zwischen Crailsheim und Ansbach erreicht die Strecke Bayern. Hier quert sie auch zwei Mal die Europäische Wasserscheide. Während die Flüsse Wörnitz und Altmühl zur Donau fließen, mündet der fränkischen Rezat in den Main. Von Ansbach bis Nürnberg führt Sie die Reise entlang der Burgenstraße, die von Mannheim bis Prag mehr als 60 Burgen und Schlösser touristisch erschließt.

41

Stuttgart – Nürnberg

Nach der Fahrt durch das Stuttgarter Stadtgebiet folgt die Route ab Waiblingen bis kurz vor Aalen der Rems durch das gleichnamige Tal. Neben Obst wird hier auch Wein angebaut. Das **Remstal** gehört zum Weinbaugebiet Württemberg, bevorzugt wird hier Trollinger und Riesling erzeugt. Rechter Hand erhebt sich der Höhenrücken des Schurwalds. In **Schorndorf**, der Geburtsstadt von Gottlieb Daimler, erblicken Sie dann rechts die Evangelische Stadtkirche, die 1634 einem Stadtbrand zum Opfer fiel und später wieder aufgebaut wurde. Hinter dem Ort **Lorch** verläuft die Strecke nun unterhalb des ehemaligen Benediktinerklosters auf der linken Seite. Das Kloster wurde um das Jahr 1100 von den Staufern gegründet und im Bauernkrieg 1525 weitgehend zerstört. Der Klosterberg über dem Remstal zieht noch heute zahlreiche Besucher an, auch wegen eines großen Rundbildes zur Staufergeschichte, das zur 900-Jahr-Feier des Klosters entstand. Ab hier folgt die Strecke bis Aalen dem **obergermanisch-rätischen Limes**. Die antike Grenze zwischen dem römischem Imperium und den Germanen ist seit 2005 als Weltkulturerbe der UNESCO ausgezeichnet. In **Ellwangen** haben Sie dann rechts einen Blick in die Innenstadt und auf die Türme des Wahrzeichens der Stadt, der Stiftskirche St. Veit. Die dreischiffige Basilika wurde in den Jahren 1182 bis 1233 erbaut und gilt als bedeutendste romanische Gewölbebasilika Schwabens. Wenige Minuten später passieren Sie ein Fabrikgebäude zur Linken. Es ist das Schokoladen-Werk der Firma Hosta, deren Süßigkeiten unter den Markennamen Nippon oder Mr. Tom bekannt sind. In **Crailsheim** fällt der Blick dann zur Rechten auf einen gelben Turm. Es handelt sich um den Rathausturm, der 1717 zum 200-jährigen Jubiläum der Reformation erbaut wurde. Bei der weiteren Fahrt durch die Hügellandschaft der **Frankenhöhe** sehen Sie schon aus der Ferne linkerseits eine Kirche über einem Ort thronen. Es ist die alte Wehrkirche in **Dombühl**. Die Wallfahrtskirche ist dem Frankenheiligen St. Veit geweiht. Im Ort selbst erblicken Sie wenig später auch die Marienkirche des Klosters Sulz, ein ehemaliges Kloster der Prämonstratenserinnen. Die Strecke erreicht anschließend **Ansbach** *[Weiterfahrt Richtung Treuchtlingen oder Würzburg Nr. 42]*. Kurz darauf fahren Sie durch den Ort **Sachsen**. Der Ort soll auf widerspenstige Sachsen zurückgehen, die im Jahr 782 deportierte und hier angesie-

Fahrt durch das Remstal

Fahrt durch das Jagsttal

delte wurden. Durch ein waldreiches Gebiet der Region Rangau führt die Strecke weiter nach **Nürnberg**. Bevor Sie den Hauptbahnhof erreichen, quert die Strecke zunächst den Fluss Rednitz und wenig später den Main-Donau-Kanal *[Weiterfahrt Richtung Würzburg Nr. 35, Bamberg Nr. 30, Hof Nr. 31, Regensburg Nr. 44, München Nr. 43]*.

Nürnberg – Stuttgart

Vorbei am Großkraftwerk Franken auf der linken Seite verlässt die Strecke Nürnberg. Auf der rechten Seite erblicken Sie schon bald den Ort **Roßtal** mit der Pfarrkirche St. Laurentius. Der Bau weist Baustile verschiedener Epochen auf. So wird das Langhaus aus gelbem Sandstein auf das 12. oder 13. Jahrhundert datiert, Turm und Chor stammen aus gotischer Zeit. Mit **Ansbach** erreicht die Linie das Zentrum Mittelfrankens *[Weiterfahrt Richtung Treuchtlingen oder Würzburg Nr. 42]*. Hinter dem Bahnhof können Sie rechter Hand den wuchtigen gelb-weißen Turm des Herrieder Tors sehen. Das barocke Bauwerk wurde in den Jahren 1750 und 1751 vom Hofbaumeister Johann David Steingruber errichtet. Die Strecke führt nun noch ein Stück durch Bayern und erreicht zwischen Schnelldorf und Crailsheim Baden-Württemberg. Bei der Ausfahrt aus dem Bahnhof **Crailsheim** sehen Sie linker Hand die Johanneskirche. Die spätgotische Stadtkirche ist bewusst schlicht gehalten in Anlehnung an die der Armut verpflichteten Bettelorden. Es folgt nun die kurvenreiche Fahrt durch das **Jagsttal**. In **Jagstzell** passieren Sie anschließend die grau-weiße Kirche St. Vitus. Sie erinnert an den dominierenden kirchlichen Einfluss auf die Gemeinde, deren Gründung auf ein Frauenkloster zurückgeht. Der Ortsname leitet sich von dieser Klosterzelle an der Jagst ab. Vor **Ellwangen** passieren Sie nun das Werk von Varta Microbattery links. Hier werden Batterien und Batteriesysteme für Computer oder elektronische und medizinische Geräte gefertigt. Links über der Stadt können Sie das Schloss ob Ellwangen ausmachen. Die ursprünglich mittelalterliche Burg wurde von Fürstpropst Johann Christoph von Westerstetten in den Jahren 1603 bis 1608 als Renaissance-Schloss umgestaltet und später nochmals umgebaut. Heute ist dort ein Museum untergebracht. In **Aalen** fahren Sie anschließend an der Maschinenfabrik Alfing auf der linken Seite vorbei. Die Firma stellt Teile für den Motorenbau her, etwa Kurbelwellen und Schmiedeteile. Auf der Fahrt durch **Schwäbisch Gmünd**, das sich

Die Kirche St. Veit über Dombühl

Marienkirche des Klosters Sulz

41

aufgrund seiner Tradition im Edelmetallhandwerk „Gold- und Silberstadt" nennt, können Sie dann zur Linken in der Ferne das turmlose Münster erspähen. Der gotische Bau gilt als älteste süddeutsche Hallenkirche. Am Bahnhof erblicken Sie dann rechtsseitig oben die Kapelle St. Salvator. Eine Besonderheit der Kapelle ist, dass beim Bau vorhandene Höhlen integriert wurden. Beim Bahnhof beginnt ein Kreuzweg hinauf zur Kapelle. Je näher Stuttgart rückt, desto zahlreicher werden auch die Industrieanlagen an der Strecke. So passieren Sie in **Waiblingen** ein Werk von Bosch für Verpackungstechnik sowie den Stammsitz von Stihl. Das schwäbische Familienunternehmen ist in 160 Ländern aktiv und Weltmarktführer bei Motorsägen. Auf der linken Seite sehen Sie bereits **Stuttgart** in seiner Talkessellage, während die Bahn in Bad Cannstatt noch einen Teil des Daimler-Werks Untertürkheim passiert *[in Stuttgart Weiterfahrt Richtung München Nr. 39, Singen Nr. 40, Mannheim oder Karlsruhe Nr. 38]*.

Streckendetails:
KBS 786 (Stuttgart – Nürnberg)
Strecke elektrifiziert, zwischen Goldshöfe und Crailsheim eingleisig, sonst zweigleisig.
Gesamt 203 km
Stuttgart 30 km Schorndorf 21 km Schwäbisch-Gmünd 25 km Aalen 16 km Ellwangen 21 km Crailsheim 46 km Ansbach 44 km Nürnberg

Die Kirche St. Alban in Sachsen

Bei Heilsbronn im Rangau

Würzburg – Augsburg

42

über Ansbach, Treuchtlingen, Donauwörth

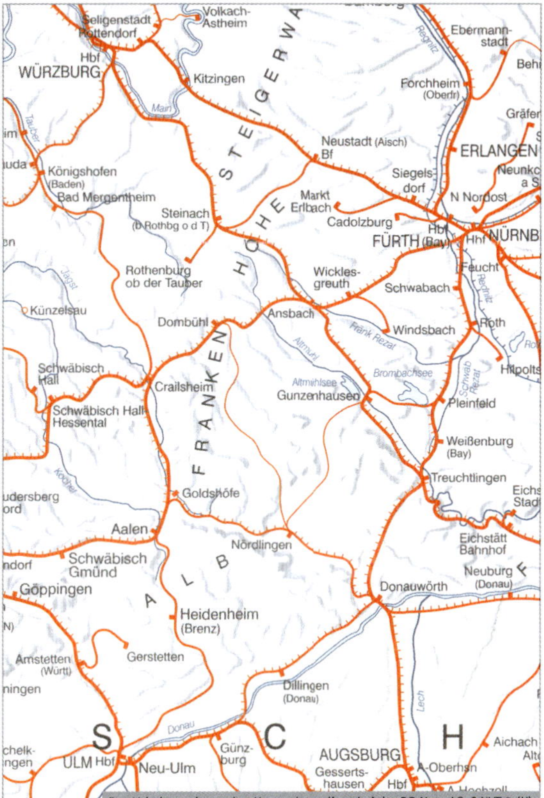

Das Urheberrecht an den Kartendaten liegt bei der DB Netz AG, I.NVT 5 (K)

Von Würzburg folgt die Strecke zunächst dem Main flussaufwärts und führt dann zwischen Steigerwald im Norden und Frankenhöhe im Süden nach Ansbach. Beide Gebiete gehören zum Schwäbisch-Fränkischen Stufenland, dessen Abstufungen aus verschieden alten Kalkgesteinen bestehen. Von Gunzenhausen bis Treuchtlingen führt die Route entlang der Altmühl, die bei Gunzenhausen zum Altmühlsee aufgestaut ist. Der See wurde von 1976 bis 1984 angelegt und fasst etwa 14 Millionen Kubikmeter Wasser. Zusammen mit weiteren Seen dient der Stausee der künstlichen Wasserregulierung innerhalb Bayerns. Aus dem wasserreichen Süden wird Wasser in den Norden in die Flüsse Rednitz, Regnitz und Main geleitet. Da diese Regionen niederschlagsärmer sind und dortige Flüsse geologisch bedingt weniger Wasser führen, bekommen sie aus Donau und Altmühl einen künstlichen Zufluss. Südöstlich des Nördlinger Ries führt Sie die Reise nun von Treuchtlingen über die Ausläufer der fränkischen Alb nach Donauwörth, wo sich im Westen die Schwäbische Alb anschließt. Das Nördlinger Ries ist ein runder Krater mit über zwanzig Kilometern Durchmesser, der vor über 14 Millionen Jahren durch den Einschlag eines riesigen Meteoriten entstand. Nach der Querung der Donau bei Donauwörth führt die Strecke durch das breite Tal des Lechs nach Süden. Hier trifft die Bahnlinie wiederholt auf die Romantische Straße, die von Würzburg bis zum Schloss Neuschwanstein bei Füssen führt. Bahnstrecke und Romantische Straße treffen sich in Würzburg mit der Residenz als touristischem Anziehungspunkt, in Donauwörth mit der historische Altstadt und in Augsburg mit Rathaus und Fuggerei.

42

Würzburg – Augsburg

Vorbei an den Doppeltürmen von St. Adalbero verlässt die Strecke Würzburg und folgt dem Main flussaufwärts durch das Weinanbaugebiet Franken, dessen Weinberge sich linksseitig jenseits des Mains erheben. Am anderen Flussufer erblicken Sie auch **Eibelstadt** mit der Pfarrkirche St. Nikolaus, die dank ihrer außergewöhnlichen Turmkonstruktion nicht zu verwechseln ist. Danach führt die Strecke durch Winterhausen, das Pendant dazu ist Sommerhausen am sonnenverwöhnten gegenüberliegenden Ufer. Rechts passieren Sie nun ein Werk von Danone, in dem hauptsächlich Fruchtjoghurts und Desserts hergestellt werden. Bei **Marktbreit** verlässt die Bahnlinie den Main, linker Hand haben Sie nochmals einen Blick auf den Fluss und über die Dächer und Türme von Marktbreit, die von der einst wehrhaften Dorfbefestigung zeugen. Von Unterfranken kommen Sie nun nach Mittelfranken. Bei Uffenheim sehen Sie links den Zentralversand des Adidas-Salomon-Konzerns. Über die **Frankenhöhe** führt die Strecke gen Ansbach, zuvor können Sie jedoch zur Linken über dem Ort **Lehrberg** die Lehrberger Kappl ausmachen. Die Turmruine ist das Überbleibsel einer Bergkapelle aus dem Jahr 1430. Linkerseits hinter dem Bahnhof von **Ansbach** befindet sich der Hofgarten, wo das mysteriöse Findelkind Kaspar Hauser am 17. Dezember 1833 einem unbekannten Mörder zum Opfer fiel *[Weiterfahrt Richtung Nürnberg oder Stuttgart Nr. 41]*. Die Route führt Sie nun ins **Fränkische Seenland**. Hinter dem Bahnhof von **Gunzenhausen** quert die Strecke die Altmühl. Dort erblicken Sie auf der linken Seite den Blasturm, ein Überrest der ehemaligen Stadtbefestigung, der nach den Turmbläsern benannt ist. Vom Turm aus wurde nicht nur nach Feinden Ausschau gehalten, sondern auch nach Bränden in der Stadt, die sich schnell zu gefürchteten Feuersbrünsten ausweiten konnten. Bis Treuchtlingen folgt die Linie dem breiten **Altmühltal**. Interessant ist auch die Legende um die Kirche St. Michael, die wenig später links auf der Anhöhe erscheint. Sie sollte ursprünglich unten im Dorf erbaut werden, das Baumaterial wanderte aber auf geheimnisvolle Weise über Nacht stets auf den Michelsbuck und so wurde die Kirche eben dort erbaut. Hinter **Treuchtlingen** *[Weiterfahrt Richtung Nürnberg oder München Nr. 43]* passieren Sie den kleinen Ort Möhren,

Nikolauskirche Winterhausen

Herbst in den Weinbergen

wo rechts über dem Ort ein mittelalterliches Schloss thront. Kurz vor Donauwörth quert die Strecke den Donauzufluss Wörnitz und hinter dem Bahnhof die Donau selbst. Bevor die Strecke Augsburg erreicht, sehen Sie bei Gablingen linker Hand eine sonderbare haushohe Konstruktion. Es handelt sich um eine **Kreisantennenanlage** mit einem Durchmesser von etwa 300 und einer Höhe von 40 Metern. Während des kalten Krieges betrieben die Amerikaner diese Abhöranlage, um Kurzwellen im Umkreis von mehreren Tausend Kilometern zu registrieren *[ab Augsburg Weiterfahrt Richtung München oder Stuttgart Nr. 39, Buchloe Nr. 48]*.

Augsburg – Würzburg

Von Augsburg folgt die Strecke in schneller Fahrt dem Lech flussabwärts. Die Gegend ist teilweise industriell geprägt, so sehen Sie bei Meitingen zur Linken das Werk der Molkerei Zott. 1926 hier als Landmolkerei gegründet, liefert das Familienunternehmen heute Milch- und Käseprodukte nach ganz Europa. Ebenfalls links folgt anschließend das Werk **Donauwörth** von Eurocopter. Der zum Konzern EADS gehörende Hubschrauberbauer stellt hier neben zivilem Fluggerät auch Kampfhubschrauber wie den Tiger für die Bundeswehr her. Hinter dem Bahnhof von Donauwörth erblicken Sie zur Rechten die Heilig Kreuz Kirche mit dem ehemaligen Benediktinerkloster aus dem Jahr 1125, das im 18. Jahrhundert im Stil der Wessobrunner Schule umgestaltet wurde. Die Landschaft wird jetzt hügeliger und die Strecke kurvenreicher, denn Sie passieren nun vor Treuchtlingen den Höhenzug **Hahnenkamm**. In **Treuchtlingen** kommt die Linie Ingolstadt-Nürnberg *[Weiterfahrt Nr. 43]* hinzu. Bei der Ausfahrt aus Treuchtlingen liegt zwischen den Gleisen nach Ansbach und denen nach Nürnberg rechter Hand die **Fossa Carolina**. Karl der Große ließ 793 diesen Karlsgraben zwischen Schwäbischem Rezat und Altmühl bauen als Verbindung von Donau und Rhein. Von diesem Vorgänger des Main-Donau-Kanals sind heute jedoch nur noch Reste vorhanden. Der nächste größere Ort ist **Gunzenhausen**. Recht früh können Sie auf der rechten Seite in der Ferne den Ort mit der spätgotischen Stadtkirche St. Maria ausmachen, auf der Hensoltshöhe darüber liegt ein Mutterhaus der Diakonissen, einer evangelischen Glaubens-, Lebens- und Arbeitsgemeinschaft.

Blick über die Windsheimer Bucht

Kappl über Lehrberg

42

Durch die Landschaft Mittelfrankens führt die Strecke weiter nach **Ansbach**, wo Sie vor dem Bahnhof rechts das Werk von Oechsler sehen, in dem Präzisions-Kunststoffteile für die Automobil-, Medizin- und Elektroindustrie hergestellt werden *[Weiterfahrt Richtung Nürnberg oder Stuttgart Nr. 41]*. Rechts erblicken Sie hinter dem Bahnhof die beiden ungleichen Türme von St. Johannis aus dem 15. Jahrhundert. Die Strecke führt nun über die **Frankenhöhe** durch den gleichnamigen Naturpark. Rechter Hand eröffnet sich Ihnen später ein weiter Blick über die Windsheimer Bucht und den Steigerwald am Horizont. Bei Marktbreit erreichen Sie den Main und folgen diesem nach **Ochsenfurt**. Dort liegt zur Rechten der Strecke eine Zuckerfabrik der Südzucker AG. Während der so genannten Zuckerkampagne, der jährlichen Erntezeit von September bis Dezember, werden hier im 24-Stunden-Betrieb etwa 1,5 Millionen Tonnen Rüben verarbeitet. Mauern und Türme schützen Ochsenfurt seit dem 14. Jahrhundert. Zunächst sehen sie rechtsseitig den Oberen Torturm, dann den Nikolausturm. Dahinter liegt das Domkapitelsche Palatium aus dem 15. Jahrhundert, das ehemals der Sitz des Würzburger Domkapitels war. Erst rechts dann links vorne können Sie schon bald die Festung Marienberg erkennen, die hoch über **Würzburg** thront. Die Strecke überquert nun den Main und erreicht den Bahnhof von Würzburg *[Weiterfahrt Richtung Frankfurt oder Nürnberg Nr. 35]*.

Streckendetails:
KBS 920 (Würzburg – Treuchtlingen), 910 (Treuchtlingen – Augsburg)
Strecke elektrifiziert und zweigleisig.
Gesamt 215 km
Würzburg 57 km Steinach 32 km Ansbach 27 km Gunzenhausen 24 km Treuchtlingen 34 km Donauwörth 41 km Augsburg

Möhren mit Schloss

Funkanlage Gablingen

Nürnberg – München 43

über (Treuchtlingen), Ingolstadt

Das Urheberrecht an den Kartendaten liegt bei der DB Netz AG, I.NVT 5 (K)

Recht verwirrend mag einem Außenstehenden die fränkische Flusslandschaft vorkommen: Fränkischer Rezat und Schwäbischer Rezat vereinigen sich zur Rednitz, diese wiederum vereinigt sich mit der Pegnitz und heißt ab dann Regnitz. Jedenfalls folgt die Altbaustrecke ab Nürnberg zunächst der Rednitz und dem parallel verlaufenden Main-Donau-Kanal und wird später vom Schwäbischen Rezat durch die Fränkischen Seenplatte begleitet. Von Treuchtlingen bis Eichstätt führt Sie die Reise dann entlang der Altmühl. Die Bahnlinie durch das Altmühltal verläuft durch einen Ort, dessen Einwohner Sie sicherlich sprichwörtlich kennen, vermutlich jedoch ohne zu wissen, dass es diesen Ort tatsächlich gibt. „Daran erkenn' ich meine Pappenheimer" – den Ort Pappenheim aus dem Zitat Wallensteins im gleichnamigen Drama von Friedrich Schiller passieren Sie kurz nach Treuchtlingen. Das Altmühltal ist geprägt von Plattenkalken, die sowohl bei Fossiliensammlern als auch bei Bauherren begehrt sind. Das heutige Altmühltal wurde übrigens nicht von der Altmühl geschaffen, sondern von der Urdonau, die einst hier floss.

Die Neubaustrecke dagegen verläuft weiter östlich über die Fränkische Alb nach Ingolstadt, wo beide Strecken wieder aufeinandertreffen. Sie verlassen nun Mittelfranken und reisen bis München durch Oberbayern. Unbemerkt quert die Strecke bei Ingolstadt die Transalpine Pipeline, über die Rohöl von den Hafenanlagen in Triest über die Alpen nach Ingolstadt transportiert wird. Die Region um Ingolstadt ist ein wichtiges Erdölzentrum mit mehreren Raffinerien. Nördlich von München führt die Route dann durch die Niedermoorlandschaft des Dachauer Mooses und erreicht schließlich die Landeshauptstadt.

43

Nürnberg – München (über Treuchtlingen)

Die Strecke führt zunächst durch das Stadtgebiet von Nürnberg nach Süden und quert anschließend den Main-Donau-Kanal. Mit dem Ort **Roth** erreichen Sie das **Fränkische Seenland.** Dort erblicken Sie linksseitig das Wahrzeichen der Stadt, nämlich den Turm der Evangelischen Stadtkirche. Er wurde 1878 nach einem Brand neu errichtet, die Kirche selbst ist weit älter. Links in der Ferne können Sie wenig später das **Schloss Sandsee** erspähen, das im 12. Jahrhundert als Rundfestung errichtet wurde. Sie erreichen anschließend **Weißenburg**, wo der Blick linker Hand auf die 1327 geweihte Hauptkirche St. Andreas fällt, hinter deren dicken Mauern der Kirchenschatz mit dem bedeutenden Weißenburger Reliquienfund verborgen ist. Hinter **Treuchtlingen** *[Weiterfahrt Richtung Ansbach oder Augsburg Nr. 42]* schwenkt die Strecke ins **Altmühltal** und führt durch den gleichnamigen Naturpark. In Pappenheim passieren Sie anschließend den Bergfried der mittelalterliche **Burg Pappenheim** zur Linken. Im nächsten Ort **Solnhofen** sehen Sie rechts eine Kirche. In ihr befinden sich die Reste der Sola-Basilika mit Säulen aus karolingischer Zeit, die damit zu den ältesten Baudenkmälern Deutschlands zählt. Bei Eichstätt verlässt die Strecke nun die Altmühl. Beim Blick nach links ins Flusstal können Sie kurz die **Willibaldsburg** sehen, eine Burganlage aus dem 14. Jahrhundert. Die Linie führt weiter ins Donaumoos und quert in **Ingolstadt** die Donau. Von der Donaubrücke aus können Sie auf der rechten Seite einen kurzen Blick auf die Stadt erhaschen. Im Vordergrund das Neue Schloss, das heute das Bayerisches Armeemuseum beherbergt, dahinter die Türme des Liebfrauenmünsters, der Moritzkirche und des Pfeifturms. Die Strecke führt nun durch die **Hallertau**, das größte geschlossene Hopfenanbaugebiet der Welt. Etwa ein Viertel der Welthopfenernte wird hier angebaut. Vorbei an der hoch aufragenden gotischen Stadtkirche St. Johann Baptist in **Pfaffenhofen** rechter Hand führt die Strecke nach Dachau. In München-Allach passieren Sie anschließend ein Werk von Siemens Transportation linkerseits. Seit 1937 werden hier Lokomotiven gebaut, früher noch unter dem Namen Krauss-Maffei *[in München Weiterfahrt Richtung Rosenheim Nr. 50, Garmisch-Partenkirchen Nr. 49, Buchloe Nr. 46, Augsburg Nr. 39]*.

Fahrt durch Mittelfranken

Im Altmühltal

München – Nürnberg (über Treuchtlingen)

Nach kurzer Fahrt durch das Gleisfeld von München wendet sich die Strecke gen Norden. In dem Wald rechtsseitig liegt das Schloss Nymphenburg verborgen. Bis **Dachau** verläuft die Route nun durch die Niedermoorlandschaft des Dachauer Mooses. Vom Dachauer Bahnhof führte einst ein Gleis nach rechts zum Konzentrationslager Dachau, in dem von 1933 bis 1945 rund 200 000 Menschen inhaftiert waren, mindestens 30 000 Menschen starben im KZ. Seit dem Ausbau der Strecke ist die weitere Fahrt von Lärmschutzwänden geprägt. Kurz vor Pfaffenhofen erblicken Sie dann auf der linken Seite die Kirche St. Arsatius in **Ilmmünster**. Von dem ehemaligen Kloster ging die Missionierung des Ilmtals aus, das Sie nun durchfahren. Die dreischiffige romanische Basilika stammt aus dem 13. Jahrhunderts, das Klosterstift wurde 1495 aufgehoben und an die Frauenkirche in München verlegt. Bei **Ingolstadt** zweigt anschließend die Schnellfahrstrecke nach Nürnberg ab *[Weiterfahrt siehe unten]*. Die Altbaustrecke passiert hinter dem Bahnhof das Audi-Werk. Die Automarke mit den vier Ringen hat hier ihren Hauptsitz. Der landschaftlich reizvollste Abschnitt folgt nun mit der Fahrt durch das **Altmühltal** zwischen Eichstätt und Treuchtlingen mit Jurakalkfelsen, Flusswindungen und Wachholderheiden. Etwa auf halber Strecke zwischen Mörnsheim und Solnhofen sehen Sie rechter Hand am gegenüberliegenden Ufer die Felsformation **Zwölf Apostel**. Auch Solnhofen ist bekannt für seine Steinbrüche. In den Plattenkalken der Region wurden Fossilien des Urvogels Archaeopteryx gefunden, zudem wurde der Kalkstein für das Steindruckverfahren Lithografie benötigt. Hinter **Treuchtlingen** *[Weiterfahrt Richtung Ansbach oder Augsburg Nr. 42]* sehen Sie dann rechts den Glockenturm einer Kriegsgräberstätte für Opfer des Zweiten Weltkriegs. Bei **Georgensgmünd** quert die Linie nun den Fränkischen Rezat, links erblicken Sie die Kirche St. Georg mit dem grünglasierten Turm, die dem Ort seinen Namen gab. In **Schwabach** wenig später sind Sie „goldrichtig", denn die Stadt ist berühmt für ihre Tradition der Goldschläger. Blattgold aus Schwabach ziert orthodoxe Kirchen in der Ukraine, Palastkuppeln in den Emiraten oder den Invalidendom in Paris. In der Ferne kündet schon bald das „Nürnberger Ei", der 185 Meter

Bei Eitensheim in Oberbayern

Blick auf Ingolstadt

hohe Fernmeldturm, vom Ziel der Strecke *[Weiterfahrt Richtung Würzburg Nr. 35, Bamberg Nr. 30, Hof Nr. 31, Regensburg Nr. 44, Stuttgart Nr. 41]*.

Schnellfahrstrecke Nürnberg – Ingolstadt

Die Züge Richtung Ingolstadt fahren zunächst auf der Strecke Richtung Passau *[Nr. 44]* und biegen bei Feucht auf die Schnellfahrstrecke nach Süden ab. Die Strecke verläuft parallel zur Autobahn A 9 und ist von zahlreichen Tunneln geprägt, die unter den Höhen der **Frankenalb** hindurchführen. Nachdem Sie den **Main-Donau-Kanal** überquert haben, verschwindet der Zug im Offenbau-Tunnel. Diesen Namen verdankt der Tunnel der nahen Ortschaft Offenbau und hat nichts mit der Bauweise des Tunnels zu tun. Der nächste Tunnel ist der Euerwang-Tunnel, der mit über 7,7 Kilometern zu den längsten deutschen Tunneln gehört. Bei Kinding führt die Strecke über die Altmühl und passiert kurz darauf einen weiteren Tunnel, der ebenfalls über sieben Kilometer lang ist. Durch den Köschinger Forst erreichen Sie Ingolstadt. Übrigens hat die Hauptverwaltung der Media-Saturn-Holding GmbH ihren Hauptsitz in Ingolstadt und so ist es nicht verwunderlich, dass die Halle linksseitig den Namen Saturn-Arena trägt.

Streckendetails:
KBS 910 (Nürnberg – Treuchtlingen), 990 (Treuchtlingen – München), 900 (Nürnberg – Ingolstadt)
Strecke elektrifiziert und zweigleisig.
Gesamt über Treuchtlingen 199 km, gesamt über Schnellfahrstrecke 171 km
Nürnberg 62 km Treuchtlingen 56 km Ingolstadt 81 km München
Nürnberg 90 km Ingolstadt über Schnellfahrstrecke

Hopfenanbau in der Hallertau

Schnellfahrstrecke über den Main-Donau-Kanal

Nürnberg – Passau – Mühldorf 44

über Regensburg
Rottalbahn (Passau – Mühldorf)

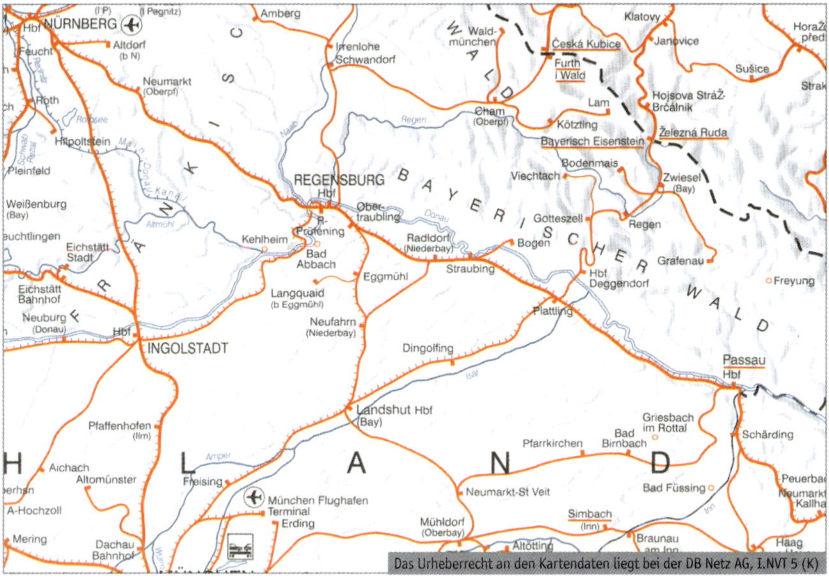

Das Urheberrecht an den Kartendaten liegt bei der DB Netz AG, I.NVT 5 (K)

Von Nürnberg führt die Fahrt über die Fränkische Alb in das Zentrum der Oberpfalz. Die Bezeichnung Oberpfalz geht auf die Heidelberger Kurfürsten zurück, deren Herrschaftsgebiet sich einst bis zum Fichtelgebirge erstreckte. Zur Unterscheidung bekamen die Gebiete am Rhein die Bezeichnung Kurpfalz, die höher gelegenen bayerischen Gebiete wurden Oberpfalz genannt. Auf Ihrer Reise passieren Sie mehrere „Marktgemeinden", die diesen Titel auch im Namen führen. Historisch war damit das Marktrecht verbunden, heute kann dieser Titel an bayerische Gemeinden verliehen werden, die von besonderer regionaler Bedeutung sind. Von Regensburg bis Passau verläuft die Strecke weiter durch den Gäuboden, ein breiter fruchtbarer Streifen südlich der Donau. Nördlich dieser Ebene erhebt sich der Bayerische Wald, der sich jenseits der Grenze fortsetzt und in Tschechien Böhmerwald heißt. Teile des Bayerischen Waldes, die weitgehend von unberührten (Ur-)Wäldern geprägt sind, wurden 1970 zu Deutschlands erstem Naturpark ernannt. Über den Main-Donau-Kanal ist von Regenburg aus sowohl die Nordsee als auch das Schwarze Meer auf dem Wasser zu erreichen. Die Donau selbst ist nur bis Kelheim ein Stück flussaufwärts schiffbar. Der größere Teil des Gäubodens gehört übrigens bereits zu Niederbayern. Nach einem Fahrtrichtungswechsel in Passau folgt die Strecke dem Fluss Rott durch dessen Tal nach Westen bis nach Neumarkt-St. Veit. Als eine von sieben Bahnstrecken erreicht die Linie anschließend die Stadt Mühldorf, die damit ein wichtiger Bahnknotenpunkt in Bayern ist.

Nürnberg – Passau

Nachdem die Bahnstrecke das Stadtgebiet von Nürnberg verlassen hat, führt Sie die Reise durch ein ausgedehntes Waldgebiet, den **Nürnberger Reichswald**. Während der Forst heute als Naherholungsgebiet und grüne Lunge Nürnbergs geschätzt wird, hatte das Waldgebiet einst einen nicht unerheblichen Einfluss auf die Tradition der Nürnberger Lebkuchen. Bevor Rohr- und Rübenzucker ihren Siegeszug antraten, war nämlich Honig eine begehrte Backzutat. Zahlreiche Zeidler, wie die Waldimker damals genannt wurden, hatten sich hier im Reichswald angesiedelt. Sie belieferten die Stadt mit Honig, Wachs und Met und trugen damit zum Aufschwung der Lebkuchenbäckerei bei. **Feucht**, der nächste Ort an der Strecke, war ein Zentrum des Zeidelhandwerks und bis 1796 Sitz eines Zeidelgerichts. Hier zweigt nun die Schnellfahrtstrecke nach Ingolstadt ab *[Weiterfahrt Nr. 43]*. Die Wälder weichen anschließend einer offenen Landschaft und zur Linken ist schon bald der 195 Meter hohe Sendeturm auf dem **Dillberg** zu erkennen. Seit 1955 sendet der Bayerische Rundfunk von hier nach Mittelfranken und in die Oberpfalz. Der nächste größere Ort ist **Neumarkt** in der Oberpfalz. Linker Hand sehen Sie die spätgotische Stadtpfarrkirche St. Johannes, die in den Jahren 1404 bis 1434 erbaut wurde. Die Stadt liegt in einem Talkessel und ist von Höhenzügen des Fränkischen Juras umgeben. Hinter dem Bahnhof können Sie links auf einer dieser Höhen die barocke Wallfahrtskirche Maria Hilf entdecken. Die Reise führt Sie nun durch die Mittelgebirgslandschaft des **Oberpfälzer Jura.** Charakteristisch für diese Landschaft sind schroffe Felsformationen, die Ihnen immer wieder entlang der Strecke begegnen. Sie passieren nun mehrere Ortschaften, darunter **Laaber**. Rechts über dem Ort zeugt eine Burgruine davon, dass hier einst das Adelsgeschlecht derer von Laaber herrschte. Bei Etterzhausen trifft die Strecke anschließend auf die Naab und folgt dem Fluss bis zu dessen Mündung in die Donau kurz vor Regensburg. Bei der Einfahrt nach **Regensburg** können Sie linkerseits in der Ferne die Doppeltürme des

Fahrt durch die Oberpfalz

Felsformation der Fränkischen Alb

Doms entdecken. Der Baubeginn der gotischen Kathedrale war um das Jahr 1260. Bekannt ist der Dom auch als Heimat der Regensburger Domspatzen. Der älteste Knabenchor der Welt kann auf eine über tausendjährige Geschichte zurückblicken. Die Reise führt Sie weiter durch den **Gäuboden**, der auch die Kornkammer Bayerns genannt wird. Die fruchtbaren Lößböden in der Donauebene werden intensiv landwirtschaftlich genutzt. Davon zeugt auch die Zuckerfabrik in **Plattling**, die Sie auf der linken Seite in der Ferne ausmachen können. Mit einer Kapazität von täglich rund 15 000 Tonnen Rüben gehört sie zu den größten Zuckerfabriken in Deutschland. Hinter Plattling überqueren Sie die Isar und treffen anschließend wenig später auf die Donau, der Sie jetzt bis Passau folgen. Rechter Hand erhebt sich der Neuburger Wald, links am anderen Donauufer liegen die Ausläufer des Bayerischen Waldes. Vorbei an der Staustufe **Passau** erreichen Sie schließlich den Hauptbahnhof der Dreiflüssestadt.

Beratzhausen im Tal der Schwarzen Laber

Wallfahrtskirche Mariaort an der Mündung der Naab in die Donau

44

Passau – Nürnberg

Die Fernverkehrszüge aus Wien queren kurz vor Passau den Inn und die Grenze zu Deutschland. Nach einem kurzen Tunnel erreichen sie den Hauptbahnhof. Bis zum EU-Beitritt Österreichs war die Unterführung im Bahnhof übrigens durch eine Grenzmauer geteilt. Die Strecke folgt nun der Donau flussaufwärts. Bei **Sandbach** können Sie eine Seilfähre erblicken, die auch von Radfahrern auf dem stark frequentierten Donauradweg gerne genutzt wird. Bei der Überquerung der Vils in **Vilshofen** haben Sie dann zur Rechten einen schönen Blick auf die Stadt mit der hoch aufragenden Stadtpfarrkirche St. Johannes. Wenig später können Sie über dem gegenüberliegenden Ufer die **Burgruine Hilgartsberg** entdecken. Raubritter, die im Mittelalter auf der Burg hausten, hatten es damals auf Donauschiffe abgesehen. Die nächste größere Stadt an der Strecke ist **Plattling**. Die Stadt nennt sich Nibelungenstadt, denn nach dem mittelalterlichen Nibelungenlied soll die Sagenfigur Königin Kriemhilde im damaligen „Pledelingen" übernachtet haben. Mit Straubing erreicht die Bahnlinie das Zentrum des Gäubodens. Landschaftlich eher unspektakulär führt die Strecke nun durch die niederbayerische Landschaft nach **Regensburg**. Vor der Stadt passieren Sie rechtsseitig das Regensburger BMW-Werk. Etwa 10 000 Mitarbeiter fertigen hier jährlich rund 300 000 Autos. Nach Regenburg überquert die Strecke die Donau und führt ein Stück durch das Naabtal. Bevor Sie bei Etterzhausen die Naab verlassen, haben Sie auf der rechten Seite nochmals einen schönen Blick in das Tal und auf das **Etterzhauser Schloss**, dessen achteckiger Turm zunächst an einen Kirchturm erinnert. Ein Felsentor, das als Deutschlands kürzester Eisenbahntunnel gilt, markiert nun den Beginn der Fahrt durch die **Fränkische Alb**. Dieser Teil der Alb wird auch Oberpfälzer Jura genannt. Nach einiger Fahrt sehen Sie bei Parsberg rechts in der Ferne einen Jurakegel mit einer mittelalterlichen Burganlage, zu deren Fuß sich der Ort **Lupburg** erstreckt. Von der Burg aus herrschte einst das Adelsgeschlecht der Lupburger, das im 13. Jahrhundert ausstarb. In **Neumarkt** überqueren Sie anschließend den Ludwig-

Donauquerung bei Regensburg

Fahrt durch den Gäuboden

Donau-Main-Kanal, der in den Jahren 1836 bis 1843 als Wasserstraße gebaut wurde, um eine durchgehende Verbindung von der Nordsee zum Schwarzen Meer zu schaffen. In Neumarkt wurde übrigens am 15. Mai 1381 der berüchtigte fränkische Raubritter Eppelein von Gailingen hingerichtet. Eppelein war bereits in Nürnberg verurteilt worden, wo ihm jedoch eine legendäre Flucht gelang. In Postbauer, einem der nächsten Orte an der Strecke, wurde seiner Flucht bei einem Zechgelage jedoch ein Ende gesetzt. Vorbei am ehemaligen Frankenstadion links, das heute easyCredit-Stadion heißt, erreichen Sie **Nürnberg** *[Weiterfahrt Richtung München Nr. 43, Stuttgart Nr. 41, Würzburg Nr. 35, Bamberg Nr. 30 und Hof Nr. 31]*.

Mühldorf – Passau

Von Mühldorf führt die Strecke über den Innwerk-Kanal nach Norden und quert vor Neumarkt-St.Veit zum ersten Mal die Rott. Durch das gleichnamige Tal folgt die Route dem niederbayerischen Fluss nun für den größten Teil der Reise. Die Gründung des Ortes **Neumarkt-St.Veit** geht auf das ehemalige Benediktinerkloster St. Veit zurück. Der Turm der ehemaligen Klosterkirche ist rechter Hand zu sehen. Gleich zwei Gemeinden konkurrieren übrigens mit ihren Kirchen um den Titel „Dom des Rottals". Den ersten „Dom" erblicken Sie in **Eggenfelden** rechts mit der stattlichen spätgotischen Stadtpfarrkirche St. Nikolaus. Vorbei am Rottauensee auf der rechten Seite, der als Hochwasserrückhaltebecken künstlich geschaffen wurde, erreichen Sie **Pfarrkirchen**. Linker Hand über der Stadt thront auf dem Gartlberg das Wahrzeichen Pfarrkirchens, der doppeltürmige Barockbau der Marienwallfahrtskirche. Links in der Ferne passieren Sie anschließend **Bad Birnbach**. Auf der Suche nach Öl- und Gasvorkommen stieß man hier 1938 auf heißes Wasser, wovon heute ein Heilbad-

Stadtpfarrkirche Vilshofen

Blick auf Bad Birnbach

betrieb mit über 4 200 Gästebetten profitiert. Hinter **Pocking** folgt schließlich rechts ein Silizium-Werk. Aus Quarz und Kohlenstoff wird hier das Halbmetall hergestellt, das in Chemie, Elektronik oder Solarindustrie Verwendung findet. Vor Ruhstorff queren Sie ein letztes Mal die Rott. Sie fahren jetzt an der Motorenfabrik von Hatz Diesel linksseitig vorbei. Der ehemalige Traktorenhersteller liefert heute Dieselmotoren und Komponenten für die Automobilindustrie. Bei **Fürstenzell** können Sie zur Linken in der Ferne den zweiten „Dom des Rottals" sehen. Es handelt sich um die Pfarrkirche Mariä Himmelfahrt mit ihren Doppeltürmen, die früher zu einem Zisterzienserkloster gehörte. Die Strecke umrundet nun den Flugplatz von Fürstenzell auf der linken Seite und führt äußerst kurvenreich durch den Neubürger Wald nach **Passau**.

Streckendetails:
KBS 880 (Nürnberg – Passau),
946 (Passau – Mühldorf)
Nürnberg – Passau elektrifiziert und zweigleisig,
Passau – Mühldorf nicht elektrifiziert und eingleisig.
Gesamt Nürnberg – Passau 218 km,
Passau – Mühldorf 114 km,
Nürnberg – Mühldorf 332
Nürnberg 101 km Regensburg 40 km Straubing 25 km Plattling 52 km Passau
Passau 35 km Pocking 9 km Karpfham 9 km Bad Birnbach 11 km Pfarrkirchen 15 km Eggenfelden 10 km Massing 9 km Neumarkt-St. Veit 16 km Mühldorf

Marienwallfahrtskirche über Pfarrkirchen

Im Rottal

Ulm – Lindau 45

über Biberach, Aulendorf, Ravensburg, Friedrichshafen
Südbahn (Ulm – Friedrichshafen), Bodensee-Gürtelbahn (Friedrichshafen – Lindau)

Das Urheberrecht an den Kartendaten liegt bei der DB Netz AG, I.NVT 5 (K)

„Auf de schwäbsche Eisebahne gibt's gar viele Haltstatione, Schtuegart, Ulm und Biberach, Mekkebeure, Durlesbach…" – wenn auch in anderer Reihenfolge der Stationen führt die Strecke von der Donau zum Bodensee. Denn Durlesbach liegt eigentlich vor Meckenbeuren, wurde des Reims wegen aber ans Ende der Strophe gesetzt. Die Reise führt Sie durch das Herz Oberschwabens. Von den übrigen Württembergern, die vom evangelischen Pietismus geprägt mit Sparsamkeit, Fleiß und der „Kehrwoche" in Verbindung gebracht werden, heben sich die Oberschwaben deutlich ab. Die Region hat katholische Wurzeln, was nicht nur in der Architektur zum Ausdruck kommt. Neben barocken Kirchen, Klöstern und Schlössern gehört auch die schwäbisch-alemannische Fasnet fest zu Oberschwaben. Die Narren haben die Region zwischen „Schmotzigem Dunschtig" und Aschermittwoch fest im Griff. Der Name des Donnerstags vor Aschermittwoch leitet sich vom alemannischen Wort Schmotz für Fett oder Schmalz ab und wird in Verbindung gebracht mit in Fett gebackenem Hefegebäck. In der sanft gewellten Landschaft aus eiszeitlichen Moränenhügeln und Seen wird neben Obst auch Hopfen angebaut. Mit Friedrichshafen erreicht die Strecke den Bodensee und führt an dessen Nordufer weiter nach Lindau. Auf der Fahrt lohnt vielleicht ein Blick zum Himmel, denn von Friedrichshafen aus startet der Zeppelin NT zu Rundflügen über den Bodensee. Im Jahr 1900 erhob sich hier das erste von Ferdinand Graf von Zeppelin entwickelte Luftschiff in den Himmel. Neben der zivilen Nutzung wurden Zeppeline in den beiden Weltkriegen auch für militärische Zwecke genutzt. 1940 wurde der letzte Zeppelin zerstört. Seit 1997 wird in Friedrichshafen mit dem Zeppelin Neuer Technologie an die Tradition des Luftschiffbaus angeknüpft.

45

Ulm – Lindau

Nachdem die Bahn die Hauptstrecke nach Augsburg in Richtung Süden verlassen hat, erblicken Sie linkerseits ein Gewerbegebiet mit dem Standort des Pharmaunternehmens ratiopharm. Das Unternehmen hat seinen Hauptsitz in Ulm und liefert von hier Nachahmer-Medikamente, so genannte Generika, in etwa vierzig Länder. In **Erbach** wenig später sehen Sie rechts das Wahrzeichen der Stadt, das Renaissanceschloss aus dem frühen 16. Jahrhundert sowie daneben die barocke Kirche St. Martin. Hinter **Laupheim** passieren Sie dann zur Linken mehrere Baggerseen. Neben dem aktiven Abbau von Kies ist der Rißkiessee zu einem Eldorado für Wassersportler geworden. Die Strecke verläuft hier in schnurgerader Linie bis nach **Biberach**. Dort liegt hinter dem Bahnhof auf der linken Seite ein Maschinenwerk der Handtmann-Gruppe, in dem Wurst- und Fleischereimaschinen hergestellt werden. Etwa auf halber Strecke zwischen Biberach und Bad Schussenried grüßt nun linker Hand die Kirche St. Martin mit ihrer romanischen Fassade in Unteressendorf. Die Kurstadt **Bad Schussenried** liegt, wie der Name schon vermuten lässt, in einem Moor- und Riedgebiet am Fluss Schussen. Während die Stadt früher vom Torfabbau geprägt war, empfängt sie heute als Moorheilbad Kurgäste. Eines der zahlreichen Exemplare der für Oberschwaben typischen Barockkirchen sehen Sie wenig später zur Rechten mit der spätbarocken Kirche St. Oswald von Otterswang. Je näher die Strecke dem Bodensee kommt, desto häufiger sind nun Obstplantagen zu sehen, die vom milden Seeklima begünstig werden. Stadt der Tore und Türme nennt sich die alte Handelsstadt **Ravensburg** mit mehr als einem Dutzend dieser Bauwerke. Von der Bahn aus am besten zu sehen ist der Gemalte Turm aus dem 15. Jahrhundert mit Rautenmuster und Wappenschilde. Hinter dem Bahnhof erblicken Sie links das Milchwerk der OMIRA, das sich im Besitz von rund 4 500 Milcherzeugern befindet. Von **Friedrichshafen** bis Lindau verläuft die Strecke nun parallel zum Bodenseeufer, meist jedoch etwas im Hinterland. So können Sie rechtsseitig nur für kurze Augenblicke den See sehen oder erahnen. Etwa ab Langenargen sind bei guter Sicht dann auch die Alpen über dem anderen Seeufer auszumachen. Vor **Wasserburg** lohnt der Blick nach rechts. Bis zum Jahr 1720 lag der Ort auf einer Insel, dann ging

Fahrt durch das Rißtal von Ulm nach Laupheim

Ulmer Tor in Biberach

jedoch das Geld für die Unterhaltung der Zugbrücke aus und der Graben zum Festland wurde kurzerhand zugeschüttet. Am äußersten Ende der jetzigen Halbinsel können Sie die Kirche St. Georg mit ihrem Barockzwiebelturm ausmachen. Der letzte Teil der Reise führt Sie nun über einen Damm nach **Lindau**. Nachdem Sie das Badehaus des Aeschacher Bades aus dem Jahr 1911 rechter Hand passiert haben, bietet sich Ihnen dann ein weiter Blick über den offenen See *[Weiterfahrt Richtung München Nr. 46]*.

Lindau – Ulm

Ab Lindau führt die Strecke noch einige Kilometer durch Bayern und erreicht zwischen den Obst- und Weinplantagen vor Kressbronn die Grenze zu Baden-Württemberg. Die Linie überquert anschließend die Argen und wenig später die Schussen, zwei Flüsse, die aus Allgäu und Oberschwaben hier in den Bodensee münden. Um die Mündung und die Auwälder der Schussen erstreckt sich links das Naturschutzgebiet **Eriskircher Ried**, ein Naturschutzzentrum befindet sich im ehemaligen Bahnhofsgebäude rechts der Strecke. Vor dem Bahnhof **Friedrichshafen** erblicken Sie auf der rechten Seite noch den ungewöhnlichen, zeltförmigen Bau der Kirche St. Columban mit ihrem freistehendem Glockenturm. Nach dem Fahrtrichtungswechsel in **Friedrichshafen** passieren Sie auf der linken Seite den Bodensee-Airport Friedrichshafen. Mit etwas Glück können Sie vielleicht auch einen Zeppelin sehen, deren Start- und Landeplatz ebenfalls auf dem Flughafengelände ist. Auf der weiteren Fahrt säumen einige Hopfenfelder mit den bis zu acht Meter hohen Gerüsten, an denen sich die Pflanzen in die Höhe winden, übrigens bis zu 30 Zentimeter am Tag, die Strecke. Das eigentliche Zentrum des Hopfenanbaus befindet sich in Tettnang etwas westlich der Bahnstrecke. Bevor die Bahn Ravensburg erreicht, erblicken Sie rechts Doppeltürme mit grünem Dach. Sie gehören zur barocken Klosterkirche St. Peter und Paul in **Weissenau**, einst ein bedeutendes Reichskloster in Oberschwaben. Ebenfalls zur Rechten liegt ein Gewerbegebiet, in dem Sie auch eine Werkshalle der Ravensburger AG sehen. 1883 von dem Buchhändler Otto Maier als Verlag gegründet, ist das mittlerweile internationale Unternehmen stets dem Standort **Ravensburg** treu geblieben. Der Name der Stadt schmückt im Logo mit

Kirche St. Martin in Unteressendorf

Ried- und Moorlandschaft bei Bad Schussenried

dem blauen Dreieck zahlreiche Bücher, Spiele und Puzzles. Nachdem die Bahn Ravensburg verlassen hat, können Sie rechtsseitig in der Ferne etwas erhöht die **Basilika Weingarten** entdecken. „Schwäbisch Sankt Peter" ist Teil einer großen Klosteranlage und Deutschlands größte Barockbasilika. Entlang der Schussen führt die Strecke nun durch den Altdorfer Wald und passiert dann **Durlesbach**, wo Sie rechts einen abgestellten Dampfzug sehen, an dessen Ende Bronzefiguren an die Geißbockszene aus dem Lied der schwäbschen Eisenbahn erinnern. Bevor die Strecke **Biberach** erreicht, passiert die Bahn rechter Hand ein Werk der Firma Liebherr. Wie unschwer zu erkennen ist, werden hier Turmdrehkrane hergestellt. Die Bahnlinie führt nun um die restaurierte Altstadt von Biberach herum und so lässt sich der historische Stadtkern der ehemals freien Reichsstadt nur erahnen. Bei der Einfahrt in den Bahnhof ist linksseitig jedoch für einen kurzen Augenblick das Ulmer Tor zu sehen, das letzte erhaltene Stadttor von 1373. Bei Erbach quert die Strecke die Donau und folgt ihr nun bis **Ulm** *[Weiterfahrt Richtung Stuttgart oder München Nr. 39, Kempten Nr. 47]*.

Streckendetails:
KBS 751 (Ulm – Friedrichshafen), 731 (Friedrichshafen – Lindau), Strecke nicht elektrifiziert, Ulm – Friedrichshafen zweigleisig, Friedrichshafen – Lindau eingleisig.
Gesamt 127 km
Ulm 37 km Biberach 25 km Aulendorf 22 km Ravensburg 11 km Meckenbeuren 8 km Friedrichshafen 24 km Lindau

Obstanbau am Bodenseeufer

Fahrt über den Bodenseedamm zur Insel Lindau

München / Immenstadt – Lindau

über Buchloe, Memmingen

Allgäubahn (München – Buchloe und Immenstadt – Lindau)

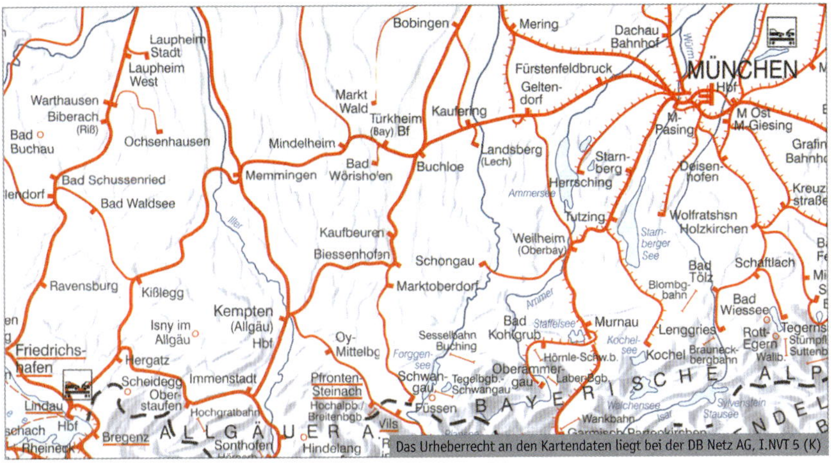

Die Strecke durch das Allgäu verbindet München mit Zürich. Während die traditionelle Allgäubahn über Kempten verläuft, fahren die Fernverkehrszüge heute meist über Memmingen. Von der bayerischen Landeshauptstadt führt die Route zunächst durch Oberbayern nach Westen und erreicht anschließend das Allgäu. Geprägt wurde die Landschaft des Allgäus durch die Eiszeiten. Die von den Gletschern aus den Alpen mitgeführten Gesteinsmassen lagerten sich hier ab und bilden heute die sanften Hügel der Region. Das Allgäu lässt sich in vier Regionen einteilen. An Oberbayern grenzt zunächst das Ostallgäu, im Süden liegt das Oberallgäu mit dem Allgäuer Alpen, nördlich davon das flachere Unterallgäu und bis ins baden-württembergische Oberschwaben reicht das Westallgäu. Bei der Frage nach Allgäuer Spezialitäten fällt Ihnen vielleicht zunächst der Käse ein. Bis ins 19. Jahrhundert lag der landwirtschaftliche Schwerpunkt jedoch beim Flachsanbau und der Leinenproduktion. So war lange Zeit vom „blauen Allgäu" die Rede, benannt nach den blau blühenden Flachspflanzen. Mit dem Import billiger Baumwolle brach der Markt jedoch zusammen. Auf der Suche nach Alternativen wurde sich für die Milchwirtschaft entschieden und sich Unterstützung von erfahrenen Sennen aus der Schweiz geholt. Gesprochen wird hier Allgäuerisch, ein schwäbisch-alemannischer Dialekt mit deutlichen regionalen Unterschieden, der verwandt ist mit den Nachbardialekten Vorarlbergisch, Liechtensteinisch und Schwäbisch. Endpunkt der Strecke ist Lindau im Bodensee. Die historische Altstadt liegt auf einer Insel und ist mit den größeren Stadtteilen auf dem Festland durch einen Damm und eine Brücke verbunden. Lindau ist die einzige bayerische Stadt am Bodensee, von etwa 270 Kilometern Seeufer sind nur 18 Kilometer bayerisch.

46

München – Lindau

Durch das Stadtgebiet von München verläuft die Strecke in westlicher Richtung nach **Fürstenfeldbruck**. Dort fahren Sie direkt am ehemaligen Kloster Fürstenfeld vorbei. Auf der rechten Seite erblicken Sie Teile des Gebäudes, das als ein Hauptwerk des süddeutschen Spätbarocks gilt. Nachdem der bayerische Herzog Ludwig II., genannt der Strenge, 1256 seine Gemahlin wegen vermeintlicher Untreue enthaupten ließ, wurde ihm vom Papst als Sühne die Gründung dieses Klosters auferlegt. Mit der Säkularisation 1803 ging das ehemalige Zisterzienser-Kloster zunächst in Privat- und später in Staatsbesitz über. Auf der folgenden Strecke sollten Sie den Blick nach links richten. Hier bietet sich ein Panoramablick auf das **Ampermoos**, in der Ferne liegt der Ammersee und bei guter Fernsicht sind auch die Alpen zu sehen. Die Ammer entspringt bei Oberammergau und fließt durch das Alpenvorland in den Ammersee. Im Norden des Sees strömt der Fluss wieder aus dem See, trägt nun aber den Namen Amper und mündet später in die Isar. Vom Nordufer des Ammersees bis nach Grafrath, das ebenfalls an der Bahnlinie liegt, durchfließt der Fluss das Ampermoos, ein Niedermoor mit schützenswerter Tier- und Pflanzenwelt. Hinter **Schwabhausen** sind rechts am Fuße des Bahndamms drei jüdische Gräber mit Gedenksteinen zu sehen. 1945 wurde hier ein abgestellter Munitionszug von alliierten Aufklärungsflugzeugen entdeckt. Bevor der Fliegerangriff auf den Zug erfolgte, wurde ein mit KZ-Häftlingen besetzter Zug aus dem Kauferinger Lager an die Stelle gefahren und von den Fliegern getroffen. Der Angriff forderte zahlreiche Todesopfer, über die Zahl gibt es widersprüchliche Angaben zwischen 100 und 1 000. Über **Buchloe** *[Weiterfahrt Richtung Augsburg oder Oberstdorf Nr. 48]* und **Memmingen** *[Weiterfahrt Richtung Ulm oder Kempten Nr. 47]* führt die Strecke zunächst nach Westen und ab Memmingen nach Südwesten. Hinter Memmingen quert die Linie die Iller, ein Nebenfluss der Donau. Das Flusstal der Iller ist geprägt von eiszeitlichen Kies- und Schotterablagerungen, wovon auch mehrere Kieswerke an der Strecke zeugen. Bei Hergatz stößt die Allgäubahn aus Kempten auf die Strecke. Bei guter Fernsicht bietet sich dann einige Minuten vor Lindau zunächst zur Linken dann zur Rechten ein Blick auf das **Bodenseepanorama** mit den Bergen am

Das Ampermoos im Tal der Amper, in der Ferne der Ammersee

Zwischen den Bäumen ist bei Geltendorf der Turm der Klosterkirche in St. Ottilien zu entdecken

gegenüberliegenden Schweizer Ufer *[Weiterfahrt Richtung Friedrichshafen Nr. 45]*.

Lindau – München

Aus der Schweiz kommend quert die Linie im Dreiländereck zunächst die Grenze zu Österreich und nach Bregenz wenig später die Grenze zu Deutschland. Dabei verläuft die Strecke direkt am Ostufer des Bodensees, wobei sich rechtsseitig der über tausend Meter hohe **Pfänder**, der Hausberg von Bregenz, erhebt. Über einen Damm führt die Route auf die Insel **Lindau** *[Weiterfahrt Richtung Friedrichshafen Nr. 45]* im Bodensee. Nach einem Fahrtrichtungswechsel fahren Sie über den gleichen Damm wieder auf das Festland. Die Strecke gewinnt nun kurvenreich an Höhe. Bei Hergatz zweigt die Allgäubahn Richtung **Immenstadt** ab. Zwischen Hergatz und Wangen überfahren Sie die Grenze zwischen Bayern und Baden-Württemberg. Vom historischen Stadtkern **Wangens** erblicken Sie rechts den markanten Turm der St.Martins-Kirche. Über Kißlegg führt der Weg weiter nach **Leutkirch**. Von der 1 200 Jahre alten Stadt sind vom Zug aus leider nur die Industrieanlagen am Rande der Stadt zu sehen. Markant besonders zur Linken die Anlagen und der Schornstein von Thermopal, einem Hersteller von Spanplatten und ähnlichen Erzeugnissen. Linkerseits in der Ferne thront auf einer eiszeitlichen Endmoräne das **Schloss Zeil**, ein Renaissancebau erbaut um das Jahr 1600. Teilweise parallel zur Autobahn A 96 verläuft die Strecke anschließend nach Norden und quert vor Memmingen zunächst den Illerkanal und schließlich die Iller. Der Fluss bildet hier die Grenze zu Bayern. Ab **Memmingen** *[Weiterfahrt Richtung Ulm oder Kempten Nr. 47]* verläuft die Strecke gen Osten. Die Landschaft hier im nördlichen Allgäu ist nun weniger hügelig. Wie in vielen anderen Städten an der Bahnlinie begann auch für **Buchloe** *[Weiterfahrt Richtung Augsburg oder Oberstdorf Nr. 48]* mit der Eröffnung der Bahnstrecke ein enormer Aufschwung. Kurz hinter Kaufering quert die Linie den Lech, rechter Hand liegt ein Stück flussaufwärts die Stadt Landsberg. Der Fluss entspringt im österreichischen Vorarlberg, fließt durch Tirol und den Forggensee und mündet bei Donauwörth in die Donau. Bei **Geltendorf** können Sie anschließend auf der rechten Seite den mächtige Turm der Klosterkirche in St. Ottilien entdecken. Das Klosterdorf ist eine

Blick auf den Lech flussaufwärts

„Blühendes Allgäu“

Erzabtei des Benediktinerordens. Es ist das Stammhaus der weltweit tätigen Missionsbenediktiner, die nach der Ordensregel des heiligen Benedikt von Nursia leben. Über Fürstenfeldbruck führt die Strecke nach **München** *[Weiterfahrt Richtung Augsburg Nr. 39, Nürnberg Nr. 43, Rosenheim Nr. 50, Garmisch-Partenkirchen Nr. 49]*.

Immenstadt – Hergatz

Von Immenstadt aus passieren Sie zunächst den kleinen Alpsee und fahren wenig später am Ufer des großen Alpsees entlang. Der **Große Alpsee** ist der größte Natursee des Allgäus und bis zu 22 Meter tief. Etwa bis Oberstaufen folgt die Bahnlinie anschließend dem Tal der Konstanzer Ach. In **Oberstaufen** bietet sich linker Hand ein Blick in den Ort mit der Pfarrkirche St. Peter und Paul. Im weiteren kurvenreichen Verlauf durch das Oberallgäu bieten sich immer wieder sehenswerte Ausblicke auf die Bergwelt der Allgäuer Alpen. Zwischen Röthenbach und Hergatz ist auf der linken Seite etwas erhöht die Dreiheiligen Kapelle, ein Bauwerk aus dem 15. Jahrhundert, zu sehen. Bei Hergatz trifft die Strecke auf die Linie aus Memmingen.

Streckendetails:
KBS 970 (München – Buchloe),
971 (Buchloe – Lindau);
970 (Immenstadt – Lindau)
München – Geltendorf zweigleisig elektrifiziert,
ab Geltendorf nicht elektrifiziert.
Geltendorf – Buchloe zweigleisig,
Buchloe – Hergatz eingleisig,
Immenstadt – Hergatz – Lindau zweigleisig.
Gesamt 199 km
München 68 km Buchloe 46 km Memmingen 85 km Lindau
Immenstadt 68 km Lindau

Entlang des Alpsees

Blick über das Allgäu

Ulm – Kempten

47

über Memmingen
Illertalbahn

Das Urheberrecht an den Kartendaten liegt bei der DB Netz AG, I.NVT 5 (K)

Als „Wanderfluss mit starker Verbauung durch Kraftwerke“ gilt der Unterlauf der Iller bei Kanuten. Der Fluss hat in der jüngeren Geschichte immer wieder sein Gesicht gewandelt. Bis zum Bau der Eisenbahnlinie wurde auf dem Nebenfluss der Donau zu Flößen zusammengebundenes Langholz transportiert, der Fluss wurde kanalisiert und mit einem Hochwasserschutz versehen, anschließend zur Energiegewinnung genutzt und ist heute bei Wassersportlern beliebt. Aber auch die Tierwelt am und im Fluss ändert sich. Nachdem 1834 zum letzten Mal Biber an der Iller gesichtet wurden, galten die Tiere lange Zeit in der Region als ausgestorben. Seit den 1970er-Jahren kehren sie nun zurück und sind heute an der Iller wieder heimisch. Die Iller ist über eine weite Strecke Grenzfluss zwischen Baden-Württemberg und Bayern. Von Neu-Ulm, der kleinen bayerischen Schwester Ulms, führt die Strecke am bayerischen Ufer nach Süden. Mit Memmingen erreicht die Linie das nördliche Allgäu, auch Unterallgäu genannt. Die Landschaft wird nun deutlich hügeliger und erste Ausläufer künden die Allgäuer Alpen an. Kempten liegt dann bereits im Oberallgäu. Neben der traditionellen Land- und Forstwirtschaft ist der Fremdenverkehr zu einem wichtigen Faktor im Allgäu geworden. Mit „Ferien auf dem Bauernhof“ lassen sich beide Zweige gut verbinden und eröffnen den Landwirten neue Perspektiven. Begünstigt durch den Holzreichtum im Allgäu hat sich hier auch eine Papierindustrie und Holzverarbeitung entwickelt. Einige der Industriezweige wie Zündholzfabriken sind heute jedoch längst wieder verschwunden.

47

Ulm – Kempten

Mit dem Wahrzeichen Ulms, dem weithin sichtbaren Münsterturm, kann das Wahrzeichen der bayerischen Schwesterstadt, der Wasserturm, kaum mithalten. Kurz nachdem der Zug die Donau überquert hat, erblicken Sie rechtsseitig das 48 Meter hohe Bauwerk. Der Turm wurde von 1898 bis 1900 erbaut und brachte das erste fließende Wasser in die damals 470 Gebäude der Stadt. Erbaut wurde er auf dem Pulvermagazin der **Bundesfestung**. Zur Sicherung seiner Grenzen hatte der Deutsche Bund mehrere solcher Bundesfestungen unterhalten, die als uneinnehmbare Bollwerke galten. In Ulm und **Neu-Ulm** entstand von 1844 bis 1857 eine der größten Festungsanlagen Europas, deren Reste heute die Größe der Anlage nur noch erahnen lassen. Die Strecke verlässt nun die Hauptstrecke Richtung Augsburg und schwenkt nach Süden. Rechts geraten anschließend einige Industrie- und Gewerbeanlagen ins Blickfeld, darunter das Milchwerk der Firma Weideglück. 1 600 Milcherzeuger vom Allgäu bis an den Neckar beliefern die Genossenschaft mit jährlich 315 Millionen Kilogramm Milch, die hier zu Milchprodukten, Butter, Käse aber auch Spezialfuttermittel verarbeitet werden. Bis Memmingen fährt der Zug durch eine recht ebene Landschaft, rechter Hand in der Ferne erhebt sich der Höhenrücken der **Holzstöcke**. Ebenfalls zur Rechten ist bei **Illertissen** ein Werk der Firma Cognis zu sehen. Produziert werden hier Inhaltsstoffe für die Nahrungsmittel- und Tiernahrungsindustrie wie pflanzliche Sterolester. Die Stoffe werden Margarine oder Milchprodukten beigesetzt, um zur Senkung des Cholesterinspiegels beizutragen. Bei **Kellmünz** sehen Sie zur Linken erhöht den Turm der Pfarrkirche St. Martin. Im Ort befand sich ein römisches Kastell des so genannten Donau-Iller-Rhein-Limes, vom dem auch Ausgrabungen im Kirchhof von St. Martin zeugen. Rechts verläuft nun die Iller in Sichtweite, anschließend sind bei **Pleß** zwei prachtvolle Kirchen nahe der Bahnlinie zu sehen. Zunächst die Kirche St. Gordian und Epimachus gelb- und rosafarben von 1766/67, wenig später die Kreuzkapelle. Wie auch die anderen Orte der Gegend lag Pleß im Einflussbereich des Klosters

Blick von der Donaubrücke auf Ulm

Landschaft im Illertal

Kempten, das den gleichen Patronen geweiht war. Hinter **Memmingen** *[Weiterfahrt Richtung München oder Lindau Nr. 46]* wird die Landschaft zunehmend hügeliger und das Oberallgäu lässt sich bereits erahnen. Je näher **Kempten** kommt, desto mehr lohnt der Blick nach vorn auf das Panorama der **Allgäuer Alpen** *[in Kempten Weiterfahrt Richtung Buchloe oder Oberstdorf Nr. 48]*.

Kempten – Ulm

Kurz nach der Ausfahrt aus dem Bahnhof Kempten quert die Strecke die Iller. Von der Iller-Brücke haben Sie rechts flussaufwärts einen Blick auf die Allgäuer Alpen. Das Allgäu gilt als eine der Regionen mit der größten Kuhdichte. Auf den Weiden sehen Sie meist Braunvieh, eine Rasse, die sich durch eine große Anpassungsfähigkeit, Robustheit und Lebensleistung an Milch auszeichnet. Reinrassiges Allgäuer Braunvieh findet sich heute jedoch selten, da die meisten Kühe zur Verbessung der Milch- und Mastleistung mit amerikanischen Zuchtlinien gekreuzt wurden. Bei **Bad Grönenbach** sehen Sie zur Linken eine große Halle mit dem Logo der Rapunzel Naturkost AG. Von dem Hochregallager aus werden Müsli, Trockenfrüchte, Nüsse, Speiseöle und Teigwaren aus kontrolliert biologischem Anbau in 30 Länder versandt. Der spätere Priester und Hydrotherapeut Sebastian Kneipp war in den Jahren 1842 und 1843 in Grönenbach als Knecht bei einem Bauern angestellt und wurde hier vom Ortspfarrer in Latein unterrichtet und gefördert. In dieser Tradition ist der Ort seit 1996 anerkanntes Kneippheilbad. Die Bahnlinie quert auch den Kneipp-Radweg, der Bad Grönenbach mit dem weitaus bekannteren Bad Wörishofen verbindet. Bevor der Zug den Bahnhof von **Memmingen** erreicht, erblicken Sie zur Rechten das Firmengelände von Gelita, wo mineralische Tierfuttermittel hergestellt werden. Bei der Ausfahrt aus dem Bahnhof von Memmingen *[Weiterfahrt Richtung München oder Lindau Nr. 46]* ist links ein kurzer Blick in die Innenstadt möglich. Die weitere Fahrt verläuft in gerader Fahrt nach Norden, vorbei an zahlreichen Ortschaften beiderseits der Strecke. Bei Illertissen können Sie auf der rechten Seite erhöht einen Turm ausmachen, der zunächst an eine Kirche erinnert.

Vöhlinschloss bei Illertissen

In Bayerisch-Schwaben

47 Es handelt sich um das **Vöhlinschloss**, das hoch über dem Illertal thront. Das Gebäude wurde im 12. bis 13. Jahrhundert von den Grafen von Kirchberg als Burg Tissen erbaut. Die Memminger Patrizierfamilie Vöhlin erwarb 1520 das Schloss und prägte die Entwicklung von Illertissen bis zum finanziellen Bankrott des Handelsgeschlechts im 18. Jahrhundert. Über Senden führt die Strecke nach **Neu-Ulm**. Von der Donaubrücke zwischen Neu-Ulm und Ulm haben Sie rechtsseitig flussabwärts einen Blick auf die Stadtmauer Ulms aus dem 15. Jahrhundert, auf der heute ein Promenadenweg verläuft. Dahinter liegt das Fischerviertel, ein schmuckes Altstadtensemble. Eine Seilfähre verbindet das württembergische mit dem bayerischen Ufer *[ab Ulm Weiterfahrt nach Stuttgart oder München Nr. 39, Friedrichshafen Nr. 45]*.

Streckendetails:
KBS 975 (Ulm – Kempten)
Strecke nicht elektrifiziert, eingleisig.
Gesamt 87 km
Ulm 52 km Memmingen 35 km Kempten

Kirche St. Gordian und Epimachus in Pleß

Fahrt durchs Unterallgäu

Augsburg – Oberstdorf **48**

über Buchloe, Kempten, Immenstadt

Ludwig-Süd-Nord-Bahn (Augsburg – Kempten), Illertalbahn (Kempten – Oberstdorf)

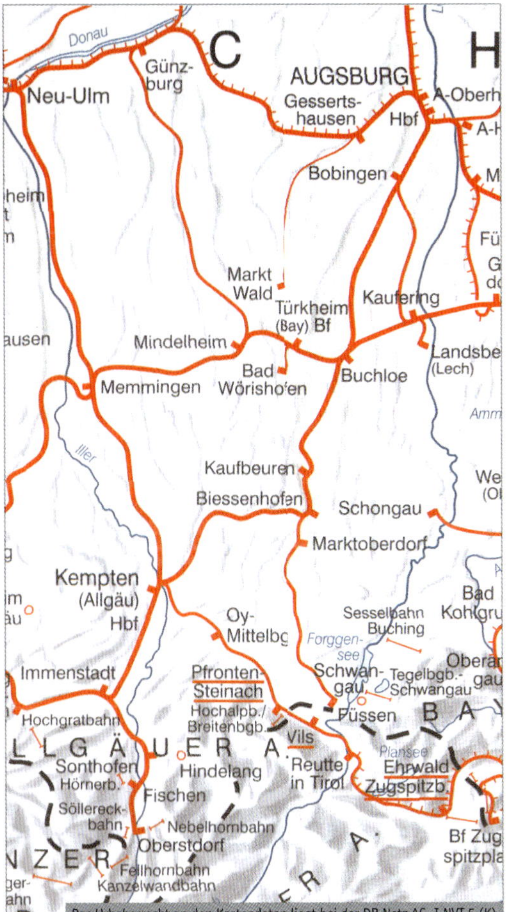

Das Urheberrecht an den Kartendaten liegt bei der DB Netz AG, I.NVT 5 (K)

Die Strecke führt von Augsburg zunächst durch das Lechfeld nach Süden. Das Lechfeld ist eine Schotterebene zwischen den Alpenflüssen Wertach im Osten und Lech im Westen. Aus den Ablagerungen von Gesteinsschutt, die eiszeitliche Gletscher hinterlassen hatten, wurde der Schotter durch das Schmelzwasser ausgewaschen und von den Flüssen abgelagert. Das Lechfeld war auch Schauplatz der gleichnamigen Schlacht im Jahr 955. Die Ungarn hatten zu der Zeit Europa mit Raubzügen und Plünderungen unsicher gemacht und es nun auf die Stadt Augsburg abgesehen. Otto I., auch Otto der Große genannt, kam mit seinem Heer der bedrängten Stadt zu Hilfe, worauf sich die Ungarn ins Lechfeld zurückzogen und dem Heer in einem Hinterhalt auflauerten. Die blutige Schlacht forderte zahlreiche Opfer auf beiden Seiten, darunter auch Herzog Konrad der Rote, der Schwiegersohn von Otto dem Großen. Schließlich gewann das Heer Ottos die Überhand und setzte den Raubzügen der Ungarn ein Ende. Über Buchloe gelangen Sie ins Ostallgäu und nach dem Halt in Kempten immer tiefer in die beliebte Ferienregion. Mit Sonthofen und Immenstadt erreicht Ihre Reise dann die Allgäuer Hochalpen. Dabei reihen sich mehrere Superlative: Kempten ist mit zweitausend Jahren Stadtgeschichte eine der ältesten deutschen Städte, Sonthofen die südlichsten Stadt und Oberstdorf die südlichste Gemeinde Deutschlands. Im letzten Abschnitt folgt die Bahnstrecke der Iller, die hier teils noch ein reißender Alpenfluss ist, der aus dem Zusammenfluss dreier Alpenflüsse bei Oberstdorf entsteht.

48

Augsburg – Oberstdorf

Nach der Ausfahrt aus dem Bahnhof Augsburg passieren Sie links das Messegelände mit 57 000 Quadratmetern Ausstellungsfläche in zwölf Hallen. Fast schnurgerade führt die Strecke bis Buchloe durch die landwirtschaftlich und industriell geprägte Landschaft. Auf halbem Weg bei **Großaitingen** sehen Sie zur Rechten ein Werk der Firma Interquell. Aus einer ehemaligen Getreidemühle entstand hier ein Zulieferer für die Lebensmittelindustrie, der jährlich rund 19 000 Tonnen Mehle, Flocken und Schrote herstellt. Hinter **Buchloe** *[Weiterfahrt Richtung Memmingen oder München Nr. 46]* ist bald auf der rechten Seite ein einzelnes Bauwerk auf einem Hügel zu sehen, das so genannte **Rid-Monument** auf dem Lindenberg. Es handelt sich um einen turmartigen Bau um eine Sandsteinmadonna. Erbaut wurde das Denkmal 1848 von Johann Martin Rid und seiner Familie. Es gibt Spekulationen, dass der Bauer das Denkmal errichten ließ, weil es ihm gelungen war, den Bau der Eisenbahnstrecke so zu beeinflussen, dass seine Ländereien nicht wie ursprünglich geplant von der Bahnstrecke durchschnitten wurden. Hinter Kaufbeuren folgt der kleine Ort **Biessenhofen**. Bis 1889 war er eine Schnellzug-Haltestation. König Ludwig II. stieg hier vom Zug auf die Kutsche um, die ihn zum Schloss Neuschwanstein bei Hohenschwangau brachte. Für die Wartezeit gab es im Bahnhof eigens ein Königszimmer für den Märchenkönig. Von **Kempten** künden bald rechter Hand die ersten Türme der Stadt. Kurz vor dem Bahnhof quert die Bahn die Iller und folgt Ihr nun flussaufwärts *[Weiterfahrt Richtung Ulm Nr. 47]*. Auf der Fahrt nach Immenstadt liegen rechts die **Niedersonthofener Seen**, eine Kette aus drei Seen, die im Sommer Camper und Wassersportler anlockt *[ab Immenstadt Weiterfahrt Richtung Lindau Nr. 46]*. Zwischen Immenstadt und Sonthofen sehen Sie auf der linken Seite den 1738 Meter hohen **Grünten**, der auch „Wächter des Allgäus" genannt wird. Auf seinem Gipfel betreibt der Bayerische Rundfunk eine weithin sichtbare Sendeanlage für Radio und Fernsehen. Durch den Ort **Blaichach**, wo rechts ein Werk der Robert Bosch GmbH für Kraftfahrzeugtechnik liegt, gelangen Sie nach **Fischen**. Vor dem Ort quert die Strecke wiederholt die Iller und gibt dann rechts den Blick frei auf den spitzen Turm der Pfarrkirche St. Verena. Beim Näher-

Die Iller in Kempten

Niedersonthofener See

kommen ist daneben noch die kleinere Frauenkapelle mit Kuppelhaube zu sehen, die seit dem 16. Jahrhundert Ziel von Wallfahrten ist. Während die Strecke weiter durch das breite Tal der Iller führt, erheben sich rechtsseitig und linksseitig die **Allgäuer Alpen**. Vor **Oberstdorf** fährt die Bahn einen weiten Bogen, sodass sich zur Rechten ein schöner Blick auf den von Alpengipfeln umgebenen Ort bietet. Von rechts kommt der Fluss Breitach aus dem Kleine Walsertal, das zwar in Österreich liegt, verkehrstechnisch jedoch eine Enklave bildet, da es nur über das deutsche Oberstdorf zu erreichen ist. Zur Linken ist das Skisprungstadion mit der Schattenbergschanze zu sehen, wo auch die Vierschanzentournee ausgetragen wird.

Oberstdorf – Augsburg

Die Fahrt beginnt am Fuße des **Nebelhorns**, das sich rechter Hand mit 2 224 Metern erhebt. Oberstdorf selbst liegt 843 Meter über dem Meeresspiegel. Auf der Fahrt nach Norden erblicken Sie bald bei **Fischen** auf der rechten Seite erhöht auf einem Waldrücken eine einzelne Kirche. Es ist die Burgkirche St. Michael, die von einem Bergfriedhof umgeben ist. Die Kirche wurde 1351 erstmals erwähnt, an der Stelle soll es jedoch schon früher Bauwerke wie eine keltische Burg gegeben haben. Wenig später liegt bei der Einfahrt nach **Sonthofen** ebenfalls rechts etwas erhöht der massive Turm der ehemaligen „Ordensburg". Das Gebäude ist Teil eines großen Komplexes, der ab 1934 von der Deutschen Arbeitsfront für die NSDAP als Schulungsburg für Parteimitglieder erbaut wurde. Zum Ende des Zweiten Weltkriegs wurde das Gebäude als Lazarett genutzt, dann von französischen und später amerikanischen Streitkräften übernommen. Seit 1956 beherbergt die Burg die Generaloberst-Beck-Kaserne der Bundeswehr. Beim Fahrtrichtungswechsel in **Immenstadt** *[Weiterfahrt Richtung Lindau Nr. 46]* sehen Sie den Turm der barocken Pfarrkirche St. Nikolaus. Die Strecke führt nun direkt an der Iller rechts entlang. Daran schließen sich Industrieanlagen mit den Boschwerken an, während sich im Kontrast dazu links ein schöner Blick auf die Allgäulandschaft bietet. Direkt an der Strecke folgt linker Hand die spätgotische Kirche St. Mauritius mit dem Grabmal des Ritters Hans Johann von Laubenberg. 1275 erstmals erwähnt, rühmt sich die Kirche auch einer Glocke aus dem 14. Jahrhundert. Hinter **Kempten** *[Weiterfahrt Richtung Ulm*

Zwischen Immenstadt und Sonthofen

Ordensburg über Sonthofen

48 *Nr. 47]* wird die bisher hügelige Allgäulandschaft nun immer flacher und führt ab **Buchloe** *[Weiterfahrt Richtung Memmingen oder München Nr. 46]* durch die Ebene des **Lechfeldes.** Kurz hinter Buchloe sehen Sie auf der linken Seite einen Wald aus Sendemasten und Antennen. Von hier wird beispielsweise das Programm der Deutschen Welle über Kurzwelle in alle Welt ausgestrahlt. Kalender in allen Größen und Formaten, pro Jahr etwa 14 Millionen Stück, kommen aus **Schwabmünchen**, dem nächsten größeren Ort an der Strecke, wo Sie zur Rechten die Produktionshalle der Zettler Kalender sehen. Wenn Sie hier Militärflugzeuge am Himmel erblicken, sind diese meist auf dem Weg von oder zum Luftwaffenstützpunkt Lechfeld etwas östlich der Strecke auf der rechten Seite. Bei der Einfahrt in den Bahnhof von **Augsburg** grüßt anschließend zur Linken der „Maiskolben“. Der 158 Meter hohe Hotelturm prägt das Bild der Stadt Augsburg, die als zweitälteste Stadt Deutschlands gilt *[Weiterfahrt Richtung Stuttgart oder München Nr. 39, Treuchtlingen Nr. 42]*.

Streckendetails:
KBS 971 (Augsburg – Buchloe),
970 (Buchloe – Immenstadt),
975 (Immenstadt - Oberstdorf)
Strecke nicht elektrifiziert,
Augsburg – Immenstadt zweigleisig,
Immenstadt – Oberstdorf eingleisig.
Gesamt 145 km
Augsburg 40 km Buchloe 20 km Kaufbeuren 43 km Kempten 21 km Immenstadt 8 km Sonthofen 7 km Fischen 6 km Oberstdorf

Auf der Fahrt von Fischen nach Oberstdorf

Blick auf Oberstdorf

München – Mittenwald 49

über Garmisch-Partenkirchen

Mittenwaldbahn

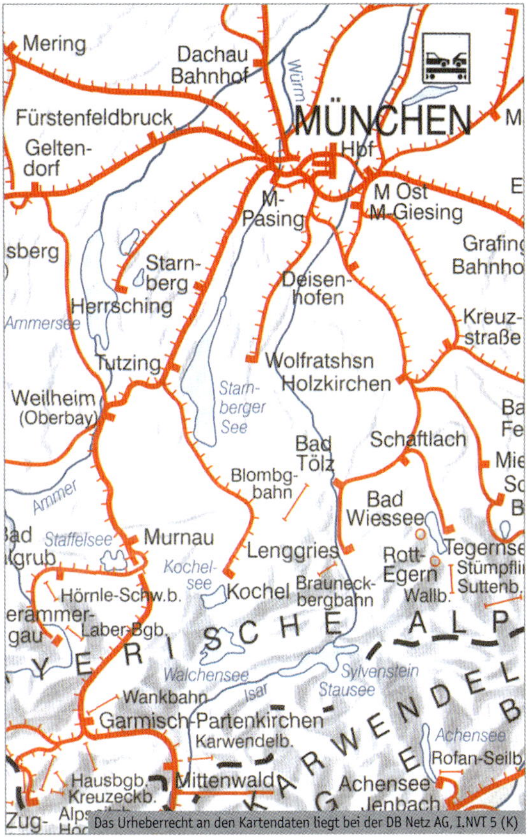

Das Urheberrecht an den Kartendaten liegt bei der DB Netz AG, I.NVT 5 (K)

Die Bahnlinie von München nach Mittenwald führt weiter bis Innsbruck und verbindet damit die Landeshauptstädte Bayerns und Tirols. Der Fernverkehr zwischen beiden Städten verläuft jedoch über eine andere Route durch das Inntal. Je weiter die Strecke in die Alpen führt, desto spektakulärer werden die Ausblicke auf die Bergwelt. Die Mittenwaldbahn ist eine der steilsten Gebirgsbahnen Europas. Zunächst führt die Route nach Starnberg und entlang des Starnberger Sees, dem zweitgrößten See Bayerns. Am gegenüberliegenden Ufer bei Berg fand 1886 der Märchenkönig Ludwig II. den Tod. Weiter geht es durch die oberbayerische Voralpenlandschaft und den Pfaffenwinkel, benannt nach den zahlreichen Klöstern und Wallfahrtskirchen der Gegend. Geprägt ist die hügelige Landschaft durch Ablagerungen eiszeitlicher Gletscher, die sich aus den Alpen weit nach Norden ausbreiteten und dabei Steine und Schutt mitführten. Mit dem Ende der Eiszeit schmolzen die Gletscher ab und sind heute nur noch in den Hochalpen etwa auf der Zugspitze zu finden. Durch den Klimawandel ist jedoch ein weltweiter Gletscherschwund zu beobachten. Am Fuße der Zugspitze erreicht die Strecke Garmisch-Partenkirchen und führt zwischen Karwendelgebirge im Osten und Wettersteingebirge im Westen durch das Isartal nach Mittenwald und von dort über die österreichische Grenze hinab nach Innsbruck. Diese Region Oberbayerns ist bekannt für die Lüftlmalerei. Geschichtliche oder religiöse Motive werden dabei in Freskotechnik auf die Häuserfassaden gemalt, die damit dem Ortsbild einen ganz eigenen Charakter verleihen.

49 München – Mittenwald

Vom Münchner Hauptbahnhof führt die Strecke durch das Stadtgebiet nach Pasing und schwenkt anschließend nach Süden. Zunächst führt der Weg durch ein Waldgebiet und erreicht schließlich Starnberg und den **Starnberger See**. Im Ort verläuft die Linie direkt zwischen Innenstadt und Seepromenade. Links bietet sich Ihnen ein Blick auf den Anleger der Weiß-Blauen-Flotte, die Uferanlagen und den Hafen. Bei guter Fernsicht kommt noch das Alpenpanorama hinzu. Die Strecke verlässt anschließend den See und gewinnt an Höhe. Ab Tutzing bietet sich wieder ein Blick über den See, diesmal jedoch aus anderer Perspektive. Weiter geht es nach Weilheim und in den **Pfaffenwinkel**. Auf der Fahrt nach Murnau bieten sich rechtsseitig zunächst weite Ausblicke über die oberbayerische Voralpenlandschaft bis bald auch der **Staffelsee** ins Blickfeld kommt. In dem moorigen Badesee liegen sieben Inseln. Vom Zug aus gut zu sehen ist die Insel Wörth, die größte und historisch interessanteste Insel im Staffelsee. Archäologen fanden dort Zeugnisse aus der Bronze- und Keltenzeit. Im 4. und 5. Jahrhundert war die Insel in römischer Hand und später Sitz eines Klosters. Entlang der Loisach, einem Seitenfluss der Isar, fährt der Zug nun nach Garmisch-Partenkirchen und quert dabei den Fluss mehrfach. In den Sommermonaten wird auf dem Fluss Rafting angeboten. Vom Zug aus erblicken Sie zuweilen die Schlauchboote der Wassersportler auf der Loisach. **Garmisch-Partenkirchen** am Fuße der Zugspitze war 1936 Austragungsort der Olympischen Winterspiele. Bei der Ausfahrt aus dem Bahnhof erblicken Sie rechter Hand das Olympia-Eissportzentrum und wenig später ebenfalls rechts auf dem Gudiberg die Olympiaschanze und das Skistadion. Nun führt die Route in einem bewaldeten Tal weiter bergauf. Nachdem die Bahn den Wald verlassen hat, bieten sich im Winter mit tief verschneiten Tälern und Bergen beeindruckende Ausblicke wie auch im Sommer bei der Fahrt durch blühende Wiesen. Hinter Klais führt die Strecke bergab ins Isartal nach **Mittenwald**. Linkerseits bietet sich ein Blick über die Dächer der Gemeinde und das hoch aufragende **Karwendelgebirge** mit der Karwendelspitze.

Blick auf den Staffelsee

Am Rande der Moorlandschaft des Murnauer Mooses

Kurz hinter dem Bahnhof quert die Bahn die Isar, der die Bahnlinie nun bis Scharnitz folgt. Vor Scharnitz passieren Sie die Grenze zum Nachbarland Österreich. In Seefeld erreicht die Strecke mit 1180 Metern den höchstgelegenen Bahnhof und führt im weiteren Verlauf über Brücken, Viadukte und Tunnel hoch über dem Inntal hinab nach Innsbruck.

Mittenwald – München

Aus Österreich kommend folgt die Route einer historischen Handelsroute von Venedig nach Augsburg und erreicht **Mittenwald.** Der Ort hat eine über 300-jährige Tradition im Geigenbau. Die Strecke verlässt nördlich von Mittenwald das Isartal und führt durch das **Werdenfelser Land** nach Garmisch-Partenkirchen. Den Titel „Goldenes Landl" verdankt die Urlaubsregion der wirtschaftlichen Blüte, die einst durch die Handelsstraße nach Italien ausgelöst wurde. Beim Blick nach links vorn können Sie vor **Garmisch-Partenkirchen** die Alpspitze mit 2 628 Metern und dahinter die Zugspitze mit 2 962 Metern ausmachen. Vorbei am Klinikum zur Linken erreicht die Strecke Garmisch-Partenkirchen. Rund 9 000 Gästebetten, 34 Bahn- und Liftanlagen und 72 Pistenkilometer machen den heilklimatischen Kurort zu einer Wintersportmetropole. Auf der rechten Seite liegt der Berg Wank, der den Beginn des **Estergebirges** markiert. Auf der weiteren Fahrt entlang der Loisach wird Sie rechts das hoch aufragende Estergebirge nun eine ganze Weile begleiten, ebenso wie auch die A 95 und die B 95. In **Eschenlohe** führt die Strecke um die Pfarrkirche St. Clemens auf der rechten Seite, die von 1764 bis 1782 nach Plänen des Baumeisters Johann Michael Fischer im Spätbarockstil erbaut wurde. Auf der linken Seite folgt das **Murnauer Moos**, an dessen Westrand die Strecke bis Murnau verläuft. Das Alpenrandmoor gehört zu den größten intakten Moorgebieten Mitteleuropas. Eiszeitliche Gletscher bildeten zunächst das Murnauer Becken, in dem sich aus den Schmelzwässern das Moor entwickelte, das heute von einer großen Artenvielfalt seltener und gefährdeter Tiere und Pflanzen geprägt ist. Streuwiesen, Feuchtgebiete, Magerrasen, Hochmoore und Moorwälder bieten zahl-

Pfarrkirche St. Clemens in Eschenlohe

Über die Loisach

49 reiche naturnahe Lebensräume. Auf der rechten Seite ist anschließend bald der weithin sichtbare Turm der Pfarrkirche St. Nikolaus in **Murnau** zu sehen. Die spätbarocke Kirche wurde von 1717 bis 1734 erbaut. Architekt soll der Münchner Hofbaumeister Enrico Zucalli gewesen sein. Weiter führt die Route nach Weilheim und am Ortsende vorbei am Dietlshofer See. Bald haben Sie zur Rechten einen schönen Ausblick über den Starnberger See. Sie erreichen anschließend **Tutzing**, wo rechtsseitig eine weitere barocke Kirche zu sehen ist, nämlich St. Joseph mit ihren Doppeltürmen. Die Kirche im neubarocken Stil wurde erst 1929 geweiht, da die damalige Pfarrkirche des ehemaligen Fischerdörfchens mit dem Wachstum Tutzings im 19. Jahrhundert zu klein wurde. Die Strecke folgt nun der S-Bahn nach München *[Weiterfahrt Richtung Buchloe Nr. 46, Augsburg Nr. 39, Nürnberg Nr. 43, Rosenheim Nr. 50]*.

Streckendetails:
KBS 960 (München – Mittenwald)
Strecke elektrifiziert,
zwischen München und Tutzing zweigleisig, dann meist eingleisig.
Gesamt 118 km
München Hbf 7 km München-Pasing 47 km Weilheim 21 km Murnau 26 km Garmisch-Partenkirchen 11 km Klais 6 km Mittenwald (41 km Innsbruck)

Winterliches Garmisch-Partenkirchen mit der alten Kirche St. Martin

Im Werdenfelser Land zwischen Klais und Mittenwald

München – Kufstein / Berchtesgaden / Salzburg 50

über Rosenheim

Bayerische Maximiliansbahn (München – Kufstein / Salzburg)

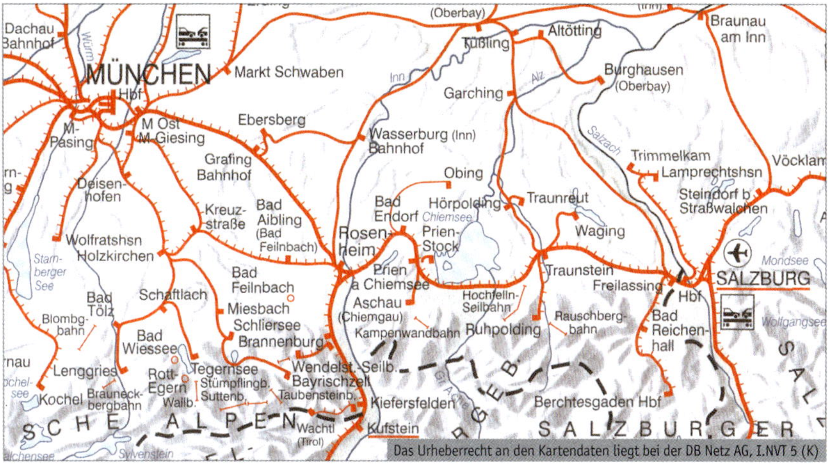

Aus dem Münchner Hauptbahnhof führt die Strecke zunächst im Halbkreis durch München und weiter durch das oberbayerische Voralpenland nach Rosenheim. Hier zweigt in Richtung Süden die Strecke nach Kufstein und Innsbruck ab. Diese Route folgt dabei dem Inn durch das Unterinntal zwischen dem Mangfallgebirge mit dem Wendelstein im Westen und dem Kaisergebirge im Osten. Kurz vor Kufstein erreicht die Linie die Grenze zu Österreich.

Der Streckenast nach Salzburg führt ab Rosenheim weiter nach Westen und macht dabei zwei große Bögen. Zunächst umrundet er den Siemssee an dessen Nordufer, anschließend das Südufer des Chiemsees. Bayerns größter See, auch bayerisches Meer genannt, entstand wie die meisten anderen Seen im Voralpenland während der Eiszeiten. Sand und Geröll, das der Fluss Tiroler Achen in den See schwemmt, führen dazu, dass der See zunehmend verlandet. Der heutige Chiemsees beträgt deshalb nur noch rund ein Drittel seiner ursprünglichen Größe. Durch das Chiemgau entlang der Ausläufer der Chiemgauer Alpen führt die Strecke nach Freilassing und von dort über die Saalach nach Salzburg.

In Freilassing zweigt auch die Strecke Richtung Berchtesgaden nach Süden ab und erreicht die Berchtesgadener Alpen um das Watzmann-Massiv. Die Region ist reich an weißem Gold, das traditionell in Salzbergwerken in Bad Reichenhall und Berchtesgaden abgebaut wird. Bereits im 12. Jahrhundert wurden dort die ersten Salzvorkommen entdeckt. Im Salzbergwerk Berchtesgaden wird noch heute Salz abgebaut und die Sole nach Bad Reichenhall gepumpt, wo sie weiterverarbeitet wird.

München – Rosenheim – Kufstein

In einer merklichen Linkskurve verlässt der Zug den Münchner Hauptbahnhof. Auf der linken Seite passieren Sie zahlreiche Bürogebäude, darunter zunächst ein Gebäude der TÜV Süd-Gruppe. Hier ist der Zweig Automotive angesiedelt, der die Automobilindustrie unterstützt in den Bereichen Fahrwerk, Antrieb, Akustik oder Elektronik bis hin zu den bekannten Crash-Tests. Rechter Hand erblicken Sie die beiden Türme der Kirche St. Korbinian. Es ist eine der jüngeren Kirchen in München, die Grundsteinlegung war erst 1924. Nach einem Fliegerangriff brannte die Kirche 1944 aus und wurde in der Nachkriegszeit wieder aufgebaut. Über den Ostbahnhof führt der Weg noch einige Zeit durch das Stadtgebiet und verläuft dann linksseitig am Rande des Ebersberger Forsts, einem der größten Waldgebiete in Süddeutschland, nach **Rosenheim** *[Weiterfahrt Richtung Salzburg siehe unten]*. Während der weiteren Fahrt in Richtung Kufstein ändert sich nun die Landschaft. Beiderseits der Strecke werden die Berge höher, zwischen Flintsbach und Oberaudorf passieren Sie rechts den Wildbarren mit 1448 Metern und zur Linken das Kranzhorn mit 1366 Metern. Hinter Kiefersfelden quert die Bahn die Grenze zu Österreich, rechts an der Straße können Sie das Grenzschild sehen. Bei der Einfahrt nach **Kufstein** erblicken Sie links vorne über dem Inn die Festung Kufstein, das Wahrzeichen und die touristische Hauptattraktion des Ortes. Die Festung wurde im Jahr 1205 erstmals erwähnt und später vor dem Hintergrund von Grenzstreitigkeiten mehrfach ausgebaut. Seine Bekanntheit verdankt Kufstein auch dem Kufsteinlied, eines der meistverkauften volkstümlichen Lieder, das der Stadt auch das Attribut als Perle Tirols eingebracht hat. Die Strecke führt weiter nach Innsbruck und über den Brenner bis nach Italien.

Rosenheim – Salzburg

Die Route nach Salzburg quert kurz nach Rosenheim den Inn und verläuft anschließend entlang des Nordufers des **Simssees**. Vor Prien können Sie auf der linken Seite das erste Mal kurz den **Chiemsee** erblicken. Hinter Bernau verläuft die Bahnlinie dann durch eine Moorlandschaft, von wo aus Sie linker Hand in der Ferne wieder kurze Blicke auf den See haben. Die Reise führt Sie nun durch den **Rupertiwinkel**. Die Landschaft ist benannt nach dem heiligen Rupertus, der hier im 7. Jahrhundert als Missionar tätig war. Zwischen Freilassing und Salzburg

Das Heizkraftwerk Süd an der Isar

Zwischen München und Rosenheim landschaftlich unspektakulär …

überqueren Sie mit der Salaach die Grenze zu Österreich. Im Stadtgebiet von **Salzburg** folgt ein weiterer Fluss, die Salzach. Von der dortigen Brücke aus sehen Sie zur Rechten die Stadt und darüber die **Festung Hohensalzburg**, die größte vollständig erhaltene Burg Mitteleuropas.

Salzburg – Rosenheim

Während die Züge aus Salzburg heute schon nach kurzer Fahrt Österreich verlassen, wäre dies vor 1816 noch anders gewesen, denn damals gehörten Freilassing und weitere Orte der Gegend noch zum Fürsterzbistum Salzburg. Vor **Traunstein** führt die Strecke über die Traun und eröffnet dann zur Linken einen Blick auf die Stadt mit der Stadtkirche St. Oswald. 1951 feierte der damals neu geweihte Priester Joseph Ratzinger und spätere Papst Benedikt XVI. die Primiz, seine erste Eucharistiefeier, in dieser Kirche. Mit dem Zug nach Übersee zu gelangen, ist übrigens keine Hexerei, trägt doch der Ort nach der Überquerung der Tiroler Achen wenig später diesen Namen. Sie fahren nun mitten durch das **Chiemgau**, linkerseits sehen Sie die Chiemgauer Alpen mit Hochfelln, Hochgern und Kampenwand, die um 1 700 Meter hoch sind.

Kufstein – Rosenheim – München

Die Strecke aus Kufstein verläuft parallel zum Inn, für einen kurzen Moment haben Sie rechts einen guten Blick auf den Fluss. Von der Quelle des Inns im Schweizer Engadin auf 2484 Höhenmetern ist der Fluss hier schon auf knapp 500 Höhenmeter gefallen. Bei der Mündung in die Donau auf 292 Höhenmetern in Passau wird er übrigens mehr Wasser führen als die Donau selbst. Wenig später passieren Sie das **Kloster Reisach**, der Gebäudekomplex mit der Kirche liegt rechter Hand direkt an der Bahnlinie. Das Kloster wurde 1731 gegründet, 1802 im Zuge der Säkularisation aufgehoben und 1835 wieder errichtet. Es gehört zur römisch-katholischen Ordensgemeinschaft der Unbeschuhten Karmeliten, die auf Teresa von Avila zurückgeht und sich einer einfachen, zurückgezogenen Lebenshaltung verpflichtet. Bis **Rosenheim** bieten sich vor allem rechts interessante Ausblicke auf die Alpenlandschaft, hier die Chiemgauer Alpen. Bis München verläuft die Strecke eher unspektakulär, im Stadtgebiet der Landeshauptstadt gibt es dann wieder Sehenswertes. So ragt links der 95 Meter hohe Turm der Hl.-Kreuz-Kirche auf. Die neugotische Kirche in Giesing wurde 1866 bis 1886 erbaut. Bei der Fahrt über

... von Rosenheim nach Kufstein dann interessant.

Immer wieder zwischen den Bäumen zu sehen: der Chiemsee

die Isar erblicken Sie anschließend flussabwärts rechtsseitig in der Ferne die massigen Doppeltürme der Kirche St. Maximilian. Der Bau im Stil der Neuromantik trägt den Beinamen Notre Dame an der Isar. Linker Hand sehen Sie die Schornsteine des Heizkraftwerks Süd. Die Stadtwerke **München** produzieren hier in Gas- und Dampfturbinen-Anlagen Strom und Fernwärme *[Weiterfahrt Richtung Garmisch-Partenkirchen Nr. 49, Buchloe Nr. 46, Augsburg Nr. 39, Nürnberg Nr. 43]*.

Freilassing – Berchtesgaden

Von Freilassing bis Bad Reichenhall folgt die Strecke der Saalach, die bis Piding auch Grenzfluss zu Österreich ist. In Piding selbst können Sie zur Rechten am Hang **Schloss Staufeneck** ausmachen, das um das Jahr 1200 als Wehrfeste errichtet und später als Amtshaus und Pfleggericht genutzt wurde. Rechts vorn erhebt sich der 1 771 Meter hohe Hochstaufen. In **Bad Reichenhall** passieren Sie anschließend rechter Hand die neue Saline, wo das bekannte Markensalz hergestellt wird. Ebenfalls rechts sehen Sie auch die Seile der Großkabinenbahn, die auf den 1 613 Meter hohen Predigtstuhl führt. Bei Bayerisch Gmain können Sie nun links in der Ferne die **Burgruine Plainburg** auf einem Hügel entdecken. Die Burg liegt bereits jenseits der österreichischen Grenze. Sie wurde um das Jahr 1100 errichtet und gilt als eine der ältesten Burgruinen im Nachbarland. Zwischen den Gipfeln der Berchtesgadener Alpen beiderseits der Strecke erreicht die Bahn schließlich den Endbahnhof **Berchtesgaden**.

Streckendetails:

KBS 950 (München – Kufstein),
951 (München – Freilassing – Salzburg),
954 (Freilassing – Berchtesgaden)
Gesamt 99 km (München – Kufstein) /
153 km (München – Salzburg) /
180 km (München-Berchtesgaden)
Strecken elektrifiziert und zweigleisig,
Freilassing – Berchtesgaden eingleisig
Gesamt München – Kufstein 99 km /
München-Salzburg 153 km /
München – Berchtesgaden 180 km
München Hbf 10 km München Ost 55 km Rosenheim
- 34 km Kufstein
- 25 km Prien am Chiemsee 28 km Traunstein 29 km Freilassing 6 km Salzburg
- Freilassing 3 km Ainring 3 km Hammerau 5 km Piding 4 km Bad Reichenhall 1 km Kirchberg 2 km Bayerisch Gmain 10 km Bischofswiesen 5 km Berchtesgaden

Fahrt durch die Berchtesgadener Alpen

Die Burgruine Plainburg bei Bayerisch Gmain

Datum:

Ort:

Zeit:

Reisebericht: *Notizen, Sehenswertes, Neuentdeckungen*

Datum:

Ort:

Zeit:

Datum:

Ort:

Zeit:

Reisebericht: *Notizen, Sehenswertes, Neuentdeckungen*

Datum:

Ort:

Zeit:

Reisebericht: *Notizen, Sehenswertes, Neuentdeckungen*

Datum:

Ort:

Zeit:

Reisebericht: *Notizen, Sehenswertes, Neuentdeckungen*

Datum:

Ort:

Zeit:

Impressum
Copyright © edel entertainment GmbH, Hamburg
www.moewig.de www.edel.de

Layout und Satz:
Klaus Hogrebe, Düsseldorf
Lektorat: Maja Kunze www.mkbuero.de
Fotos: Tobias Döpfner

Kartenausschnitte aus Übersichtskarte Eisenbahnen in Deutschland - Reisekarte, 1:1.200 000, mit Genehmigung der DB Netz AG, I.NVT 5 (K) vom 27.11.2007 (Ausschnitte nicht maßstabsgetreu)

Originalausgabe

Umschlaggestaltung: Klaus Hogrebe

Printed in Italy
ISBN 978-3-86803-260-4

Umschlagbild:
Burg Pfalzgrafenstein im Mittelrheintal (Kapitel 32)

Bibliografische Information der Deutschen Nationalbibliothek

Die Deutsche Nationalbibliothek verzeichnet diese Publikation in der Deutschen Nationalbibliografie; detaillierte bibliografische Daten sind im Internet über http://dnb.d-nb.de abrufbar.

Ein besonderer Dank gilt den korrekturlesenden „Testfahrern“ Markus Egger, Rüdiger Frey, Steffen Hammer, Hendrik Hanebuth, Mario Henke, Christoph Hruschka, Patrick Jung, Thilo Kreier, Niels Kunick, Jürgen Lerch, Stefan Müller, Kai Michael Neuhold, Markus Peisker, Markus Pouwels, Michael Ruge, Christopher Straub, Martin Vogel sowie meinem treuen Reisebegleiter und Bruder Niklas.

Alle Informationen wurden sorgfältig geprüft, dennoch kann keine Haftung übernommen werden. Für Anregungen und Hinweise erreichen Sie den Autor über www.bahnreisefuehrer.de.